Christiane Grüning · Die Nixe im Kirschbaum

Christiane Grüning

Die Nixe im Kirschbaum

Eine Kindheit in Danzig

Ullstein

Dies Buch ist Louis Babinet, Matthias Habich und Dixi gewidmet, die mich – jeder auf seine Weise – zum Schreiben ermutigten.

1

Als ich noch Nixe in der Ostsee war, stieg ich zur Sommerzeit aus dem Wasser, blickte um mich und sah, ein wenig verwundert, die Leute, die mich als ihre Tochter bezeichneten, in ihrer Strandburg sitzen. Auf meinen Augen lag wie eine Linse der zarte Film grüngoldener Flüssigkeit, die meinen Wasserpalast ausfüllte – die Linse der Träume. Ich schloß meine Lider, und sie rollte als Wassertropfen meine Wangen hinunter, ich schüttelte meine Haare und meine Glieder, und auch meine funkelnden Juwelen kullerten, zu Tropfen verwandelt, in die See zurück. Dann lief ich zu meiner Familie in die Strandburg.

Sie erzählten mir, ich sei als ein nettes, normales Kind geboren worden. Allerdings beim Glockenläuten um 7 Uhr früh. Dies hielten alle für ein gutes Omen, weil meine Eltern sich ein frommes Kind wünschten. Das Frommsein wurde mir leichtgemacht. Meine Umgebung erzählte mir, Gott sei Liebe, absolut gut, er kenne nichts Böses. Darüber hinaus fülle er allen Raum aus und sei allmächtig. Das erschien mir plausibel. In dieser Geborgenheit hatte ich schöne Erfolge. Ich lernte schnell und gut sprechen, fürchtete mich nicht und war nie krank. Das Sprechen machte mir so viel Spaß, daß ich alle Leute anredete, die mir begegneten. Die wiederum waren entzückt, ein kleines Kind so frei und gewandt Konversation machen zu hören, und brachten mir vorbehaltlos Sympathie entgegen. Es herrschte eitel Harmonie zwischen mir und meiner Umwelt.

Im Winter war die Ostsee zu kalt, um in ihr zu leben. Meine Eltern zogen in ein molliges Haus mit vielen gravitätischen Kachelöfen. Unten wurden die Briketts in die Feuerluken geschoben, weiter oben strömten sie behagliche Wärme aus den Kacheln. In die Ofenmitte eingelassen war eine Art Safe – die

Röhre. Wenn jemand nichts abbekommen hatte, sagte man: »Nun guckst du in die Röhre.«

In unsere Röhre hineinzugucken, lohnte sich, sie war selten leer. Obwohl ich wußte, was drin war, erschien sie mir geheimnisvoll wie ein »Sesam, öffne dich!« Hüter des Safes war meine Großmutter. Sie saß in ihren weiten Röcken am Ofen. Ihr Schoß war wie der von Abraham, in den man von den Engeln getragen wird, um gemütlich darin auszuruhen. Er war wie eine Burg oder besser wie ein Schiff; denn Großmutter hatte eine unnachahmliche Art, ihre Knie zu bewegen, so daß ein sanftes Wiegen entstand.

Selbstverständlich war Großmutter, ohne daß ich es ihr zu sagen brauchte, darüber informiert, daß ich eine Ostseenixe war. Es störte sie nicht. Im Gegenteil, sie wußte sich daran beteiligt. Als wir zur Sommerfrische an der Weichselmündung waren, kam sie im ersten Morgengrauen an mein Bett, flüsterte mir zu, ich solle schnell, aber leise aufstehen, schlich mit mir zum Fenster, hob mich auf die Fensterbank und zeigte mir die Elfen, die am Waldesrand tanzten. In meiner Aufregung konnte ich die Elfen nicht genau erkennen und war enttäuscht. Gern hätte ich sie so deutlich gesehen, wie sie auf dem goldgerahmten ovalen Bild dargestellt waren, welches bei der Familie über dem Bett hing, in deren Haus in Zoppot wir im allgemeinen die Sommermonate verbrachten. Sie sahen wundervoll aus in ihren lila, gelben und grünen Schleiergewändern, mit Seerosen bekränzt.

Obwohl Großmutter eine phantastische Köchin war, wußte sie, daß Nixen mit gebratenem Fleisch wenig anfangen können. Deshalb häufte sie meinen Teller bei Tisch niemals voll. Aber in der Ofenröhre hatte sie vorsorglich Bratäpfel untergebracht, die sie am Nachmittag herausholte. Draußen ließ der Novemberwind die letzten nassen, gelben Blätter des Ahorns gegen die Fenster klatschen. Sie klebten an den Scheiben fest und sahen wie Hände aus, die nach mir greifen wollten, um mich in die kalte Dämmerung hinauszuziehen. Großmutter war die sichere Festung, in deren Schutz jede Bedrohung sogleich lächerlich erschien. Das warme Mus der mürben Äpfel, der süße braune Saft, der mit fruchtigem Duft aus ihnen tropfte, war ihr Zaubermittel, das rundum Wohlbehagen verbreitete.

Das Haus, in dem wir in Danzig lebten, hatte zur Straße hin den für die alten Danziger Kaufmannshäuser bezeichnenden Beischlag. Das war eine Vortreppe, die zu einer erhöhten Plattform führte, an der die Haustür lag. Der offizielle Teil des Hauses begann im Hochparterre. Den Beischlag zierte ein schmiedeeisernes Geländer mit zwei großen Dubassen aus Messing, die sorgfältig und regelmäßig blankgeputzt wurden. Die Haustür war ebenfalls mit Messing beschlagen und so dick, daß der Schlüssel wegen seiner Länge und seines Gewichts in keine Tasche, geschweige in eine Manteltasche paßte. Deshalb hatte mein Vater sich ein zusammenlegbares Exemplar anfertigen lassen. Es amüsierte die Gäste jedesmal, wenn er das merkwürdige Ding aus der Tasche zog, es nach vorn und hinten auseinanderklappte und mit dem nun dreifach vergrößerten Instrument die Tür aufschloß.

Die Eingangstür führte in eine riesige Diele mit steinernem Fußboden. Von der Decke hing eine geschnitzte Kogge, und an den Wänden standen gewaltige Eichentruhen, in denen meine Mutter im Sommer die dicken Federunterbetten bis zum Winter aufbewahrte. Sie streute glitzernde Mottenkugeln darüber, die wie exakt geformte kleine Schneebälle aussahen. Obwohl sie einen so beißenden Geruch ausströmten, daß ich meinte, jeder Motte müsse dabei sofort der Appetit vergehen, ließ Mutter noch Tüten voll Pfeffer darüberrieseln. Einige Tage lang kitzelte es mir fürchterlich in der Nase, sobald ich in die Nähe der Truhen kam. Niemand hätte vermutet, daß sie einen so profanen Inhalt bargen. Von außen sahen sie aus wie Schatztruhen, in denen Perlen und Geschmeide verborgen waren. Sie waren einem morgenländischen Prinzen geraubt und im Bauch der Kogge hertransportiert worden, die nun ganz unschuldig über dem schweren runden Tisch baumelte und im Luftzug von der Tür leise hin und her schaukelte.

Unter der Kogge stand ein Tisch. Als ich von Kaiser Barbarossa hörte, der im Kyffhäuser sitzt und wartet, während sein langer Bart im Tisch bereits festgewachsen ist, dachte ich, es müsse solch ein Tisch sein wie der in unserer Diele. Schon die Stühle, die um ihn herum standen, waren so schwer, daß ein Kind sie nicht wegrücken konnte. Ich habe auch nie jemanden darauf sitzen sehen. Die steinerne Ehrwürdigkeit dieser Tischrunde hätte die Bequemlichkeit ausgeschaltet.

Nach hinten zu verengte sich die Diele und führte zu den Büroräumen meines Vaters. Über dem Eingang zum Büro hing das Danziger Wappen: zwei Löwen, die mit abgewandten Köpfen zwei mit einer Krone gezierte Kreuze hielten. Auf einem in der Bewegung erstarrten Bande stand die Inschrift: »Nec temere – nec timide«, was heißen sollte, daß man in Danzig weder unbesonnen noch furchtsam war. Mein Vater übersetzte es jedoch ganz anders. Er sagte, der eine Löwe heiße Temere und der andere Timide. Jeder von ihnen sei darauf aus, den anderen zu necken. Deshalb hielten sie die Köpfe voneinander weggewandt. Sie schmollten.

Der freie Eintritt durch die Bürotür war mir verwehrt. Ich wäre ohnehin nie auf den Gedanken gekommen, ungerufen hineinzugehen. Temere und Timide bewachten die Grenze zu einem anderen Reich. Als ich aber doch einmal eingelassen wurde, war ich befangen und schüchtern. Mein Vater wirkte hier fremd. Er telefonierte, nannte unsere Nummer auf polnisch, und ich hörte ihn immer wieder von Tonnen und Waggons und Partien reden. Zwischendrein diktierte er Frau Gätkens Briefe, die sie auf einer großen schwarzen Schreibmaschine, an der ab und zu ein Glöckchen klingelte, ins reine schrieb. Es schien mir, als befände ich mich inmitten einer tickenden Uhr. Ruhig und geordnet, aber ununterbrochen lief das Räderwerk. Auf dem Schreibtisch lagen Muster von Getreidepartien, die morgens mit der Post gekommen waren. Sie rochen nach Staub. Vater erklärte mir, es handele sich um Zauberkörner. Bevor sie auf seinem Schreibtisch gelandet waren, hatten sie auf hohen Halmen in pieksigen, grannenbewehrten Ähren gesessen und sich vom Wind in der Sonne schaukeln lassen. Nachdem sie schön sonnenbraun und reif waren, wurden sie geerntet und auf Leiterwagen in die Scheunen gefahren. Dort schüttelte sie die Dreschmaschine so lange, bis sie aus den Ähren flogen. Nackt und frisch und golden lagen sie auf der Tenne; dann wurden sie in Säcke geschaufelt, in Waggons verladen und verkauft, und schließlich gelangten sie in die Mühle. Großmutter hatte mir schon oft das Lied vom fleißigen Müller, der stets wach ist und das Korn zu dem kräftigen Brot mahlt, vorgesungen. Solange Korn da war, konnte es keine Not geben. Ich freute mich, daß mein Vater dazu beitrug, daß wir Brot hatten.

Dennoch stand das Räderwerk im Büro manchmal still. Frau Gätkens war nicht da und die anderen Angestellten auch nicht. Dann durfte ich Amanda Semmelbein sein, eine äußerst fähige Kraft, die Diktate aufnahm und besonders eilige und wichtige Post erledigte. Es war das Schönste, was mir passieren konnte, zumal Vater mich auch oben in der Wohnung immer noch eine ganze Weile lang mit Frau Semmelbein und Sie anredete.

Glücklicherweise gelang es Vater nicht, ständig der von Temere und Timide geforderten königlich-kaufmännischen Würde zu entsprechen. Er liebte es, Unsinn zu machen. Die ganze Familie ahnte, daß er hinter dem Rücken der beiden Löwen heimlich Albernheiten trieb. An der Rückseite unseres Hauses lag ein von hohen Mauern umschlossener Garten. Auf der linken Seite der Mauer befand sich der Hof einer Hilfsschule. Während der Pause spielten dort die Kinder unter Aufsicht eines Lehrers. Guckte der Lehrer weg, oder inspizierte er sein Stullenpaket, schnitt mein Vater den Schülern von seinem Bürofenster aus, welches sich knapp über der Mauer befand, Grimassen. Die Kinder, perplex darüber, einen Erwachsenen solchen Blödsinn machen zu sehen, berieten sich untereinander. Vater wurde mutiger und seine Grimassen entsprechend gewagter. Unten brach wieherndes Gelächter aus. Schnell tauchte Vater unter das Fensterbrett. Plötzlich herrschte Stille im Hof. Offenbar war es dem Lehrer gelungen, die Kinder zu beruhigen. Vorsichtig hob Vater den Kopf über das Fensterbrett. Tatsächlich, die Kinder spazierten brav im Kreis herum. Einige Kinder merkten auf, begannen zu tuscheln, stießen ihre Kameraden an und machten sich schließlich mit begeistertem Geschrei Luft. Vater tauchte wieder weg. Neuerliche Ermahnungen von seiten des Lehrers, neuerliche Stille, neuerliches vorsichtiges Äugen. Wieder Grimassen. Jetzt brach Tumult aus. Die verzückten Kinder heulten: »Herr Lehrer, da ist er wieder!« Blitzartiges Verschwinden war nun geboten. Dieses köstliche Spiel dauerte so lange, bis Vater, selbst im Rausch, es versäumte, sich rechtzeitig zu ducken, und der Lehrer ihn erwischte. Empört und verächtlich schrie er ihm zu: »Wie kann ein erwachsener Mensch bloß so kindisch sein!«

Von der Diele führte eine schöne geschnitzte und mit einem roten Läufer belegte Holztreppe in unseren Wohnbereich, geräumige Stuben, deren Winkel im Winter immer schummerig blieben. Die Decken waren niedrig, und so wirkten die Stuben trotz ihrer Größe gemütlich und freundlich. Aus dem Kinderzimmer und dem Schlafzimmer der Eltern sah man in den Garten. Die Repräsentationsräume lagen zur Straße hin. Wirklich repräsentativ waren sie eigentlich nicht, nur schön. Denn es war Kindern nicht verboten, in ihnen herumzutoben und auf dem lackglänzenden Steinwayflügel zu spielen. Wie er da schwarz und bullig in der Ecke stand, sah er wie ein starkes Tier aus. Ich näherte mich ihm vorsichtig. Er hielt mir sein weißes Gebiß entgegen, und ich tippte mit dem Zeigefinger auf einen seiner vielen Zähne. Plopp, da klappte sein harter zahnloser Oberkiefer zu und schlug mir schmerzhaft auf die Hand. Er hatte mich gebissen! Blut floß aus meinen Knöcheln, und ich schrie vor Schmerz und Entsetzen. Mutter zeigte mir, wie man den Deckel so weit nach hinten drückt, daß er nicht von allein hinunterfallen kann.

Nachdem ich den Schreck verwunden hatte und die Knöchel heil waren, versuchte ich es wieder und hörte erfreut, wie ein heller singender Ton aufklang. Je weiter nach links ich mit dem Finger tippte, desto tiefer murrten die Töne. Nach rechts hin wurden sie immer heller, bis sie schließlich fast gar nicht mehr klangen. Drollig. Die Töne hörten sich anders an als die, die Vater aus seinem Cello holte. Aber doch erkannte ich sie als einen Teil dessen, was manchmal aus dem Radio ertönte oder von den Scheiben, die genauso schwarz glänzten wie der Flügel und die die Eltern auf das Grammophon legten. Meist begann es leise, aber nach und nach erfüllten die Töne das Zimmer. Sie kamen zu mir und rührten mich an. Ich stand auf, ging mit ihnen und bewegte mich so, wie sie es wollten. Es machte mir großen Spaß, mich mit ihnen zu drehen, innezuhalten, auszuruhen und von neuem zu beginnen.

Mutter sang oft das Lied vom Bächlein, welches dem Müllergesellen mit seinem Rauschen derart den Sinn verwirrt hatte, daß er auf dem Grunde die Nixen tanzen sah. Ich mochte es sehr gern. Offenbar waren Nixen aus der Ostsee in Seen, Flüsse und Bäche ausgewandert. Doch manchmal hörte die Musik sich so an, als ob jemand mich in die Arme nahm und eindringlich zu mir sprach. Was er sagte, erfüllte mich so mit Freude, daß ich stillsitzen und zuhören mußte. Die Eltern sagten, es sei Mozart. Von da an brauchte es mir niemand mehr zu sagen. Ich erkannte Mozarts Musik von allein aus aller anderen heraus.

2

Eines Tages lag im Badezuber ein süßes kleines Ding mit dem Kopf auf dem Arm einer fremden Frau und duftete nach Seife. Die fremde Frau erlaubte mir, vorsichtig mit dem Finger das Wasser zu bewegen und sachte das Baby zu berühren. Dann durfte ich ihr die Seife reichen. Sie rubbelte damit so lange auf dem Kopf des Babys herum, bis er von einer weißen Haube aus Schaum bedeckt war. Danach spülte sie vorsichtig, indem sie sorgsam den Zeigefinger über die Stirn des kleinen Dinges hielt, den Schaum aus den feinen Härchen. Schließlich hob sie das feuchtglänzende kleine Ding in die Höhe, ließ es abtropfen und wickelte es in ein bereitliegendes Badelaken.

Oh, wie süß, wie bezaubernd, wie hinreißend war das kleine Ding! Ich wollte es in meine Arme nehmen und abküssen. Doch nachdem die fremde Frau von ihrer stattlichen Höhe herunter leutselig zu mir gesagt hatte, dies sei meine kleine Schwester, und ich hätte sie soeben gebadet, erlaubte sie mir gar nichts mehr. Sie salbte das kleine Ding mit allerlei wohlriechenden Sachen ein, wickelte es in Tücher und ließ es in einem Korb verschwinden, der wie ein Himmelbett aussah. Die Gardinen wurden zugezogen, und weg war das kleine Ding.

Ich fühlte sehr wohl, daß die fremde Frau mich ausgeschaltet hatte und daß ihr betuliches Lob: »Na, nun hast du deine kleine Schwester gebadet«, reiner Hohn war. Gar nichts hatte ich getan! Wenn das kleine Baby meine kleine Schwester war, gehörte es viel mehr mir als der fremden Frau. Ich wollte es selber baden, füttern und vor allem nach Herzenslust abküssen. Statt dessen durfte ich mich ihm niemals ohne Aufsicht nähern. Alle Erwachsenen nahmen das appetitliche süße Etwas in ihre Arme und hielten sich daran schadlos. Nur ich durfte es nicht.

In einem meiner Bilderbücher saß ein Kind am Fenster und sah sehnsüchtig in den Himmel, an dem die Schneeflocken herumtollten. Plötzlich kamen einige von ihnen auf das Fensterbrett gehüpft und lachten das Kind an. Es wurden immer mehr, und schließlich befand sich das Kind mitten zwischen den lustigen, wirbelnden Schneeflöckchen, die alle genauso aussahen wie meine Schwester. Ich lag im Bett und wünschte mir, es solle schneien. Als tatsächlich Schnee fiel, war es nichts weiter als weiße schwebende Kristalle, die sofort zergingen, wenn sie sich auf meine Hand setzten. Niemals kamen die süßen kleinen Dinger zu mir. Ich fragte Großmutter, und die sagte, sie lebten weiter oben, in Norwegen, da, wo der Himmel am Horizont immer rot sei. Dort wohnten auch der Nikolaus und sein Knecht Ruprecht mit ihren Rentieren. Im Advent setzten sich die beiden in ihren mit Pelzdecken ausstaffierten molligen Schlitten und führen zu uns hinunter. Die Schneeflockenkinder aber müßten dort oben beim roten Horizont bleiben. Sie konnten kein Land besuchen, in dem manchmal auch Sommer sei.

Unser eigentliches Leben spielte sich im Kinderzimmer ab. Es lag neben dem Schlafzimmer der Eltern. Ich saß in meinem Bett und hörte die Eltern nebenan rascheln, wenn sie sich zum Ausgehen anzogen. Vater ließ sich die Plastronkrawatte binden, Mutter bestäubte sich mit etwas Wundervollem, das bis ins Kinderzimmer hinein duftete. Ich spürte, daß sie beide vergnügt waren; denn Vater rief übermütig: »Ola will dir ein Schlaflied singen«, worauf er im hohen Diskant »Wer hat die schönsten Schäfchen« anstimmte und sich bemühte, Großmutters Stimme nachzuahmen. Danach kam er an mein Bett, und die Mundsuche begann. Ich hatte bereits vorsorglich meine Füße dorthin getan, wo eigentlich der Kopf hätte sein müssen. Vater küßte nun verzweifelt im ganzen Bett umher, manche Küsse trafen auf die Zehen, andere auf die Hände, auf den Bauch, den Po, bis endlich nach langem Gequieke und Gepruste der Mund gefunden war und Vater den Gutenachtkuß geben konnte.

Ich mochte es nicht, wenn die Eltern fortgingen, aber ich sprach nicht darüber. Es lohnte sich im Grunde auch nicht; denn bald nachdem Mutter die Tür zum Schlafzimmer geschlossen und mir gesagt hatte, es gebe nichts zum Fürchten und daß ich doch schon groß und vernünftig sei, ging die Tür einen Spalt weit auf, Licht schimmerte hindurch, und mein Zimmer war nun nicht mehr schwarz, sondern angenehm dämmerig, so daß ich alle vertrauten Gegenstände erkennen konnte. Ich hörte es nebenan wieder rascheln, dann vernahm ich das gleichmäßige Pendeln des Schaukelstuhls und schließlich Großmutters Singsang von Mond und Sternen und schlafenden Kindern.

Im Winter wurden die Fenster des Kinderzimmers fest verschlossen gehalten. Großmutter hielt Zugluft für äußerst lästig und unbekömmlich. Am liebsten saß sie am Ofen. Sobald aber der erste warme Tag die Luft erfüllte, so daß zwischen drinnen und draußen kein großer Unterschied mehr bestand, wurden die Fenster weit aufgerissen. Der Duft von Erde und Sonne und aufgebrochenem Grün drang ins Kinderzimmer. Er kribbelte in meiner Nase und auf meiner Haut. Ich kletterte auf das Fensterbrett und sah unten im Garten unsere Grete stehen. Zuerst warf ich meinen Ball in ihre aufgehaltene Schürze. Als ich sah, wie er leicht durch die Luft flog und sich danach in Gretes Schürze kuschelte, erfaßte mich ein Gefühl seliger Freiheit und Schwerelosigkeit. Ich schrie: »Warte, jetzt spring ich! Fang mich in deiner Schürze!« Gerade wollte ich zum Sprung ansetzen, da fühlte ich mich nach hinten gezogen. Statt durch die blaue, sonnenflimmernde Luft in den Garten zu fliegen, landete ich rückwärts in den Armen meiner Großmutter. Es war bitter, daß sie mein himmlisches Abenteuer vereitelte. Doch daß sie es war, machte die Enttäuschung weniger schmerzlich. Sie flüsterte mir zu, daß Nixen nicht fliegen können, und wir wurde klar, daß sie es auch nicht nötig hatten.

Wenn man die Treppe hinunterging und wieder in der Diele stand, hätte man meinen können, nun alles gesehen zu haben und brauchte nur durch die dicke Eichentür und über den Beischlag auf die Straße hinauszugehen. Aber nein, es war ganz anders! Weil die Diele mit dem gleichen Holz getäfelt war, aus dem die Treppe bestand, übersah man in den intarsiengeschmückten Wandflächen den Knauf aus Messing, den man nur in die Hand zu nehmen und nach rechts zu drehen brauchte. Dann ging eine Tür auf, die vorher nicht zu sehen gewesen war. Hinter der Tür verborgen war die Treppe, die nach unten in die Küche, die Kellerräume, die Zimmer von Grete und Gertrud und in den Garten führte.

Der Knauf war nicht sehr hoch angebracht, ich konnte ihn bald erreichen und ganz allein die Treppe hinuntersteigen. Unten war alles anders. Es war wie in einer Höhle, und es roch auch anders als oben in der Wohnung. Die Gerüche änderten sich immerfort. Im Frühling waren sie hell, es duftete nach Kalmus und Fisch mit frischem Dill. Im Herbst roch es süß nach Pflaumenmus und Kompotten und im Winter nach Zimt. Obendrüber aber schwebte zu allen Jahreszeiten der Geruch, der alle anderen in sich vereinte und der mir entgegenkam, sobald ich den Knauf an der Tür drehte.

Es gab die Ober- und die Unterwelt. Ich fand die Unterwelt lustiger. Meist aßen wir in der Oberwelt am Eßzimmertisch.

Neben dem Teller lag mein kleines Besteck aus Silber und dazu das Schieberchen. Damit mußte ich die Kartoffeln oder das Gemüse auf die Gabel oder den Löffel schieben; denn auf keinen Fall durfte der Finger dazu benutzt werden. Aßen wir jedoch am Küchentisch in der Unterwelt, trat das Schieberchen außer Kraft. Ich durfte die Flunder in die Hand nehmen, zuerst die krosse Seitenflosse abknabbern und dann das zarte, saftige Fleisch von den Gräten lutschen. In der Unterwelt nahm auch mein Vater die Schweinsfüße aus der Erbsensuppe in die Hand und saugte nach Herzenslust an ihnen herum. Gab es zum Nachtisch Zitronencreme, leckten wir am Schluß die Teller ab, und Vater sagte: »Die braucht Grete nun wenigstens nicht mehr abzuwaschen, was Gretchen?« In der Oberwelt wurde die Götterspeise aus gläsernen Schälchen gegessen, und die Vanillesoße wurde aus einer silbernen Kanne darübergegossen. Es sah hübsch aus, wenn mein Löffel in die glibberige Masse stach, die so grün schimmerte wie die Ostsee im Sommer. Waldmeistergötterspeise war eine Nixenkost, und Nixen aßen in ihren Unterwasserpalästen sehr gesittet und fein.

Großmutter mochte keine gekauften Sachen. Sie fand Unterhosen aus Baumwolle labberig. Darum strickte sie mir Höschen aus Perlgarn in wunderschönen Nixenfarben: zartgelb, hellblau, rosa und seegrün. Leider hielt sie auch nichts von Strümpfen aus Baumwolle, sondern sie strickte schreckliche, kratzige Dinger, und es nutzte nichts, ich mußte sie anziehen. Auch Nixen müssen im Winter warm eingepackt sein. War es aber warm, dann durfte ich in den Unterhöschen aus Perlgarn barfuß und auch sonst ganz nackt im Garten spielen. Ich buddelte nach Regenwürmern und verkaufte sie als Aale. Dabei schrie ich so, wie ich es von den Fischfrauen an der Motlau gehört hatte: »Madamchen, Aale, seene frische Aale, heit frie jefangen. Seh'n Se ma, wie die noch krabbeln tun! Die krabbeln Ihn'n noch rein aussm Korb raus, herrjeh!«

Es war nicht immer einfach, ungesehen aus der Unterwelt in die Oberwelt aufzusteigen. Manchmal saßen Besucher in der Diele, und an ihnen mußte ich vorbei. Es gehörte sich nicht, ihnen ein schmutziges Kind vor Augen zu führen. Die geheimnisvolle Tür mit dem Messingknauf mußte erst vorsichtig einen Spalt weit geöffnet werden, um festzustellen, ob die Luft rein sei. War sie es, dann rannte ich blitzschnell durch die Diele die Treppe hinauf. Der Badeofen war angeheizt. Ich kletterte in die Wanne. Die Unterwelt wurde von mir abgewaschen, und ich stieg als ein braves sauberes Kind aus dem Seifenschaum ins große Badetuch.

Wenn ich sauber und adrett aussah, durfte ich die Besucher in der Diele begrüßen. Sie benahmen sich unterschiedlich. Manche sagten mir nur kurz »Guten Tag«, anderen machte es Spaß, sich mit mir vertraut zu machen. Mir bereitete es immer Vergnügen, mich zu unterhalten und mir die Besucher anzusehen. Einige sahen aus wie die gewöhnlichen Leute, die durch die Straßen gingen. Andere aber hatten kleine Bärtchen auf der Oberlippe, und es schien mir, als funkelten ihre Augen besonders stark. Dazu sprachen sie auf drollige Weise, nicht so wie wir. Ihre Worte klangen komisch, ihre Sätze waren ein bißchen durcheinander, und sie rollten das R, während ihnen das Ch in den Hals rutschte. Sie dufteten aber meist sehr gut und waren besonders freundlich und lustig. Vater sagte, es seien polnische Kaufleute. »Von ihnen kaufe ich das Getreide, weißt du?« Aha! Sie waren von weither mit dem Zug gekommen, aus Warschau und Kattowitz, aber öfter noch aus Posen und Thorn und Graudenz.

Leider wurden meine Haare immer kurz geschnitten. Auf der Straße hatte ich einmal ein kleines Mädchen mit sehr langen Zöpfen gesehen. Es gefiel mir, und die langen Zöpfe gefielen mir noch mehr. Ich bewunderte, wie sie sie lässig über die Schulter nach hinten warf. Ich hätte sehr gern ebensolche gehabt, aber Großmutter erklärte mir, wie lange es dauern würde, bis meine Haare nur annähernd so weit gewachsen sein würden. Ich war traurig. Da fand ich eines Morgens auf meinem Bett zwei wunderschöne Zöpfe liegen, sehr dick, und sie reichten mir bis zum Po und ließen sich lässig über die Schulter werfen. Großmutter hatte sie aus Bindfäden geflochten und an einem Samtband aufgehängt, das ich mir nur um den Kopf zu binden brauchte. Als ich mit meinen fliegenden Zöpfen die Treppe zur Diele hinuntergehüpft kam, war gerade einer jener Herren aus Graudenz oder Posen zu Besuch. Er sah mich einen Augenblick erstaunt an, dann sagte er, daß er noch nie so lange herrliche Zöpfe gesehen habe. »Du bist aber ein schönes Fräuleinchen!« Vor Begeisterung ließ er das R noch länger rollen, und das Ch holte er so weit nach vorn, daß ich dachte, er würde es vielleicht gleich ausspucken. Ich war selig, daß er meine Zöpfe anerkannt hatte, aber ich verschwand lieber schnell in die Unterwelt. Auf der Treppe zur Küche fragte ich mich, ob er wohl über mein geheimnisvolles Verschwinden sehr erstaunt gewesen war, oder ob er mich gar mitsamt meinen Zöpfen für eine Fee oder Elfe gehalten hatte.

3

Wenn es ganz warm war, zogen wir mit Sack und Pack nach Zoppot. Großmutter trug dann statt ihres schwarzen Kleides aus feinem Wollstoff ein graues mit weißen Pünktchen aus einem glatten, kühlen Stoff, statt schwarzer Strümpfe graue, und wenn es ihr darin nicht mollig genug war, legte sie ein großes weißes Wolltuch um ihre Schultern.

Ich liebte die Ostsee. Sie war so glitzerig, so frisch, so schön! Niedliche kleine Quallen, die wie Blumen in Aspik aussahen, schwammen darin. Es waren Blumen aus den Gärten der Nixen. Bislang hatte ich immer so getan, als ob ich schwimme, indem ich die Arme kreisen ließ und mit den Füßen auf dem festen, riffeligen Sandboden entlangging. Nun sollte ich es richtig lernen. Vater legte die Hand unter meinen Bauch und ließ mich die Beine wie ein Frosch bewegen. Ich konnte mir nicht vorstellen, daß es mir je gelingen würde, ohne Vaters Hand an der Oberfläche zu bleiben; denn sobald er die Hand wegnahm, schlug mir das Wasser über dem Kopf zusammen. Doch auf einmal ging es. Ich schlüpfte aus der schützenden

Hand und glitt durch das weiche, lindgrüne Wasser. Mit den Armen bahnte ich mir einen Weg, und der Schwung, den mir meine Beine gaben, stieß mich nach vorn. Es ging viel schneller als vorher mit den Füßen auf dem Boden, und ich konnte nun auch dorthin, wo ich keinen Grund mehr hatte.

Bald war ich so vertraut mit dem Schwimmen, daß ich mich auf den Rücken legen und mit den Füßen Fontänen hochspritzen lassen konnte, ohne unterzugehen. Ich konnte auch Purzelbäume im Wasser schlagen. Wenn ich dabei die Augen offen ließ, sah ich die sonnendurchflutete Wasserwelt, und ich sah mich selbst darin. Meine Arme und Beine bewegten sich schwerelos, meine Haare flossen um mich herum. Aus meinem Mund stiegen Luftblasen, die nach oben schwebten. Es war, als badete ich in einer Selterflasche. O ja, ich war eine Nixe! Die Ostsee war mein Reich.

Leider nicht ganz, leider beanspruchten auch die Schiffe ein Recht auf sie. Solange wir uns in respektvollem Abstand voneinander hielten, sie hinten auf der Reede, ich auf der Strandpromenade, ging es einigermaßen, obwohl ich ihnen auch da nicht traute. Von weitem sahen sie beinahe hübsch aus. Klein und weiß erschienen sie am Horizont, ganz unbedenklich wirkten sie, so als könnte ich sie in die Hand nehmen und mit ihnen spielen. Doch wenn sie näher herankamen, wurden riesige hohe Ungetüme aus ihnen. Ihre Flanken zitterten vor Kraft und Erregung; aus einem Loch in der Bordwand floß ständig ein Schwall Wasser ins Meer, und aus ihren Schornsteinen, die immer ungeduldig zischelten, pafften sie dicke Dampfwolken wie Wattebäusche in die Luft. Sie rochen nach Hitze und Öl.

Meine Eltern hatten mich in die Mitte genommen, jeder hatte eine Hand gefaßt, und so waren wir vom Seesteg bis zur Anlegestelle gegangen. Vater erzählte, die Schiffe gehörten zum Seedienst Ostpreußens. Sie kämen von weither, nämlich von Lübeck und Rostock. Das seien ähnliche Ostseestädte wie Danzig, nur daß Danzig noch schöner sei. Deshalb reisten die Feriengäste auf den Schiffen bis zu uns. Tatsächlich gingen sommerlich buntgekleidete Leute, ja, sogar Kinder, auf den Decks umher. Das erstaunte mich, und ich wurde zutraulicher. Doch plötzlich holte das Schiff tief Luft und blies einen furchterregend lauten, langgezogenen Ton aus seinem Schornstein. Er drang durch meine Ohren bis in meine Zehenspitzen. Entsetzen schüttelte mich. Ich mußte an das Mädchen denken, das ich auf dem Jahrmarkt gesehen hatte. Es lag in einem Glassarg wie Schneewittchen. Seine Augen waren geschlossen. Eigentlich sah es hübsch aus, nur unnatürlich weiß, und etwas Blaues war in seinen Scheitel eingedrungen und lief bis zu den Fußsohlen. Mutter erklärte mir, es sei einfach eine Wachspuppe, aber der Schausteller schrie, das Mädchen sei tot, der Blitz wäre in es gefahren. Ich wollte fort von dem tobenden Ungeheuer, das solche tönenden Blitze aussenden konnte. Vater und Mutter waren fähig, mich vor allem zu beschützen, doch nicht vor diesem fürchterlichen, durchdringenden Posaunenton.

Um sich für den Schrecken zu entschuldigen, den ihr Schiff mir verursacht hatte, warnte mich die Ostsee von nun ab. Sobald auch nur ein Rauchfähnchen am Horizont aufflackerte, wußte ich Bescheid, raste in unsere Strandburg und kauerte mich hinter den Strandkorb. Großmutter fragte niemals nach der Ursache für mein plötzliches Erscheinen. Sie stellte fest, daß es ihr am Strand zu langweilig oder zu heiß war und sie auf die Promenade wollte. Hand in Hand gingen wir auf den Spielplatz. Flogen die Wippe oder die Schaukel höher als gewöhnlich, sah ich den Seedienst Ostpreußen bräsig am Steg liegen. Aber ich befand mich ja in Sicherheit.

Nur einmal hatte ich mich so vergessen, daß ich noch im Wasser spielte, als das weiße Ungetüm schon herannahte und selbstgefällig das Signal für seine Ankunft aus dem Schornstein posaunte. Da ergriff mich wiederum Panik. Ich glaubte, das furchtbare Ding wollte mich unter seinen Kiel reißen und mich zermalmen. Ich schrie und schluckte Wasser. Ach! Es ging alles so langsam! Nie, würde ich aus dem Wasser herauskommen und die Strandburg erreichen. Blei hing an meinen Füßen. Als ich es doch geschafft hatte und japsend in den Sand fiel, so daß die Eltern mich erstaunt betrachteten, war es mir unmöglich, über das gräßliche Erlebnis zu sprechen.

4

Wenn auf den Hecken die weißen Bällchen steckten, die knakkig aufspritzten, sobald ich auf sie trat, und wenn ab und zu ein Blatt von oben heruntertrudelte und vor meine Füße fiel, war es Zeit, in das Danziger Haus zurückzukehren. Es roch fremd und wirkte ein wenig abweisend, so als wäre es traurig, daß wir es allein gelassen hatten und daß es, zugesperrt, mit verriegelten Türen und Fensterläden, den Sommer nicht erlebt hatte. Das machte mich beklommen. Ich mußte mich erst wieder mit ihm vertraut machen. Manchmal waren die Tage noch so warm, daß wir sie im Garten verbrachten. Aber wir taten es nicht mehr mit der gleichen Begeisterung wie im Frühling. Bald schloß Großmutter die Fenster. Regenschauer prasselten dagegen, und die Blätter fielen zeitweilig so dicht wie Schneeflocken vom Himmel.

Mutter ging in die Stadt, um Stoffe und Wolle für den Winter einzukaufen, und sie nahm mich mit. Es war wunderbar, neben ihr herzugehen, ihre Hand festzuhalten, sie ganz für mich zu haben. Sie roch so gut und summte vor sich hin. Ihr Duft vermischte sich mit ihrem Gesumme und verzauberte mich. Sie ging nicht gern langsam, und wenn ich nicht aufpaßte, sagte sie ein wenig unmutig: »Laß dich nicht so ziehen!« Also bemühte ich mich, mich ihrem Schritt anzupassen. Weil ich kleinere Schritte machen mußte als sie, hüpfte ich. Aber wenn ich nach oben blickte, sah ich ihr Gesicht unter dem Hütchen mit dem gepunkteten Schleier und war selig.

Wir setzten uns in eine Konditorei und bestellten Apfelsinenrouladen. Sie erschienen auf silbernem Tablett. Auch in der Konditorei duftete und summte es. Ich trank »Wiener Café verkehrt« aus einem zarten Täßchen. Dann gingen wir weiter. In den Geschäften bedienten uns höfliche Damen. Ich beneidete sie darum, wie sie auf Leitern in schwindelnde Höhen stiegen, um die Ware aus den oberen Fächern der Regale zu holen. Wie Engel schwebten sie auf und nieder. Sie sprachen gedämpft und freundlich, sagten zum Abschied: »Gnä' Frau, beehren Sie uns doch recht bald wieder«, und lächelten mir zu. Ich bewunderte sie.

Doch vor den beiden Fräulein, bei denen Mutter Hüte aufprobierte, graulte ich mich. Auch sie waren freundlich zu mir, aber sie waren so dünn, ihre Köpfe wurden gleich unterm Kinn von einem Spitzenkragen abgeschnürt und saßen so weit oben. Um sie herum standen lauter Köpfe mit rot gelackten Lippen und starren Augen, die nirgendwohin sahen. Alle diese Köpfe hatten Hüte auf. Ab und zu nahm eins der Fräulein einen Hut herunter, um ihn meiner Mutter aufzusetzen. Dann sah ich, daß die Haare auf den glatten Köpfen nur aufgemalt waren. Kaum aber hatte Mutter den Hut auf ihrem Kopf, sah der Hut gleich viel hübscher und lustiger aus. Ihre blonden Haare guckten darunter hervor und umgaben ihn mit einem hellen Lichtschimmer.

Ich traute den Köpfen nicht, die nirgendwohin sahen, aber viel, viel schlimmer als sie war der indische Prinz. Er thronte zwischen ihnen auf einem hohen Stuhl. Seine formlosen und viel zu langen Arme und Beine steckten in Goldbrokathosen und einer seidenen Jacke. Auf seinem Kopf trug er einen brokatenen Turban, an dem mit einem funkelnden Rubin eine Straußenfeder befestigt war. Doch er roch nicht nach Lotusblumen und Sonne, nicht der Duft indischer Gärten umgab ihn, sondern Düsternis. Sein Gesicht war grau, auf seinen Wangen brannten rote Flecke, seine Lippen lächelten genau wie seine Augen, als freue er sich darauf, mich in seine schaurige Düsternis hineinzulocken.

Es war schlimm genug, mit ihm allein zu sein, während Mutter im Nebenraum Hüte aufprobierte. Als aber eins der Fräulein mich aufforderte, mit dem Prinzen zu spielen, fing ich vor Angst zu weinen an. Da begriffen die Fräulein endlich, daß ich den Prinzen nicht mochte, und sie trugen ihn fort, wenn ich kam. Ich konnte ihn trotzdem nicht vergessen. Seine unsichtbare Gegenwart erfüllte den Raum mit lastender Traurigkeit.

Großmutter sagte, auch Tschu-Tschu, unsere Katze, sei aus Indien oder zumindest aus dem Orient. Ihre Augen blickten ebenfalls etwas starr, zumal wenn sie ihre Pupillen zu engen schwarzen Schlitzen zusammenzog, so daß ich nur ihre gelbe Iris sah. Doch wie ganz anders war sie, warm und lebendig, und ihre Iris leuchtete geheimnisvoll. Ihr Geheimnis war ihre Liebe zu mir, zu mir allein. Wenn sie mich sah, lief sie mir entgegen, und wenn ich sie streichelte, schnurrte sie. Ich durfte sie auf den Schoß nehmen und meine Wange in ihr Fell kuscheln. Sie erlaubte mir alles.

Als sie kleine Katzenkinder hatte, durfte ich mit ihnen spielen. Sie waren das Süßeste von allem, was ich je gesehen hatte. Ich hätte sie vor Liebe erdrücken mögen, aber ich war so vorsichtig und zärtlich mit ihnen wie Tschu-Tschu mit mir. Genauso wie ich mir wünschte, daß meine Mutter es mit mir sein sollte.

Doch sie war es nicht immer. Sie entzog sich dem Ansturm meiner Zärtlichkeit, indem sie mir davonlief. War sie nicht da, war die Welt grau und öde. Ich warf mich in ihren Schrank und betäubte mich am Duft ihrer Kleider. Ein Kuß von ihr machte den Tag zu einem Ereignis; war sie schlecht gelaunt, quälte er sich dahin. Ich wollte mich dafür rächen, aber meine Rache gelang mir nicht. Mutter brauchte mich nur anzusehen und mit lockender Stimme zu sagen: »Na, was hast du denn?«, und sofort erlag ich ihrem Zauber. Ich war wütend, daß ich ihr nicht länger widerstanden hatte, und fand mich charakterlos und feige. Es nützte nichts.

Zu allem Unglück hatte ich den Eindruck, daß meine kleine Schwester mit ihrer ruhigen Art Mutter angenehmer war. Sie verstand es viel besser, sich bei allen einzuschmeicheln. Ohne daß es mir sonderlich aufgefallen war, war es ihr gelungen, aus dem Himmelbett herauszukommen. Sie hatte zu krabbeln, dann zu laufen angefangen, und schließlich konnte sie sogar sprechen. Obwohl sie immer noch sehr niedlich war und mir sehr gut gefiel, fand ich es doch eher mühselig mit ihr. Ich wollte gern mit ihr spielen, aber ich wußte nicht so recht wie. Für einige Sachen war sie zu klein, zu anderen hatte sie keine Lust, und sie konnte, im Gegensatz zu mir, sehr gut Widerstand leisten. Insgeheim beneidete ich sie darum.

Um mir Luft zu machen, verfiel ich auf die bös-geniale Idee, sie zu verhauen. Es war mir von vornherein klar, daß damit der Tag für mich dem Untergang zutrieb. Denn meine kleine Schwester würde heulend zu Mutter rennen, und Mutter würde mir, während sie die Kleine auf dem Schoß hielt und tröstend streichelte, meine Schandtat vorhalten. Der triumphierende Blick aus den Augen meiner Schwester würde mich niederschmettern, mich entehren und demütigen. Obwohl alles so fürchterlich war und die Kleine mir auch leid tat, wußte ich, daß ich sie wieder verhauen würde. Ich kam aus dem Teufelskreis nicht heraus.

Eitel Harmonie jedoch herrschte beim Bauen. Meine Schwester bewunderte rückhaltlos, wie ich den Tisch so rückte, daß er an dem Schrank zu stehen kam, wie ich Stühle auf dem Tisch übereinanderschichtete und so ein lustiges, vielseitiges Gerüst entstehen ließ, auf dem wir bis auf den Schrank klettern konnten. Meist war es eine Burg mit vielen Zimmern, die uns gestatteten, weit ins Land zu sehen.

Unter dem mit Tüchern zugehängten Tisch befand sich eine Höhle. Schön mit Kissen ausgepolstert, diente sie uns als Versteck, wenn wir Räuber waren. Anfangs vergnügte meine Schwester sich in den unteren Gemächern. Nach und nach aber wagte sie sich höher, und endlich traute sie es sich sogar zu, sich mit mir vom Schrank in die wogende See zu stürzen. Die Sprungfedermatratzen unserer Betten ließen uns noch einmal hochschnellen, bevor Federbetten und Kissen als wilde Brecher über uns hinwegrollten.

Mit Grete hatte ich auch Schwierigkeiten. Eines Tages war sie da und gehörte zur Familie. Grete bewunderte meine kleine Schwester von Anfang an rückhaltlos. Sie sei das süßeste Baby, das ihr je unter die Augen gekommen sei, sagte sie. Auch als meine Schwester größer wurde, blieb diese Zuneigung bestehen, und sie war gegenseitig. Von mir behauptete Grete, ich sei schlimmer als die drei Jungen, in deren Familie sie vorher gewesen war. Sie erzählte gern, wie laut, frech und rüpelhaft diese Jungen gewesen seien. So gewann ich den Eindruck, daß Jungen eine besonders unangenehme Sorte Kinder seien. Daß ich noch schlimmer sein sollte als sie, fand ich doch übertrieben.

Grete war rundherum hübsch, aber sie hatte Ecken und Kanten der Mißlaunigkeit und Spottsucht, und sie ließ ihren Ärger an mir aus. Ich merkte, daß sie ungerecht zu mir war, und reagierte darauf mit Widersetzlichkeit. Es gab daher oft Zank zwischen uns. Ich schämte mich deswegen und nahm mir ernstlich vor, mit Grete gut Freund zu sein. Es gelang mir nicht. Dies war wieder so ein Teufelskreis, aus dem ich nicht herauskam. Nie wäre es mir in den Sinn gekommen, mich über Grete bei den Eltern zu beklagen. Sie hingegen verpetzte mich ständig und vergiftete damit mein Verhältnis zu meiner Mutter. Ich wollte ja so gern gut sein – aber es ging so schwer, es gab dabei so viele Hindernisse. Da Grete zur Familie gezählt wurde, liebte ich sie, aber sie saß mir wie ein Stachel im Fleisch. Wir hatten leider wenig Gemeinsamkeiten.

Von Nixen konnte ich ihr unmöglich etwas erzählen, sie hatte zu Nixen keinerlei Beziehung. In ihren Gewässern schwammen die Leichen von verlassenen Mädchen, die sich aus unglücklicher Liebe ertränkt hatten, und sie sang oft und gern von deren tragischem Schicksal. Nicht nur in der Küche, sogar beim Staubsaugen. Es war sehr traurig und hätte mich erschüttern sollen, aber merkwürdigerweise konnte ich keine gedankliche Beziehung zu diesen bedauernswerten Geschöpfen herstellen. Sie blieben mir so fremd wie Grete die Nixen und ihr Tun.

Vielleicht war es wegen der ertrunkenen Mädchen und der Matrosen, die immer im unrechten Augenblick per Schiff übers Meer wegfuhren, daß Grete das Wasser nicht liebte. Sie badete selten und ungern in der Ostsee, und Frösche waren ihr verhaßt. Als ich das herausfand, besaß ich eine Wunderwaffe gegen die fürchterliche Bedrohung durch Gretes Spinnen, die mir Schauder des Entsetzens über den Rücken jagten und mit denen sie mich in Schach halten wollte. Hielt sie mir ihre Spinnen vor, setzte ich meine Frösche dagegen – und die waren noch dazu in der Lage, ihre abscheulichen Spinnen zu fressen.

In unserem Haushalt lebte auch Papa Paul. Er war Vaters Prokurist, und Mutter hatte ich einmal sagen hören, sie kenne Papa Paul schon aus ihrer Kinderzeit. Später war er nach Argentinien gegangen. Ich fragte, wo das sei. Mutter erklärte, daß man sehr lange mit dem Schiff reisen müsse, nicht über die Ostsee, über ein anderes, viel größeres Meer. Es lag viel weiter weg als Tausendundeine Nacht, wo der Kalif Storch wohnte. Warm war es dort auch, und es wuchsen dort auch Palmen; Basare und Hexen, verschleierte Frauen und den Großwesir gab es dort nicht, sondern vor allem viele, viele Rinder, die über riesige weite Steppen rasten, und Bananen. Daß Papa Paul so weit fort gewesen war, weit über die Länder der Märchen hinaus, machte ihn geheimnisvoll und unergründlich. Ich hätte gern mehr erfahren und überlegte, wie ich ihn auf mich aufmerksam machen könnte und ob er mich wohl mit hinübernehmen würde in seine phantastische, unbekannte Welt.

Wenn er des Abends das Zimmer betrat, in dem wir beisammen saßen, sah er nicht so aus, als sei es leicht, an ihn heranzukommen. Den Kragen seines Kamelhaarmantels hatte er hochgeschlagen, den Hut ein bißchen schief auf dem Kopf, keck über dem einen Auge. Er sang: »Wenn ein junger Mann kommt, der sieht, worauf's ankommt, weiß er, was er tut« und pfiff die Melodie gleich noch einmal hinterher. Dabei blitzte er Grete mit seinen blauen Augen an. Er sah verwegen aus und unerreichbar für mich; denn ich fühlte, daß er bei dem, worauf es ankommt, mehr an die praktischen Dinge dachte. Von denen aber verstand ich nichts.

Doch einmal nahm er mich bei seiner allabendlichen Fahrt zur polnischen Post vorn auf der Stange seines Fahrrades mit. Sollte das der Moment sein, in dem Papa Paul mich in seine Geheimnisse einweihen würde? Wir flitzten durch die Straßen, vorbei an allen Leuten, so schnell es ging. Der Wind stellte sich uns entgegen, wir kümmerten uns nicht darum, sondern sausten mitten durch ihn hindurch. Es war noch schöner, als ich es mir auf dem fliegenden Teppich des Sultans vorgestellt hatte. Ich kannte die Straßen nicht, durch die wir fuhren, und dachte, daß wir gleich alles hinter uns lassen würden und auf eine unbekannte Ferne zuhielten. Vor lauter Entzücken vergaß ich fast zu atmen. Plötzlich aber stoppte das Fahrrad, und Papa Paul hob mich herunter. Wir waren nicht im verwunschenen Nirgendwo, sondern vor unserem Haus angekommen. Ohne daß ich Zeit gehabt hätte, sie zu nutzen, war die Gelegenheit vorübergegangen.

Noch einmal gab es einen Augenblick, in dem wir einander begegneten. Das war, als ich die holzgeschnitzte Treppe mit dem roten Läufer von oben bis zur Diele hinunterkullerte. Papa Paul fing mich unten auf. Ich wußte gar nicht, was geschehen war, nur daß etwas Schnelles mich davongeweht hatte in seine Arme hinein. Während er mich die Treppe wieder hinauftrug, hielt er vorsichtig meinen Kopf und sah mich so an, daß ich glaubte, nun wisse er, wer ich sei, und ich könne ihn in mein Nixendasein hineinziehen. Doch auch dieser Augenblick ging vorüber. Papa Paul entschwand endgültig in der Realität. Zwar befolgte er Gretes Aufforderungen, mich auszuschelten und mir Strafen anzudrohen, nur lahm und ohne Überzeugung, aber wir kamen einander nie mehr nahe.

Vater liebte Musik. Er erzählte mir, daß ich, als ich noch ganz klein war, den Zeigefinger in die F-Löcher des Cellos gesteckt hätte. Er mußte mit dem Üben aufhören und warten, bis ich von diesem Spiel genug hatte. Das Cello war ein glänzend rostbraun gelacktes Ding, aus dem warme, volle Töne kamen. Ich mochte es gern. Es machte mir sogar Spaß, Vater beim Üben zuzuhören. Während er dasaß und den Bogen langsam über die Saiten zog, um einen anhaltenden Ton hervorzubringen, schimpfte er über sich selbst und sagte, Herr Hannemann werde nicht zufrieden sein. Ich fragte Vater, ob Herr Hannemann ihn in der Cellostunde richtig ausschelte, wenn er nicht geübt habe. »Ja, selbstverständlich, und der haut mir dann mit dem Cellostock auf die Finger.« So ganz konnte ich das nicht glauben. Immerhin beeindruckte es mich sehr, daß es jemanden gab, dem mein Vater gehorchen mußte, und ich stellte mir Herrn Hannemann riesenhaft vor, als einen König der Musik.

An manchen Abenden erschienen Leute mit Instrumenten, die dem Cello ähnlich waren. Vorsichtig entnahmen sie sie schwarzen Futteralen und schälten sie aus weichen Tüchern. Diese Instrumente waren viel kleiner als Vaters Cello und wurden nicht zwischen die Knie genommen, sondern unters Kinn gelegt. Die Töne, die sie erzeugten, klangen heller, aber zusammen mit dem Cello ergaben sie etwas, das sich wunderschön anhörte. Leider mußte ich schlafengehen, wenn die Musik anfing. Leise, leise drang sie aber doch zu mir und zog mich aus dem Bett. Ich schlich mich bis vor die Tür des Herrenzimmers. Weiter durfte ich nicht, sonst wäre ich entdeckt worden. Vor dem Türspalt legte ich mich auf den Teppich und hörte zu. Wenn ich wieder in meinem Bett war, träumte ich manchmal, daß ich auf den Wellen der Töne unter der Zimmerdecke schwebte, während die Spieler freundlich und bewundernd zu mir aufblickten.

Trotzdem war ich nicht sehr begeistert, als meine Eltern mir eröffneten, daß sie mich bei Fräulein Waldersee zur Klavierstunde angemeldet hätten. Ich kannte Fräulein Waldersee von unserer Kirche her. Wenn sie oben von der Empore das Solo beim Gottesdienst sang, prallte ihre Stimme auf die Wände und von dort zurück wie ein zu heftig geworfener Ball. Die Feder auf ihrem Hut wippte angriffslustig, und sie quetschte meine Hand so, daß die Blütenblätter des Blumenringes, den meine Mutter mir aus Venedig mitgebracht hatte, in meinen Finger schnitten.

Als ich an Mutters Hand zur ersten Stunde erschien, benahm sie sich noch liebenswürdig und beschwichtigte mein Mißtrauen mit zuckersüßen Redensarten wie, daß wir zwei beiden Mädchen uns schon verstehen würden. Dann mußte ich mich neben sie auf die Klavierbank setzen, und sie erklärte mir die Bedeutung der eiförmigen schwarzen Dinger, die auf einem Liniengitter auf- und abstiegen. Es waren Noten, und sie entsprachen einer Taste auf der Klaviatur, die ich finden mußte. Da ich noch nicht zur Schule ging, konnte ich weder lesen noch schreiben. Vom Alphabet hatte ich aber schon gehört. Hier gab es auch A und D und F und noch mehr Buchstaben, aber sie waren Klänge. Das gefiel mir, und ich ging zufrieden nach Hause.

Zu den nächsten Klavierstunden begleitete mich Gertrud, Gretes Cousine, die mit der Aufgabe betraut wurde, Grete die Kinder vom Hals zu schaffen, damit wir sie nicht bei der Arbeit störten. Gertrud besaß Humor, war lustig und völlig unparteiisch, und ich stand in bestem Verhältnis zu ihr. Sie saß draußen im Vorzimmer und wartete, bis ich fertig war. Ach, wäre sie doch bei mir geblieben und hätte mir zugeblinzelt! Ich fand es schwierig, meine verschwitzten Finger ordentlich auf den Tasten zu plazieren, sie rutschten immer wieder weg. Von Fräulein Waldersee splitterte der Zuckerguß ab, und die Ungeduld, die ich schon an ihrer wippenden Hutfeder gesehen hatte, kam zum Vorschein. Blitzschnell zog sie unter einem Notenstapel ein Lineal hervor und schlug mir damit auf die Finger. Konnte sie das Lineal nicht finden, kniff sie mich in den Arm. Sie kam mir vor wie ein unberechenbares bissiges Tier, und ich bemühte mich, auf der Klavierbank so weit wie möglich von ihr wegzurutschen. Die Angst vor ihrem Lineal brachte mich nicht dazu, zu Hause intensiver zu üben. Ich fand, daß die Kinderlieder, die ich spielen mußte, dünn und langweilig klangen.

5

Wo war Mozart? Zum Trost gab es den Winter, und Weihnachten stand vor der Tür. Die Stadt wirkte gemütlich, wie sich die Häuser eng aneinanderkuschelten. Mittendrin stand die Marienkirche. Sie hatte keine spitzen Türme wie gewöhnliche Kirchen. Das lag daran, daß sich der Riese Tullas, als er Danzig besuchte, oben draufgesetzt hatte. Als wir von der Klavierstunde nach Hause gingen, erzählte Gertrud mir, daß die Kirche nach der heiligen Jungfrau benannt worden sei. Aber sie war der Jungfrau Maria nicht ähnlich. Wie sie inmitten der um sie gescharten Häuser gluckte, sah sie viel eher wie eine von den bauchigen Marktfrauen aus, die dick aufgeplustert und in ihren vielen Röcken warm eingemummelt an der Motlau saßen. Um sie herum standen die Kiepen und Kisten mit den silbrig schimmernden Fischen aus der Weichselmündung, und sie machten beim Anpreisen ihrer Waren ein großes Krakeel so wie die Marienkirche mit ihren Glocken. Die mochte ich aber trotzdem gern, obwohl sie so groß und gebieterisch dastand; denn ich fühlte mich in ihrer Nähe geborgen. Das schlanke und elegante Rathaus liebte ich hauptsächlich wegen seines Glokkenspiels.

Das ganze Jahr hindurch tönten die Glocken harmonisch durcheinander und erzeugten Melodien. Gertrud sang sie mit; denn es waren Choräle aus ihrer Kirche. Einige kannte ich aus meiner Sonntagsschule, aber ich hörte nie genau hin. In der Weihnachtszeit war das anders. Dann erklang kein gewöhnliches Glockenspiel, sondern ein wunderschöner, geheimnisvoller Zaubergesang aus dem Himmel. Ich hielt mein Gesicht nach oben, und die Flocken, die aus der Dunkelheit wie ein heller, wallender Schleier herniederrieselten, legten sich darauf. Sie waren dick und groß und doch so zart und leicht, daß ich ihre Berührung kaum fühlte. Nur kühle Tropfen blieben auf meinen Wangen, meinem Mund und meinen Wimpern zurück. Es erging mir wie dem Jungen im Märchen, das Gertrud mir vorgelesen hatte, nur umgekehrt. Nachdem ihm ein Kristall vom Spiegel des Teufels aus dem Eispalast der Schneekönigin ins Auge gedrungen war, mußte er alles, worauf sein Blick fiel, böse ansehen. Ich sah alles verklärt. Mit den Schneeflocken schwebten die Töne auf mich nieder und zogen mich in die Atmosphäre des Wunderbaren hinein. »Macht hoch die Tür, die Tor macht weit, es kommt der Herr der Herrlichkeit.«

Ich verstand die Botschaft nicht ganz. Der Himmel war in Wirklichkeit viel, viel größer, als ich sehen, ja, als ich denken konnte. Er war allumfassend und umgab die ganze Erde. Und der Herr der Herrlichkeit? Ihm gehörte die Erde und der Himmel und überhaupt alles. Nun hatte er seinem Sohn aufgetragen, uns zu erklären, daß er unser Vater sei und uns lieb habe. Meine Mutter hatte mir erzählt, auch ich sei vom Himmel gekommen und eigentlich ein Königskind. Es war schön, daran zu denken.

Neptun, der vor der Börse auf seinem Brunnen stand, hatte bereits eine hohe Mütze aus Schnee auf dem Kopf. Vater hatte mir gesagt, er sei ein römischer Gott und lebe eigentlich im Mittelmeer, wo fast immer Sommer ist, weil die Sonne dort viel ausgiebiger scheint als bei uns. Drollig, nun stand er hier auf dem Marktplatz, und auch auf seinem Dreizack lag Schnee, so daß es aussah, als habe er ihn aus den Wolken geschaufelt.

Während wir über die Motlaubrücke gingen, holte Gertrud Brotstücke aus ihrer Tasche, und wir warfen sie in die Luft. Plötzlich schossen aus den weißen Schleiern des Winterhimmels Möwen hervor. In ihrem schneeigen Gefieder spiegelte sich die blaue Winterkälte. Ich dachte, ihre Schnäbel seien vom Frost so rot. Mit ihren schwingenden Flügeln sahen sie sehr schön aus, fast wie Engel; aber ihre Stimmen hörten sich scheußlich an, hart und kreischend, wie die von Hexen. Sie schubsten sich gegenseitig und drängelten gierig an uns heran. Als sie jedoch merkten, daß wir ihnen das Brot gleichmäßig schnell zuwarfen, formierten sie sich zu einem Ballett. Mit elegantem Schwung flogen sie heran und fingen im Fluge die Brotstückchen auf.

Wenn Gertrud mit dem dreifach zusammenklappbaren Schlüssel die dicke Eichentür geöffnet hatte und wir in der warmen Diele standen, fingen die vereisten Finger zu pieken und zu brennen an. Gertrud ließ kaltes Wasser darüberlaufen, und es wurde besser.

Beim Rodeln auf dem Zigankenberg vereisten sogar die Füße. Doch das kümmerte mich wenig. Wenn der Schlitten über den glattgewetzten Schnee schoß, vergaß ich alles vor Wonne. Zu Hause füllte Gertrud eine Schüssel mit kaltem Wasser und stellte meine Füße hinein. Anfangs glaubte ich, das Wasser sei warm. Erst wenn ich merkte, daß es kalt war, goß Gertrud vorsichtig heißes Wasser hinzu, so lange, bis die Füße durchwärmt waren. Danach kleidete sie mich aus, zog mir den innen angerauhten Schlafanzug und einen flauschigen Bademantel an und setzte mich an den Kachelofen. Ich lehnte meinen Rükken dagegen und spürte, wie die behagliche Wärme in meinen Körper eindrang und ihn ganz auszufüllen begann bis hinunter zu meinen Zehen. Die ließen sich nun wieder mühelos bewegen.

Wohlig benommen hörte ich, wie ich an den Abendbrottisch gerufen wurde. Die anderen saßen bereits um ihn herum, schwatzten durcheinander und reichten sich gegenseitig die Speisen zu. Es gab Milchsuppe und Bratkartoffeln mit Sülze oder eingelegten Heringen und Neunaugen, manchmal geräucherte Aale und Flundern und dazu noch Schinken, Wurst und Käse. Die dünne Gertrud aß am meisten. Wo versteckte sie die vielen Brotschnitten und dazu noch all die Bratkartoffeln? Vom Ansehen gefielen mir die Speisen auch. Aber es war schwierig, gegen sie anzukommen, wenn sie erst einmal auf meinem Teller lagen. Da wurden sie zu Feinden, die es zu vertilgen galt.

Am liebsten mochte ich sie, wenn sie sich noch in den Geschäften befanden. Dort lagen eng nebeneinander die Sprotten in ihren Holzkisten und glänzten wie Pralinen in Goldpapier. Von der Decke hingen braun gebeizte Flundern und Aale so frisch aus dem Rauch, daß noch der Saft aus ihnen zu tropfen schien. Weit oben unter der Deckenbeleuchtung und fast unerreichbar lag auf den gläsernen Borden der Feinkostgeschäfte die Apfelsine und stellte ihre Exklusivität zur Schau. Sie war sehr teuer, fast noch teurer als die buttergelbe Banane, und doch erschien sie am Abend, bevor meine Schwester und ich ins Bett mußten, rund und leuchtend in unserem Kinderzimmer wie eine Fee aus dem Morgenland. Drückten wir mit dem Finger auf ihre dicke Haut, sonderte sie aus ihren großen Poren eine Flüssigkeit ab, die uns sofort in ihren scharfen hellen Duft hüllte. Wenn sie aber in der Mitte durchgeschnitten wurde, gerieten meine Schwester und ich in Ekstase. Denn nun durften wir mit dem Teelöffel das saftspritzende Fruchtfleisch herausheben und aufessen. Nichts blieb übrig. Wir nagten sogar die weiße Innenhaut mit den Zähnen aus der Schale. Am Ende prickelte es um den Mund herum von den ätherischen Ölen.

Meine Mutter hatte mir ein Buch mit dem Titel »Cousine Philippine und die Apfelsine« geschenkt und las mir daraus vor. Es war von einer Apfelsine die Rede, welche die Cousine Philippine heimlich genommen hatte. Bei der Lektüre machte meine Mutter mir klar, wie verwerflich das Stehlen sei und wie unvorstellbar, es je zu tun. Leider konnte ich mir sehr gut vorstellen, daß man eine Apfelsine stibitzte. Die Erde war doch eigentlich ein großer Teller, auf dem viele schöne Sachen lagen. Warum durfte man nicht einfach zugreifen und nehmen, was einem davon gefiel, sondern mußte immer warten, bis es erlaubt wurde – und meist war es verboten. Um zu Bonbons und Schokolade zu kommen, mußte ich stachelig alte Tanten küssen oder höflich und liebenswürdig zu langweiligen Leuten sein, die öde Fragen stellten.

In der Weihnachtszeit war alles anders. Zwar wurde ich oft ermahnt, vorsichtig und vor allem brav zu sein, weil insgeheim der Nikolaus herumschlich. Ich fürchtete ihn aber nicht, denn seine Anwesenheit machte sich auf sehr angenehme Weise bemerkbar. Manchmal polterte es an der Tür. Sie öffnete sich ganz von allein einen Spalt weit, und aus dem Dunkeln flogen Nüsse, Kekse und Süßigkeiten in die Stube.

Auf der Treppe zur Unterwelt stiegen Düfte auf und lockten mich in die Küche. Dort herrschte Chaos. Auf dem Herd schmolzen Butter und Zucker, auf dem Küchentisch standen Glasbehälter mit Mehl, Rosinen und kandierten oder getrockneten Früchten und viele Schüsseln mit fertigem oder angerührtem Teig herum. Daneben lagen Mandeln, Nüsse und Krokant. Großmutter und Grete riefen sich gegenseitig Aufforderungen zu, liefen entweder zum Herd und rührten in einem brodelnden Topf oder taten etwas zuerst auf eine Waage und dann in eine Schüssel. Komische Worte, die ich noch nie gehört hatte, klangen auf: »Kardamom« und »Hirschhornsalz« und »Sukade«. Sie hörten sich an wie »Sesam, öffne dich« oder »Mutabor« oder »Nies mit Lust«. Wenn das gesagt wurde, vollzog sich eine Verwandlung, und so war es hier auch. Zuerst walzte Grete mit einer hölzernen Rolle, die sie ab und zu mit Mehl bestäubte, einen Teig lang und platt, so daß er wie ein unförmiger Fladen auf dem Küchentisch klebte. Dann stach sie mit allerlei Formen hübsche kleine Figuren aus, legte sie auf ein Blech und schob es in den Backofen. Heraus kamen heiß duftende Monde und Sterne, Tannenbäume und sogar Engel.

Es war fürchterlich schwül in der Küche. Grete hatte ihre Kleiderärmel hochgerollt. Manchmal strich sie sich mit dem Unterarm über ihre Stirn und wischte den Schweiß in die weiße Schürze, auf der schon Schokolade und Puderzucker klebten. Dennoch war sie milde gestimmt und erlaubte mir, die entleerten Schüsseln auszukratzen. Sie ließ sogar absichtlich etwas am Boden und an den Rändern hängen. Ich fragte mich, warum wir den Teig nicht einfach so aßen. Eigentlich schmeckte er besser so als gebacken. Noch war er weich und schmantig. Der Zucker knirschte unter den Zähnen, und die Zitrone entfaltete ihr volles frischsaures Aroma.

Großmutter erlaubte mir, die eingeweichten Mandeln aus ihrer feuchtwarmen braunen Haut zu drücken. Elfenbeinweiß flutschten sie hervor und sahen wie große gefletschte Zähne aus. Ich durfte sie auf die rechteckigen Pfefferkuchen kleben, eine in jede Ecke und eine in die Mitte. Die Pfefferkuchen schmeckten nicht besonders. Sie waren so hart, daß ich sie mit den Backenzähnen abbeißen oder sie in meinen Milchkaffee stippen mußte. Die Thorner Katharinchen hingegen sahen mit ihren sechs Rundungen nicht bloß weicher aus, sie zergingen beinah auf der Zunge.

Die Dunkelheit kam immer früher, legte sich um das Haus und sah durch die Fenster. In den Schneeflocken hielt sich das Licht ein wenig länger, dann verließ es auch sie und entschwand zu den Sternen. Das Haus zog sich auf seinen innersten Kern zurück. Seinen Mittelpunkt bildeten die großen Kachelöfen. Die Lampen wurden in ihre Nähe gerückt, die Stühle, die Tische. Von draußen flutete die Dunkelheit dagegen an.

Um Mutter zu finden, hätte ich den Kreis der Dunkelheit durchbrechen müssen, und das wagte ich nicht. Sie zu erreichen war ohnehin kompliziert. Wenn sie an ihrem Schreibtisch saß und schrieb oder las, schloß sie ihre Tür gebieterisch. Ich wußte, daß ich nicht stören durfte. Um so schöner war es, wenn sie plötzlich zu uns hereintrat und uns ins Eßzimmer rief. Auch dort war es schummerig, aber auf dem Tisch leuchteten vier Kerzen an einem dicken grünen Kranz, der nach Wald roch. Ihre Flämmchen waren heiß, aber der Abstand zwischen ihnen war so groß, daß ich ungefährdet mit der Hand hindurchlangen konnte. Nichts von dem, was Großmutter und Grete in der Unterwelt hergestellt hatten, war mit dem zu vergleichen, was in der Adventskrone lag – und die Kerzen behüteten es nicht, sie strahlten es einladend an. Diese Dinge waren von Damen, die Spitzenschürzen über schwarzseidenen Kleidern trugen, mit silbernen Zangen aus kristallenen Schalen genommen und sorgsam in Kartons und Tüten verpackt worden. Wenn ich Mutter beim Einkauf begleitete, schenkten sie mir huldvoll etwas davon und reichten es mit der Silberzange über den Ladentisch. Ich mußte einen Knicks machen und »danke« sagen. Nun lagen diese feinen, erlesenen Sachen direkt vor meiner Nase, füllten den Kranz bis zum Rand, und ich durfte mich nach Herzenslust selbst bedienen. Obwohl wir alle zugriffen, wurde die Krone nicht leer. Jedenfalls nicht bis zum Fest.

Immer öfter wurde jetzt von Weihnachten geredet, und meist wurde dabei gelacht und getuschelt. Auch von Verstecken war die Rede, in denen der Weihnachtsmann schon etwas verborgen hatte. Obgleich ich ihn nie sah, spürte ich seine heimliche Gegenwart. Über meinem Bett hing ein Kalender mit vielen Türen. Jeden Tag durfte ich eine davon öffnen. Eine Menge Türen standen bereits offen. Die letzte war viel größer als alle anderen. Je näher ich dieser Tür kam, desto aufgeregter wurde ich. Etwas Besonderes mußte sich dahinter befinden. Dies Besondere würde aus seiner Verborgenheit hervortreten und alles verzaubern. Ich wartete so gespannt darauf, daß es mir unmöglich war, an etwas anderes zu denken. Zugleich konnte ich mir nicht vorstellen, daß es sich tatsächlich ereignen würde.

Doch eines Morgens hockte ich in meinem Bett vor der letzten Tür. Beim Öffnen quoll unaufhaltsam etwas Goldenes heraus, es war, wie ich erkannte, helles Licht, nicht das Licht von Lampen und Kerzen, sondern einfach Licht, und wo es am hellsten war, lag auf einer Strohschütte ein kleines Kind. Ein Ochse und ein Esel schnupperten vorsichtig daran, und ein Mann und eine Frau betrachteten es zärtlich. Beide waren ungewöhnlich, aber schön gekleidet, die Frau in ein leuchtend blaues Tuch, das ihr vom Kopf bis zu den Füßen fiel. Ich hatte bereits in der Sonntagsschule von ihnen gehört, wie sie Herberge gesucht und nicht gefunden hatten, bis sie in der dunklen Nacht an einen Stall kamen. Bevor sie hineingingen, war es ein gewöhnlicher Stall gewesen, nun war es der Ort geworden, an dem sich das Licht sammelte, um das Kind anzustrahlen – und über dem Stall stand am Himmel ein leuchtender großer Stern mit einem Schweif aus Licht.

Ich wurde gebadet und angezogen, dann mußte ich warten. Hunger hatte ich nicht, Spielen erschien mir fade und unangebracht. Ich wartete. Nach und nach wurde es ganz still im Haus, so, als ob niemand mehr da sei. Doch plötzlich ertönte ein Signal wie eine Glocke. Gertrud kam und nahm mich an die Hand. Wir betraten einen Raum, der früher einmal unser Eßzimmer gewesen war. Nun wagte ich nicht hineinzugehen. In der Ecke stand ein mächtiger Baum, überrieselt von sanftem Licht; silberne und gläserne Kugeln fingen es auf und spiegelten es wider, es tropfte von langen Silberfäden.

In der Nähe des Baumes stand meine Mutter in einem Kleid, das ihr bis zu den Füßen reichte, und las aus der Bibel. Ich hörte sie sagen: »Im jüdischen Lande, in der Stadt Davids!« Das hörte sich an wie etwas Fernes, etwas, das ich vergessen hatte und an das ich mich nun zurückerinnerte.

Als alle zu singen begannen, gelang es mir, mich und die anderen wahrzunehmen. Sie waren alle hübsch angezogen und sahen fröhlich aus. Dann erblickte ich auch den Tisch mit den vielen Sachen. Es lag für jeden etwas darauf und für mich so viel, daß ich nicht wußte, was ich zuerst angucken sollte. Eines fiel mir sofort ins Auge: die große Apfelsine. Sie war nicht allein gekommen, sondern hatte etliche andere mitgebracht. Die ganze Sippschaft gehörte mir, und ich durfte sie verspeisen, wann ich wollte. In der Nacht, als alles still geworden war, hörte ich das »Im jüdischen Lande, in der Stadt Davids«, als wäre es nahe zu mir gekommen. Vielleicht hatte es mich auch zu sich gezogen, fort aus der Zeit, dorthin, wo ich schon immer gewesen war.

Eine ganze Weile lang würzte die Begeisterung für die neuen Spielsachen die Tage. Als sie immer länger und heller wurden, fing das Jahr zu trödeln an. Der Schnee wurde wässerig und schmuddelig. Es war weder richtig Winter noch richtig Frühling und langweilig. Selbst in der Unterwelt war nichts mehr los. Das einzig Aufregende, das zu entdecken sich gelohnt hätte, war der Aufzug. Tag für Tag fuhr er mehrmals zwischen Küche und Oberstock hin und her durch das unbekannte Innere des Hauses. Wenn die Speisen fertig waren, stellte Grete sie auf den Transportkasten und bimmelte mit einer Glocke. Öffnete man oben die Klappe und guckte hinein, konnte man unten Gretes gerötetes Gesicht über ihrer weißen Schürze schweben sehen. Nun wurde der Kasten an einem Seil durch den schwarzen Schlund gezogen und erschien mit den heißen Speisen direkt vor unserer Nase. Ich fragte mich, was sie auf ihrer Fahrt durch das Verborgene erlebt hatten. Gern hätte ich mich einmal im Transportkasten abseilen lassen, um die Geheimnisse des Hausinnern zu erforschen. Aber außer zur Entgegennahme von Kartoffel- und Soßenschüsseln durften meine Schwester und ich uns dem Aufzug nicht nähern. »Daß ihr mir ja nicht auf den Gedanken kommt, in den Kasten zu klettern.« Trotz unserer Neugier achteten wir dies Verbot, weil wir doch Scheu vor dem Aufzug empfanden wie vor etwas, das man besser nicht weiß.

Eines Tages erklärte Mutter, sie werde mit Vater nach Berlin reisen, und ich dürfe mitkommen. Das beendete die Langeweile. Ich bibberte vor Spannung. Im Morgengrauen fuhren wir zum Bahnhof und kletterten über gefährlich hohe Stufen in ein sammetrotes Plüschabteil. Anfangs war es darin sehr gemütlich. Als der Zug anruckte, wäre ich fast vornüber gefallen. Vater sagte, daß die Lokomotive Schwierigkeiten habe, sich in Bewegung zu setzen, weil sie unerhört schwer und riesengroß sei. Darum stöhnte sie und bat: »Helft doch, schiebt doch, helft doch, schiebt doch...» Hatte sie sich in Schwung gebracht, rief sie »'S geht schon, 's geht schon...« War sie endlich in vollem Gange, jubelte sie: »Gott sei Dank, Gott sei Dank«, rollte über die Schienen und berauschte sich an ihrer eigenen Geschwindigkeit. Ich mußte mich gut ausbalancieren, um beim »Gott sei Dank« gerade auf meinen Beinen stehen zu bleiben.

Die polnischen Zöllner mit ihren drolligen eckigen Ballonmützen zogen die Abteiltür auf, fragten nach zollpflichtigen Waren und bewunderten die kleine Dame, die nach Berlin reisen durfte. Vor dem Fenster schwangen die Drahtseile der Telegrafen auf und nieder. Sie sahen wie unbeschriebene Notenlinien aus. Die Masten unterteilten sie wie Taktstriche. Ich stellte mir vor, wie ein Zauberer Noten daraufsetzte, so daß die Reisenden die Melodien lesen und während der Fahrt absingen konnten. Die schwingenden Linien dehnten sich länger und länger. Es war entsetzlich weit nach Berlin. Als wir endlich anlangten, dachte ich, daß die Strapaze sich nicht gelohnt hatte.

Berlin bestand wie Danzig aus Häusern, nur waren es viel mehr. Mutter belehrte mich darüber, daß es in Berlin eine Art Straßenbahn gebe, die in weit verzweigten Tunneln unter der Erde, ja, sogar durch das Wasser der Spree hindurchliefe. Sie hieße Untergrundbahn, und wir würden jetzt gleich damit fahren. Die Strapaze hatte sich doch gelohnt! Nun würden sich die Höhlen des Erdinneren vor mir auftun. Das Abenteuer begann wunderbar. Auf geisterhafte Weise setzte sich die Treppe zum Schacht in Bewegung, sobald wir unsere Füße auf die Stufen gesetzt hatten. Wir brauchten nicht zu gehen, sondern wurden nach unten gerollt. Aus einem düsteren Schlund schob sich ein Drache mit bernsteingelben, lichtsprühenden Augen heran und blieb aufseufzend vor uns stehen. Aus seinem Bauch quollen Menschen hervor und hasteten zu den rollenden Treppen hin, während Mutter mich vor sich her in das Innere des Lindwurms schob. Dort saßen Männer, Frauen und sogar Kinder auf Bänken, und ich wunderte mich darüber, wie gleichgültig sie alle dreinschauten, wo sie doch auf der Fahrt durch die unterirdischen Gewölbe soeben etwas schrecklich Aufregendes erlebt hatten.

Freundliche Fahrgäste boten mir einen Sitzplatz am Fenster an. Ich kniete mich auf die Bank, kniff die Augen zusammen, konzentrierte mich, ich spähte und spähte – aber nichts geschah. Keine schimmernden Höhlen tauchten auf, keine Zwerge, keine Ungeheuer erschienen. Selbst unter der Spree gab es weder Schleierfische noch Blumenquallen, nicht eine einzige Nixe, nur immerzu glatte dunkle Wände. Wahrscheinlich war dies auch das Geheimnis des Speiseaufzugs. Er war mit Sicherheit ebenso langweilig und nüchtern, und das einzig Faszinierende, das es darin zu entdecken gab, war eine Waldmeister-Götterspeise auf dem Transportkasten. Sie wenigstens glänzte seegrün wie die Ostsee, wenn das Sonnenlicht bis zum hellen Sandboden drang.

6

Die glatte, feuchtschwarze Haut der Bäume war geplatzt und ließ grüne Pickel sehen. Sie wurden immer größer, und schließlich schwangen sie prall im Geäst – Pünktchen im windbewegten Schleier vor dem Gesicht des Frühlings. Vorsichtig, wie Knöpfe auf Blusen, wurden die Fenster an der Gartenseite des Hauses geöffnet. Die Kleider fingen an, eng zu werden, die Strümpfe kratzten. Sie berührten nun direkt die bloße Haut; denn die Baumwollmontur, die mich von Kopf bis Fuß umhüllte, war ich losgeworden. Ich haßte sie. Sie behinderte den Fall meiner Kleider und machte nixenhafte Grazie unmöglich.

Die Montur war dem kurzen Leibchen gewichen, das mittels langer Gummistrippen die Strümpfe vor dem Rutschen bewahrte. Zu weiteren Zugeständnissen ließ Mutter sich nicht bewegen. Sie mißtraute dem Wetter. Meine Überredungskünste überwanden ihre Skepsis nicht. Doch endlich mußte der Frühling sie überzeugt und für sich gewonnen haben; denn eines schönen Morgens lagen die heiß umkämpften Kniestrümpfe auf dem Kleiderstapel vor meinem Bett und dazu eine Bluse mit kurzen Ärmeln. Ich rannte in den Garten und ließ mich in der Schaukel hochfliegen. Die Luft umfächelte meine bloßen Arme und Beine. Ein neues Leben begann. Ich setzte mich in die Sonne und wartete ein Weilchen, bevor ich meine Nase an meinen Armen entlangschnuppern ließ. Ja, da war er, der einmalige, unverwechselbare Geruch, den die Haut bei der ersten Berührung mit der Sonne ausströmte. Es war tatsächlich Frühling.

Mitten in das neue Leben brach der erste Schultag hinein. Er war nicht ganz so schlimm, wie ich befürchtet hatte. Die vielen Kinder, die mit mir in das große Schulzimmer gebracht wurden, verwirrten mich zwar, ihr Ungestüm machte mich befangen, aber es wurde sehr schnell von der älteren Dame, die sich unsere Lehrerin nannte, gedämpft. Wir mußten uns setzen, die eine Hand auf das Schreibpult und den Zeigefinger der anderen auf unsere Lippen legen. Die Dame erklärte, daß wir nur dann sprechen dürften, wenn sie uns dazu aufforderte. Dann zeigte sie uns, wie man mit dem Griffel auf die Schiefertafel, die wir mitgebracht hatten, Zeichen und Figuren malte. Es waren Zahlen und Buchstaben. Das war mühsam, aber durchaus nicht unmöglich. Glücklicherweise dauerte der Unterricht nicht lange. Zu Hause sollten wir weiterüben. Obwohl ich nur die Straße zu überqueren brauchte, holte Gertrud mich ab. Wieder schloß der Garten seine hohen Mauern um mich.

Großmutter hatte meiner Schwester und mir lange, bis zu den Knöcheln reichende Prinzessinnenkleider genäht und goldene Kronen dazu gefertigt. Tschu-Tschu war das Dornröschen als Baby oder der gestiefelte Kater. Eilfertige Diener liefen um uns herum und lasen unsere Wünsche von unseren Augen ab, schöne Prinzen bemühten sich, uns zu gefallen. Wir verblüfften sie, indem wir unsere langen Kleider und die goldenen Kronen ablegten und ihnen waghalsige Kunststücke am Reck vorführten.

Vielleicht hatte Tschu-Tschu ihre Rolle als gestiefelter Kater zu ernst genommen und war losgezogen, um mir neue Gebiete zu erobern, jedenfalls war sie verschwunden. Ich war außer mir, bis Grete sie vom Fenster aus auf dem Hof der Hilfsschule entdeckte. Dort war am Nachmittag alles wie ausgestorben. Als wir Tschu-Tschu riefen, sahen wir ein Mädchen. Grete sagte, es sei die Tochter des Hausmeisters. Wir fragten sie, ob wir unsere Katze abholen dürften. Ich wunderte mich, daß Grete mir erlaubte, auf das Nebengrundstück zu gehen. Noch mehr wunderte ich mich, daß sie mir und meiner Schwester gestattete, mit dem Mädchen von nebenan auf dem Hof der Hilfsschule zu spielen. Sie betonte zwar, daß sie uns jederzeit vom Fenster aus beobachten könne, aber es war doch eine ungewohnte Freiheit.

Das Mädchen faszinierte mich und meine Schwester sofort. Es war älter und größer als ich, sehr dünn und hatte lange, dünne Zöpfe, die fast farblos schienen. Nachdem wir uns miteinander bekannt gemacht hatten, erzählte Christel nur, sie sei sitzengeblieben und besuche nun hier die Hilfsschule. Das war, als habe sie mir gestanden, sie habe bereits im Gefängnis gesessen. So neu, wie mir die Schule war, wußte ich doch, daß Sitzenbleiben eine fürchterliche Schande war, in die ich nie geraten durfte – und nun gar die Hilfsschule! Trotzdem hatte ich das Gefühl, Christel wüßte viele geheime, eigenartige Dinge, die ich nicht kannte und auch nicht verstehen konnte. Vielleicht waren sie sogar verboten!

Sie befahl uns, sie Grille zu nennen. Der Name paßte genau zu ihr, zu ihren langen Fingern, die sie unnatürlich weit nach hinten zu biegen vermochte. Auch ihre Art zu sprechen war anders als unsere. Als ich ihr eine meiner schönen Glasmurmeln zum Geschenk mitbrachte, griff sie behende danach und sagte: »Dem soll keiner sehen, dem stech ich in meine Fupp rein«, und sie ließ die Murmel blitzschnell in ihrer Schürzentasche verschwinden.

Grille wohnte mit ihren Eltern im Schulgebäude. Ich fragte mich, wie das wohl wäre; denn es war uns verboten, die Wohnung zu betreten. So wußten wir niemals, wo sie die Dinge herholte, mit denen sie uns überraschte. Unter ihren langen Fingern entstanden merkwürdige Mixturen. Aus Essig, Zucker und Natron bereitete sie Brausen, aus eingeweichten Fruchtbonbons braute sie Limonaden und ließ uns davon trinken. Bei ihr schmeckte es aufregend. Wenn ich versuchte, ihre Getränke zu Hause nachzumachen, waren sie entweder eklig oder fade.

7

Manchmal stand, wenn ich aus der Schule heimkehrte, Gretes Vater in der Diele. In seinem großen schwarzen Mantel sah er wie ein dunkles Quadrat aus. Weil er als Heizer auf der Weichselfähre arbeitete, war er es gewohnt, sein Gewicht auszubalancieren. Daher hielt er sich breitbeinig. Er redete auch breitbeinig und sagte immer nur das Notwendigste. Obgleich seinen Kleidern ein leichter Ölgeruch anhaftete, roch Vater Thiel nach Frühling. Ein silbrig-frischer Duft von Wind und Brackwasser und Fisch ging von ihm aus. Nachdem er die Fische, um derentwillen er gekommen war, in der Küche abgeladen hatte, nahm er mit einem auf Plattdeutsch gebrummelten Dankeschön das obligatorische Paket Kautabak entgegen und verstaute die Stangen, die wie Lakritze aussahen, in einer großen Blechdose. Bevor er sie schloß, biß er ein Stück Priem ab, wobei für einen Augenblick sein Mund und seine Zähne sichtbar wurden. Dann ließ er den Priem in seiner Backentasche verschwinden. Nun war alles zu, ich sah nichts mehr, nicht einmal eine Wölbung in der Backe. Vorn fiel wie ein Vorhang sein rotblonder Schnauzer über die Lippen.

Solange Vater Thiel da war, benahm Grete sich anders. Sie war sanfter und leiser, und ich fand, daß sie ihm sogar mich mit einem gewissen Stolz präsentierte. War er gegangen, erzählte sie, wie streng er mit ihr gewesen sei und daß sie ihm immer gehorsam war, viel gehorsamer – versteht sich – als ich, die ich mir viel zu viel an Ungezogenheiten herausnahm. Ich wäre aber auch nie auf den Gedanken gekommen, meinen Eltern freche Widerworte zu geben.

Kaum war Vater Thiel gegangen, erschienen seine Fische gekocht, gebraten oder als Suppe auf dem Mittagstisch, »goldfrisch«, wie Grete betonte. Einmal waren die goldfrischen Aale aus dem Korb geschlüpft und schlängelten sich durch die Küche. Alle schrien. Grete nahm Zeitungspapier und eine Handvoll grobes Salz, um die glibbrige Haut der Aale stumpf zu machen. Sie fing sie tatsächlich ein und warf sie in eine große Mehlschüssel, aus der sie nicht entwischen konnten. Kurz darauf lagen sie friedlich, so als sei nichts geschehen, oben im Eßzimmer in der Terrine mit der Dillschmantsoße und ließen sich verspeisen. Ich mochte auch den von sonnengelber, mit Petersiliengrün gesprenkelter Butter umflossenen frischen Lachs, dessen Fleisch auf dem Teller in hübsche rosafarbene Schindeln zerfiel. Am liebsten aber hatte ich die Flunder wegen der krossen Haut und der knusprigen Seitenflossen. Sie war harmlos, was ich von den anderen Fischen nicht sagen konnte, in denen die gefährlichen Gräten lauerten, die einem im Halse steckenblieben. Der Hering war voll von dünnen, pieksigen Gräten, die einem den ganzen Spaß an ihm verderben konnten. Mutter und Gertrud durchackerten meine ganze Portion, und dennoch mußte ich immer vor ihnen auf der Hut sein.

Drolligerweise gab es bei Vater und Mutter Thiel niemals Fisch, sondern Kartoffeln mit ungeheuer viel Soße, so viel, daß sie aus einem Suppenteller mit dem Löffel gegessen wurden. Vater Thiel schmatzte laut, und wenn er fertig war, lutschte er die Soßenreste aus seinen herunterhängenden Schnurrbartenden. Das faszinierte mich so, daß ich beinahe vergaß, meinen Teller zu leeren, obwohl viel Soße und kein Fleisch mich sehr froh machte. Fleisch wurde den Kindern nicht serviert, höchstens Klopse, und die schwammen auch in viel Soße. Da Vater Thiel, Grete zufolge, ein strenger und unnachgiebiger Vater war, hatte ich großen Respekt vor ihm. Trotzdem konnte ich vor Freude und Aufregung kaum schlafen, wenn Grete uns mitteilte, sie würde meine Schwester und mich an ihrem freien Wochenende zu sich nach Hause mitnehmen.

Schon die Fahrt war etwas Besonderes. Der Bus hielt nicht weit von unserem Haus. Beim Einsteigen begrüßte uns der jeweilige Fahrer laut und herzlich, so daß die anderen Fahrgäste uns neugierig ansahen. Da die Fahrer alle wie Grete aus der Gegend um Bohnsack stammten, kannte Grete sie gut. Einer hieß Jakob, und der war noch netter und lustiger mit uns. Gertrud erklärte, er wolle bloß mit Grete poussieren, deshalb schäkerte er auch mit uns. Ich war stolz darauf, daß ich ihn kannte, denn in der Sonntagsschule spielte er eine große Rolle. Als meine Sonntagsschullehrerin davon erzählte, wie Jakob die Engel auf der Leiter in den Himmel habe gehen sehen, und fragte, ob jemand schon von Jakob gehört habe, war ich sehr glücklich, ihr sagen zu können, daß ich ihn nicht nur kenne, sondern sogar schon oft mit ihm gesprochen hätte, und ich erläuterte ihr, wieso, und daß er wegen der Poussiererei mit Grete ganz besonders lieb mit mir sei. Ich hätte die anderen Kinder gern noch länger mit Jakob beeindruckt, doch meine Sonntagsschullehrerin schnitt mir brüsk das Wort ab.

An der Weichselmündung wartete bereits die Fähre, um uns überzusetzen. Es war wunderschön, wie die Sonne auf den geriffelten Wellen flimmerte, während die Fähre geruhsam durch das Wasser tuckerte. Manchmal schob der Wind den Vorhang aus Sonnenwärme beiseite. Vom Grund des Wassers stieg dann Kühle auf, die prickelnd und frisch nach Kalmus roch. Auf der anderen Seite der Weichsel wartete das große weite Land. An einem sandigen Weg hielt der Autobus für uns an. Als wir ein Stückchen gegangen waren, konnten wir das längliche flache Haus sehen, in dem Vater und Mutter Thiele und noch zwei Fischerfamilien wohnten. Das Strohdach hing tief herunter, und die Fenster waren klein. Darum war es drinnen immer schummerig.

Unmittelbar hinter dem Haus begann der Wald. Es war kein riesiger Hexenwald, in dem man sich verirren konnte, sondern ein Streifen aus Kiefern, der ziemlich schnell zu durchqueren war. An seiner Rückseite liefen Dünen entlang. Vorn waren sie hoch, ich hätte mich in ihnen verstecken können. Nach hinten zu wurden sie niedriger und niedriger, bis sie schließlich im flachen weißen Strand ausliefen, und der führte direkt zur Ostsee.

Als ich zum ersten Mal hindurchgelaufen war und die Ostsee so unerwartet vor mir sah, erschrak ich beinahe. Sie war hier ganz anders als in Zoppot, wo immerfort Menschen um sie herum waren und Boote und Schiffe auf ihr fuhren. Hier lag sie nackt und allein in den Armen des Himmels, Aug in Auge mit der Sonne. Ich fürchtete, sie zu stören, und lief in den Kieferwald zurück, wo die anderen Schuschken sammelten. Sie wurden in eine große Kiepe zusammengeschüttet, die Grete sich auf den Rücken lud und in die Vorratsscheune brachte. Von dort holte Mutter Thiel die benötigte Menge in die Stube und tat sie in einen Korb am Herd. Der Herd stand hinten an der Wand wie ein dunkles träges Tier. Beim Atmen seufzte es, und manchmal fauchte es auch, gewöhnlich knisterte es nur leise vor sich hin wie eine Katze, die schnurrt. Wenn Mutter Thiel es fütterte, öffnete sie die Feuerluke und warf Schuschken und Kienholz hinein. Zuerst wurde der feurige Schlund ganz schwarz und dunkel, graue, beißende Atemwölkchen stiegen daraus hervor. Doch plötzlich leckte das Tier mit einer langen Feuerzunge und lautem Geknatter an den Schuschken und dem Holz. Schnell schloß Mutter Thiel das große Maul mit einem Haken zu. Danach bullerte es nur noch, aber die Stube füllte sich mit köstlichem Harzduft.

Bei Vater und Mutter Thiel mußten des Nachts mehrere in einem Bett zusammenschlafen. Ich war es nicht gewohnt, mein Bett mit jemandem zu teilen, und lag lange wach. Im Herd glomm das Feuer auch in der Nacht. Der Schein flackerte an den Wänden hoch und erzählte Geschichten von Gnomen und Kobolden, die im Wald wohnten und sich im Mondschein gegenseitig durch die Dünen jagten. Im Nebenzimmer schnarchte Vater Thiel lauter als ein Elefant und übertönte das Rauschen der Ostsee und des Waldes. Ich fragte mich, wie seine Familie das aushielt. Ab und zu kletterte jemand aus einem der knarrenden Holzbetten und begab sich zum Herd, wo der große weiße Nachttopf stand. Ich wollte gar nicht schlafen.

Mutter Thiel kam sehr selten nach Danzig. Meist ging sie nur aus der Stube, um ihre Hühner und das Schwein zu füttern und Kienholz und Schuschken zu sammeln. Sie sprach auch immer nur Plattdeutsch. Ihre jüngere Tochter Tute trug noch lange Zöpfe, aber sie war auch schon im Dienst in der Stadt. Wenn Grete rechtzeitig mit Einkaufen fertig war, besuchten wir anschließend Tute bei ihrer Herrschaft. Sie wohnten an der Motlau beim Krantor in einem schmalbrüstigen hohen Haus. Von außen wirkte es langnasig und melancholisch, innen war es voller Überraschungen. Ich hatte den Eindruck, daß die Zimmer nicht wie bei uns nebeneinander, sondern übereinander lagen. Wir mußten immerzu Treppen steigen, wenn wir in ein anderes Zimmer oder in die Küche wollten. Die Räume waren aber groß und sehr schön, nur nicht gerade für Kinder geeignet. Es gab darin Möbel, deren glänzende warme Farbe der von Vaters Cello ähnelte, aber sie schienen auf ihren zierlich gebogenen Beinen auch ebenso gefährdet wie ein Instrument. Hinter den gläsernen Scheiben der Schränke funkelten zerbrechliche Gläser auf sehr hohen Stielen und Silbergefäße im Licht. Mit den alten Herrschaften lebten die jungen im Hause, der Sohn und die Schwiegertochter, wie ich von Grete wußte.

Als ich der Schwiegertochter zum ersten Mal begegnete, war mir klar, daß sie eine Nixe war. Sie paßte wunderbar in die Zimmer mit den spiegelnden Dingen; denn sie glitzerte selbst. Sie glitzerte vor Spott und Laune. Ich war mir sicher, daß sie eine Nixe war, die gern in der Stadt und auf dem Trockenen lebte, und als ich ihr zur Begrüßung die Hand gab, sagte ich, einer plötzlichen Eingebung folgend: »Na, du Ludchen?!« Einen Moment lang stand sie starr, dann brach sie in Gelächter aus und nahm mich in die Arme. Sie roch wundervoll. Auf dem Sofa saßen die alten Herrschaften. Seitdem ich ihre Schwiegertochter auf diese Weise begrüßt hatte, riefen sie mir nun ihrerseits jedesmal »Ah, da kommt ja unser Ludchen!« entgegen. Ich knickste artig, und sie reichten mir die Hand. Ihre Augen befanden sich ebenfalls hinter Glas, in dem sich das Licht spiegelte. Aber es war ein freundliches Licht, und ihr Händedruck war herzlich. Sie erkundigten sich nach dem Befinden von Tschu-Tschu und meiner Puppe, nicht nach der Schule oder der Klavierstunde. Beim Abschied sagten sie: »Laß es dir gut gehen«, oder: »Komm bald wieder, Ludchen!« Ich bemerkte, daß es hinter ihren Brillen blitzte, während sie »Ludchen« sagten.

8

Der Sommer war da. Die Schule war aus, und ich schlief wieder in Zoppot unter dem Bild mit den Elfen in ihren schillernden Schleiergewändern. Zum Abendbrot gab es wieder kalte Milch mit Blau- oder Walderdbeeren, die, nachdem ich sie zu Brei zerquetscht hatte, schnell, leicht und angenehm kühl durch die Kehle flossen. Die Blaubeeren gaben farblich besonders viel her. Aus der dunkelblauen Schale quoll es purpurrot und vermengte sich mit der Milch zu zartem Abendwolkenlila. Wenn ich morgens aufwachte, schien die Sonne auf meine Bettdecke. Ich brauchte mich nicht umständlich anzuziehen, sondern schlüpfte nur in ein knappes Höschen oder in einen Luftanzug. Ich mochte die Luftanzüge wegen der bunten Stoffe und der Rüschen und Schleifen lieber. Mutter bevorzugte die knappen Höschen, »damit viel Sonne an den Körper kommt«. Nach dem Frühstück zogen wir jeder mit seinem Packen an Badesachen den Weg hinunter, überquerten die Fahrbahn der kreuzenden Straße und quetschten uns durch die Sperre am Wärterhäuschen, um unsere Kurkarte vorzuzeigen. Ich fand, daß es in dem engen Kasten, in dem sich der uniformierte Wächter kaum bewegen konnte, immer nach Suppe roch, und fragte mich, ob er wohl jeden Morgen von seiner Frau ein Kochgeschirr voll mit Gemüsebrühe eingepackt bekam, die er zu Mittag auslöffeln mußte. Deshalb tat er mir leid, obwohl er manchmal sehr streng dreinblickte und mich nur ungern passieren ließ, wenn ich meine Kurkarte vergessen hatte.

Kaum hatte ich die stickige Barriere hinter mir, da schlug mir die frische, mit einer Prise Sonnenblumenaroma gewürzte Seebrise entgegen. Ich rannte durch den Kurpark auf unseren Strandkorb zu, der ein wenig kühl und feucht von der Nacht schon auf uns wartete. Morgens lagen auf dem Sand noch Fetzen vom Gewand des Frühnebels, der sich gelöst hatte, als er in der Dämmerung am Meer entlanggeschritten war. Das Kurhotel stand, ohne sich zu rühren, in der Sonne; denn die Damen mit den rot oder golden gelackten Zehen- und Fingernägeln waren noch nicht aufgestanden. Auch die Ostsee regte sich kaum, sondern hielt ihre schlafenden Wellen fest im Arm. Der Wind lag unbeweglich und nur leise atmend auf ihrer Oberfläche. Ich tippte sie vorsichtig mit dem Zeh an. Das Wasser war nachtkühl. Der Mond hatte darin gebadet. Ich hockte mich davor, sah zu, wie die See aufwachte, und hoffte, sie würde sich beeilen; denn bevor sie sich nicht in der Sonne aufgewärmt hatte, durfte ich nicht hinein. Doch sie ließ sich Zeit und war erst bereit, wenn auch die übrigen Badegäste sich am Strand versammelt hatten.

Das geschah so unbemerkt wie das Anfluten der Wellen. Plötzlich schwappten sie um meine Füße. Hinter mir hörte ich Stimmen. Der Strand war in Bewegung geraten. Prustend und lachend liefen die Badegäste ins Wasser, und die Ostsee ließ sich ihre Huldigungen gefallen. Sie funkelte vor Vergnügen. So sehr sich die anderen um sie bemühen mochten, es machte mich nicht eifersüchtig. Mir gehörte der Strand, Danzig gehörte mir, die Ostsee wußte, daß ich sie liebte; wir liebten einander. Ich legte mich auf den Bauch, ließ meine Beine vom Wasser umspülen, stützte mein Kinn in die Handflächen und beobachtete die Badegäste. Sie genossen die Sonne und die warme Luft, faulenzten, spielten oder plauderten. Ihre Sprache war ein einlullendes Summen in meinen Ohren. Ich verstand sie, ohne hinzuhören. Ab und zu klangen unverständliche Laute auf wie Töne eines unbekannten Instruments, das sich einer vertrauten Melodie zugesellt. Es war polnisch.

Ich kannte ein Mädchen, das diese Sprache genauso selbstverständlich und unbefangen benutzte wie die deutsche. Das machte einen ungeheuren Eindruck auf mich. Sie kam aus Lodz und verbrachte mit ihrer Familie die Sommerferien in Zoppot. Auch wie sie die mit rotem Samt belegten Treppen im vornehmen Casinohotel herunterhüpfte und lächelnd die Hotelhalle betrat, mußte ich bewundern. Alles schien ihr mühelos zu gelingen. Die Schule bereitete ihr ebenfalls keine Schwierigkeiten. Ihre Großmutter informierte mich über ihr Zeugnis, das nur aus lauter Einsen bestand. Beide, ihre Mutter und ihre Großmutter, waren schöne Damen. Sie trugen fließende, glänzende Gewänder und lange Perlenketten, die ihnen bis über die Taille hingen. Ihre Hände befreiten sich immer schnell aus meinem zur Begrüßung dargebrachten Händedruck, um in einer eleganten Geste davonzufliegen; ihre Stimmen vibrierten in der Luft, bevor sie sich darin auflösten. Unaufgefordert wußte ich, daß ich mich in ihrer Gegenwart besonders gut benehmen mußte.

Trotzdem liebte ich es, in Gesellschaft dieser schönen Damen auf der Hotelterrasse zu sitzen und Erdbeeren mit Sahne zu löffeln. Die schwarzbefrackten Oberkellner eilten emsiger herbei und schienen den Wünschen meiner Gastgeberinnen höflicher zu entsprechen als denen der anderen Gäste; die Sonne strahlte goldener auf sie herab, und selbst die Blumen in den üppigen, bunten Rabatten des Kurparks drängelten sich farbenfroher und duftender heran. Die Schönen fuhren in einem schwarzlackierten Automobil, in dem meine Füße den Boden nicht berührten, so tief waren die weichgepolsterten Sitze. Ein Chauffeur brachte uns zum Spielplatz. Vor lauter Angst, unhöflich zu erscheinen, wagte ich nicht, die Wippe, auf der mir gegenüber das weltgewandte Mädchen in einem roséfarbenen Smokkleid saß, richtig hochfliegen zu lassen.

Die einseitigen Belehrungen der Großmutter empfand ich bald als monoton. Ich sehnte mich nach der meinen. Selbst wenn ich in ihrer Gegenwart mehr riskierte und mir die Knie aufschrammte, so daß das Blut kleine rote Perlen auf die zerschundene Haut setzte, unter denen es höllisch brannte, es war trotzdem schöner mit ihr, und sie war sogleich mit Trost und Liebkosungen zur Hand, die mich die Schmerzen schnell vergessen ließen. Im Grunde war auch meine Mutter schöner als die Damen aus Lodz. Wenn sie mit mir über den Seesteg promenierte, sahen die Leute sie an, und ich war stolz, daß sie mir gehörte. Ihr weites Kleid mit zarter Lochstickerei, farblos hell wie der Sand am Strand, flatterte so durchsichtig und leicht über ihrem blauen Unterrock wie die aschblonde Luft über dem Meer. Auf dem Kopf trug sie einen Florentiner Hut mit breiter, geschwungener Krempe und einem blauen Band. Alles an ihr war in Bewegung, immerfort gingen Impulse von ihr aus. Zuweilen taten sie mir weh, weil ich nicht auf sie zu reagieren verstand. Doch niemals konnte ich ihr gegenüber unbeteiligt sein; ich war ihr ausgeliefert.

Um die Mittagszeit wurde es am Strand wieder ruhiger. Die Feriengäste zogen sich zurück, die Ostsee begann zu dösen. Grete entfernte sich immer etwas eher, um das Mittagessen vorzubereiten. Im Sommer kochte sie frisches Gemüse, das appetitlich und hübsch anzusehen in grüngesprenkelten Kräutersoßen oder klaren Brühen schwamm, das ließ sich leicht essen. Den Kohlrabi brauchte ich nur mit der Zunge fest gegen den Gaumen zu drücken, schon war er zu Brei geworden. Das Obst aßen wir roh, einfach so. Die Kirschen hängte ich mir über die Ohren und rannte mit baumelnden roten Klunkern zum Strand zurück. Der lag immer noch schlaftrunken in der Mittagshitze. Die Ostsee hatte sich mit einem sonnenwarmen Gewand aus schwerer Atlasseide bekleidet. Doch darunter bewahrte sie ihre Kühle. ich brauchte mich nur unter die Oberfläche sinken zu lassen, um in ihre belebende Frische einzutauchen, in die sanfte, flutende, lichte Wasserwelt.

Wenn die Bäume anfingen, graue Schleier über den Sand zu breiten, erwachte hinter der Promenade der Nachmittag. Ich kauerte mich auf die Mauer, die den Strand zum Kurgarten hin abgrenzte, und beobachtete, wie sich die Stühle an den Tischen füllten, die rund um eine Tanzfläche gruppiert standen.

Die Musiker brachten sich und ihre Instrumente in die richtige Position, stimmten sie, dann ertönte ein Paukenschlag, und es erschien ein wunderschönes Paar. Ein Mann und eine Frau stellten sich mitten auf die Tanzfläche, verneigten sich, und dann begannen sie, sich nach der Musik zu drehen. Dabei umwehte das Tüllkleid der Dame den schwarzen Frack des Herrn. Schließlich wirbelte sie, nur vom Zeigefinger ihres Partners gelenkt, um ihre eigene Achse. Ihr Rock flog, und ich sah ihre schlanken Beine. Sie endeten in kleinen Füßen, die in hochhackigen Silberschuhen steckten und sich flink um die spiegelnden Lackschuhe des Herrn herumbewegten. Plötzlich bog die Dame ihren Oberkörper so weit nach hinten, daß ihr Kopf fast den Boden berührte. In eleganter Pose beugte der Herr sich über sie, stützte mit der Hand ihren schlanken Rücken und zog sie wieder zu sich empor. Danach tanzten beide gemeinsam im Rhythmus der Musik.

Ich meinte, daß niemand es wagen konnte, nach dieser Darbietung die Tanzfläche zu betreten. Doch die Leute erhoben sich von ihren Eisbechern und Sahnekuchen und schoben einander auf dem glatten Boden hin und her. Einige wagten ein paar kühne Schrittfolgen. Doch ich fand, daß die meisten gelangweilt dreinblickten.

Ich sprang von der Mauer und begutachtete meine Arme und Beine. Sie gefielen mir, sie waren braun, rochen angenehm nach Niveacreme, und ich konnte allerlei damit anfangen: Laufen und Springen und Klettern und Handstand mit Überschlag. Gern hätte ich selbst getanzt, doch nach dieser Musik ging es nicht, und es störten mich nun auch die Leute, die mich hätten sehen können. Darum war ich froh, als Grete mich zum Aufbruch heranpfiff. Zu Hause kleidete sie mich um. Die hellen Stoffe bedeckten kühlend die heiße braune Haut und hoben sich kontrastvoll von ihr ab. Wenn die Abendbrise vom Meer darüber hinwehte, zog sie sich zusammen, und ohne daß ich eigentlich fror, bildete sich eine Gänsehaut.

War Mutter gut aufgelegt, durfte ich mit auf die Promenade. Sie begann bei den Wandelhallen, ein gläsernes Gebilde, das sich wie ein Kollier um den Kurgarten legte, um ihn zum Meer hin abzuschirmen. Die Kurgäste waren so vor Wasser geschützt, wenn die See tobte und der Regen platschte. An solchen Tagen war ohnehin alles grau und leer; dann lohnte es nicht, sich in die Wandelhallen zu setzen und auf die wallenden Regenschwaden zu gucken. Wir taten es eigentlich nie. Nur die Schmetterlinge klebten an den Scheiben und wußten nicht, was sie machen sollten. Zu Hause besaß ich eine Holzpuppe, die jemand mir aus Rußland mitgebracht hatte. Öffnete ich sie, so erschien eine zweite Puppe, kleiner als die erste, und so ging es weiter bis zur letzten, die nur noch so groß wie ein Fingerhut war. Ähnlich, fand ich, verhielt es sich mit den Wandelhallen. Deren äußere Glashülle barg ein gläsernes Geschäft, in welchem wiederum Glaskästen herumstanden. In einem dieser Glasgefäße befanden sich Holzstäbe, an denen wie Blätter an einem Stiel Walnüsse klebten. Meine Mutter kaufte einen solchen Stiel und gab ihn mir in die Hand. Anfangs bemühte mich mich, die Zuckerschicht so lange im Mund aufzuweichen, bis sich die weiche Nuß daraus löste. Dann wurde es mir zu mühsam und zu langwierig, und ich zersplitterte den Zuckerguß mit den Zähnen und befreite die Nuß gewaltsam aus ihrem gläsernen Schrein. Im übrigen waren die Wandelhallen langweilig. Es passierte dort nichts Aufregendes.

Nur einmal, am Großen Donnerstag, veränderten sie sich völlig. Schon eine ganze Weile vorher wurde vom Großen Donnerstag gesprochen. Alle hofften, daß es nicht regnete, und waren gespannt, was geschehen würde. Ich auch. Obwohl ich wollenes Zeug im Sommer haßte, sah ich darüber hinweg, daß Mutter etliches davon aus dem Schrank holte, um es mir des Nachts anzuziehen. Alles wollte ich über mich ergehen lassen, sogar den ungewohnten Mittagsschlaf, bei dem ich mich ruhelos, schwitzend und hellwach im Bett herumwälzte, wenn ich nur dabeisein durfte.

Je mehr es dunkelte, desto lebendiger wurde es draußen. Als wir uns auf den Weg machten, war der Himmel voller Sterne. Ich hatte sie noch nicht oft zu sehen bekommen und fand es grandios und festlich, wie sie den Himmel mit Gold besprenkelten. Immer dann, wenn der Weg eben war, hielt ich meinen Kopf in die Höhe, um sie betrachten zu können. Vater hatte mir gesagt, sie hätten ihren festen Platz am Firmament und bewegten sich nicht. Mir kam es aber so vor, als hüpften sie auf und nieder und wagten sich auch mal ein Stückchen nach rechts und links.

Im Kurgarten war es dunkel. Obgleich viele Leute dort versammelt waren, herrschte Stille. Die Blumen dufteten so stark, daß ich meinte, die Leute verhielten sich leise, weil der Duft sie eingeschläfert habe. Während ich mich fragte, was wohl geschehen würde, fing auf geheimnisvolle Weise alles zu glühen an. Die Wandelhallen erstrahlten sanft von innen und sahen wie große Kandelaber aus. Auch der Springbrunnen, der sich mitten in einem Blumenbeet befand, begann zu leuchten. Ohne daß ich bemerkt hatte, woher sie gekommen waren, schwebten überall Elfen herum. Auf dem Dach der Wandelhallen tanzten sie und auf der Plattform des Brunnens, hoch in der blauen Nacht und unter den sprühenden Fontänen. Ihre Schleiergewänder wechselten von lila zu orange und von grün zu blau. Fast durchsichtig zart waren sie und berührten den Boden nur flüchtig mit den Zehen; aber ihre graziösen Bewegungen waren genau und harmonisch aufeinander abgestimmt und folgten dem Rhythmus der Musik. Auch sie ertönte auf geheimnisvolle Weise aus der Dunkelheit, festlich und fröhlich.

Plötzlich erlosch das Licht, und die Elfen verschwanden. Ich hatte keine Zeit, traurig zu sein; denn nun hatten es alle Leute sehr eilig, auf den Seesteg zu gelangen. Wir liefen mit. Währenddessen erklärten Mutter und Grete, auf der Reede liege ein Schiff, und dort werde ein Feuerwerk abgebrannt. Es dauerte nicht lange, da krachte es wie bei einem Gewitter. Doch statt Blitze aufflackern zu lassen, streute der Himmel in einem gewaltigen Sprühregen funkelnde Pailletten auf uns hernieder. Kleine glitzernde Punkte vergrößerten sich zu flammenden bunten Kugeln, die schimmernd in die Nacht tropften und in ihr zergingen, bis tatsächlich nichts mehr übrigblieb; und nun war ich auch müde. Der Himmel gehörte wieder den Sternen. Der Mond war aufgegangen und gebot Stille. Die Nacht war zur Ruhe gekommen.

Am nächsten Tag fuhren meine Schwester und ich blumenbekränzt in einem Wagen aus der Kolonne des Blumenkorso mit. Das war enttäuschend. Im Wagen war es eng und unbequem, und es war mir peinlich, als ich bemerkte, wie die am Straßenrand versammelten Leute applaudierten und uns zuwinkten; denn ich war mir wohl bewußt, daß ich mich keineswegs in eine Elfe verwandelt hatte, sondern ein ganz gewöhnliches Kind geblieben war. Als wir endlich aussteigen konnten, fiel mir ein Mädchen im weißen Kleid auf. Die dunklen Haare fielen ihm bis auf die Schultern und kringelten sich an den Spitzen zu lauter Sechsen. Ich dachte, daß es die Tochter des Mondes sein könne, denn sie schien von weißem Glanz umgeben. Auch ihr Lächeln glänzte. Doch obwohl sie mir gefiel, sprach ich sie nicht an, ich hätte auch nichts zu sagen gewußt. Im Grunde war ich froh, als die Festlichkeiten vorüber waren. Sie verwirrten mich. Der Traum bedrängte die Realität und erweckte Wünsche, die, wie ich wohl ahnte, nicht erfüllt werden konnten. Aber die Ostsee war wirklich. Ich rannte durch die gischtenden Wellen, warf mich ihr an die Brust, und sie spülte alle unnützen Gedanken von mir ab.

Eines Abends, als ich mit einem Holzstück die große Schnekke in den Sand gemalt hatte, erschien eine Dame vor unserem Haus. Mir war sofort klar, daß sie die Mondfrau und die Mutter des Mondmädchens war. Sie glänzte ebenso milchweiß, nur hatte sie ihre nachtdunklen Haare zu einem Knoten geschlungen. Vor Staunen vergaß ich, dem Fänger davonzulaufen, der oben in der Schnecke saß. Gewöhnlich ließ er Schauer des Entsetzens über meinen Rücken rieseln, wenn er mir auf den Fersen war; denn ich mußte die Schneckenwindung durchlaufen, ohne dabei auf den gezeichneten Strich zu treten, welcher eine tiefe Schlucht darstellte. Als die Mondfrau gegangen war, verkündete meine Mutter, sie habe mich zum Geburtstag ihrer Tochter Puppa eingeladen; und meine Mutter, die den Kontakt mit anderen Kindern selten gestattete, hatte für mich zugesagt. Auch der Fänger mußte erstaunt gewesen sein; denn ich trat unversehrt aus der Schnecke, obwohl ich alle Regeln mißachtet hatte.

Ich haßte Kindergeburtstage. Kuchen und Milchkaffee mochte ich nicht, und ich war im Umgang mit anderen Kindern unbeholfen. Was für die anderen Mädchen selbstverständlich war, kostete mich Überwindung. Aber dieser Geburtstag reizte mich. Es war dann tatsächlich alles anders. Meine blonden Haare hoben sich kaum von meinem hellen Kleid ab, und ich sah anders aus als die meisten der anderen Mädchen, und doch ging alles mühelos und wie von allein. Puppas mondhaftes Leuchten erfüllte die Gesellschaft mit ruhiger Freundlichkeit, und es gab Eis statt Kuchen.

9

Sobald das Wetter uns nicht wohlgesonnen war, mieden wir den Strand. Mutter empfand es auch dann als unfreundlich, wenn der Wind zu stark wehte. Sie versteckte sich vor ihm im Wald. Außerdem fand sie es wichtig, meine Schwester und mich mit ihm vertraut zu machen. Wir wanderten aber nicht gern. Schon das Dirndlkleid, das wir zum Wandern anziehen mußten, mochte ich nicht. Am schlimmsten aber waren die kratzigen Wollkniestrümpfe und das Kopftuch. Der Wald war langweilig, nur grün, und der Weg endlos lang. Mutter fand ihn eindrucksvoll und zeigte und erklärte uns die Pflanzen, die am Wegrand wuchsen.

Außer dem Sauerampfer, der die Zähne stumpf werden ließ und die Spucke im Munde zusammenzog, und den Beeren interessierte mich nichts als höchstens die Frösche, die ab und zu über den Weg hüpften. Die winzigen Froschbabys sahen wonnig aus, und ich freute mich, wenn ich sah, wie Grete ihnen angeekelt auswich. War es mir gelungen, einen Frosch zu fangen, schrie sie und rannte davon. Mutter forderte sie dann unwirsch auf, wiederzukommen und sich wie ein erwachsener

Mensch zu benehmen. Schon aus diesem Grunde hätte ich den Frosch gern länger bei mir behalten; denn solange er in meiner Hand saß, respektierte Grete mich, das merkte ich genau. Wenn ich aber sah, wie sein Herz wild pochte, ließ ich ihn frei. Nach qualvoll langer Strecke erreichten wir den »Großen Stern«, auf den alle Waldwege zuliefen, und wir erhielten zur Erfrischung Limonade. Sie schmeckte köstlich, aber sie konnte doch nicht darüber hinwegtäuschen, daß der Rückweg noch einmal genauso weit war.

Den Höhenweg mochte ich lieber; denn ich konnte zwischen den Bäumen und Sträuchern hindurch die Ostsee erblicken. Von hier oben fiel mir auf, wie die Wellen auf der Wasserfläche spielten. Manchmal kamen sie gleichmäßig und gesittet heran, bis eine von ihnen aufspritzte, die anderen überflutete und versank. Daraufhin liefen sie gegeneinander an und fielen übereinander her. Ihre weißen Schaumkronen wirkten wie Vogelschwingen. Bei starkem Wind hatte es den Anschein, als sitze eine Vogelkolonie auf dem Wasser.

Im Schatten der Bäume gedieh ein Unkraut, das den Weg kurzweilig gestaltete. Es war ein drolliges Zauberkraut. Seine Samenkapseln sahen wie winzige Gurken aus. Sobald sie sich in der Mitte zu verdicken begannen, zwirbelte ich sie zwischen Daumen und Zeigefinger. Dabei öffneten sie sich blitzschnell, rollten sich zu beiden Seiten auf und ließen ein Samenkorn hervorschießen. Waren die Kapseln ganz reif, verfärbten sie sich lila. Dann genügte es, sie mit dem Finger anzutippen, und sie sprangen von allein auf. Das taten sie so vehement, daß der Finger einen Schlag erhielt, eine Berührung, die, brüsk und zärtlich zugleich, mir wie eine heimliche Mitteilung erschien.

Mitten im Walde hörte man es gluckern und glucksen, und damit war der Weg unweigerlich zu Ende. Doch nicht nur der Menzelbach versperrte ihn. Zwar war eine Brücke vorhanden, aber im Schilderhaus standen die polnischen Zöllner und paßten auf, daß wir sie nicht benutzten. Ihre Mienen ließen darauf schließen, daß sie ihre Aufgabe ernst nahmen und nicht mit sich spaßen ließen. Ich wußte, daß die Leute auf der anderen Seite des Baches sich einer Sprache bedienten, die ich nicht verstand. Doch in der Sprache leben unsere Gedanken! Was sollte ich tun, wenn wir einander nichts sagen konnten? Es wunderte mich, daß trotz dieser gewaltigen Ungleichheit der Wald drüben genauso aussah wie bei uns und daß nur ein Bach diese verschiedenen Welten voneinander trennte und nicht eine von Drachen bewachte Schlucht. Der Bach flößte mir Unbehagen ein. Ich war froh, wenn wir ihn hinter uns ließen und zum »Bergschlößchen« oder »Stolzenfels« hinaufstiegen, die weiter oben in der Sonne lagen. Die Tischdecken flatterten im Wind und wurden mit Klammern am Tisch festgehalten. Aber dafür pustete der Wind auch die Suppe kalt, und ich brauchte mich nicht lange damit aufzuhalten. Sie war rot, so daß man denken konnte, es sei Tomatensuppe. Das täuschte. Auf dem Grund des Tellers schwammen viele knackige Krebsschwänze, und sie schmeckten köstlich.

Als ich einmal aus meinem Wasserpalast aufgetaucht war und mit ausgebreiteten Armen auf der Oberfläche in der Sonne lag, fiel mir ein, daß in Zoppot alle dunklen Wege auf etwas Helles zuliefen. Ich fand, der schönste und geheimnisvollste von allen war derjenige, auf dem wir zu Mutter Gretchen gingen. Er war es eben deshalb, weil er zu Mutter Gretchen führte. Es schien mir, als nehme er mich in Empfang und geleite mich zu ihr hin. Deshalb fürchtete ich mich nicht, obwohl es ein Hohlweg war, der sich selbst bei Sonnenschein kühl und dämmerig um mich wölbte; denn die Rankpflanzen kletterten an Mauern und Bäumen empor, und es roch immer modrig. Im Grunde ähnelte Mutter Gretchens Haus dem Hohlweg. Auch hier herrschte Halbdunkel, roch es ein wenig nach Moder, und es war unübersichtlich und irreführend. Das Haus schien mehr Ecken, Kammern und Abseiten zu beherbergen als Zimmer. Eine hölzerne Galerie lief im Hausinnern um den ganzen ersten Stock, und es sah aus, als bestehe sie aus Türen. Als ich mich einmal hinaufwagte, entdeckte ich, daß etliche der Türen Schränke waren. Wie sie so schwer und mächtig dastanden, nahmen sie sich nicht wie gewöhnliche Schränke aus. Ich traute ihnen zu, daß ich nur eine ihrer Türen zu öffnen brauchte, um ein anderes

Land zu betreten, ein exotisches vielleicht, in dem in blauer Meeresbrise Palmen wehen und der Flamingo auf einem Bein steht. Es konnte aber auch der böse Mohr in Pluderhosen mit dem Turban auf dem Kopf und dem Krummschwert in der Hand dahinter lauern. Besser, ich öffnete sie nicht.

Im ganzen Haus vibrierte es leise von einem eigenartig unregelmäßigen Rhythmus. Ab und zu machte er sich vernehmlicher bemerkbar, manchmal wie ein Triangel, manchmal wie eine Pauke, manchmal tönten auch ein heller und ein dunkler Klang gegeneinander an. Das waren die Uhren auf der Galerie. Sie gingen alle durcheinander. Keine von ihnen zeigte die Zeit richtig an. Einige von ihnen waren groß und standen auf eigenen Füßen. Ihr metallenes Zifferblatt sah auf mich hernieder, ihr dickes Pendel schwang vor meiner Nase. Manche waren kleiner und hingen an der Wand. Keine glich der anderen genau. Einmal, als ich vom Sonnenschein geblendet über den Hof ins Haus getreten war und ein wenig benommen dastand, schrie mich unverhofft aus einer Ecke der Kuckuck an, und ich erschrak. Aber da war auch schon Mutter Gretchen neben mir. Sie zeigte mir die Schwarzwälder Uhr, erklärte, daß hinter dem Türchen ein kleiner Vogel wohne, der alle Viertelstunde herauskomme, um anzusagen, wie spät es sei. Sie stellte die Uhr auf eine Minute vor zwölf, und wir warteten. Plötzlich flog die Tür auf, der Vogel schoß heraus und rief mit klingender Stimme zwölfmal Kuckuck. Seitdem liebte ich die Uhr, lauerte selbst dem Kuckuck auf und freute mich, wenn ich ihn erwischte.

In Mutter Gretchens Gegenwart zog sich all das, was gespenstisch hätte sein können, in die hintersten Winkel zurück wie ein Hund, dem geboten wird, sich zu kuschen. Mutter Gretchen war so alt, daß sie nicht älter werden konnte. Also blieb sie, wie sie war. Sie trug immer die gleichen langen Kleider mit den gestärkten und gerüschten Schürzen und roch immer gleich nach Pfefferminz. Um sie herum war alles hell, warm und freundlich. Eigentlich war sie genau wie ihr Hof. Sobald ich dort eintraf, mußte ich fröhlich sein, es ging nicht anders.

Der Hohlweg mündete in diesen Hof, ja, ich glaubte, er war

einzig dazu da, Mutter Gretchens Gäste in ihren Hof zu geleiten. Vielleicht rollte sie ihn danach auf oder zog ihn ein wie eine Leiter oder zauberte ihn einfach weg, damit kein Ungebetener oder Unbefugter ihn benutze. Wie ein magisches Zentrum lag der Hof den ganzen Tag über im Licht. Die Sonne ließ ihn nie aus den Augen. Sie lief von früh bis spät um ihn herum.

Ohne daß ich bemerkt hatte, wie er dort hingekommen war, stand eines Morgens ein junger Mann auf dem Hof. Wahrscheinlich war er aus der Sonne gesprungen, denn seine Augen hatten goldene Punkte und strahlten. Er gefiel mir sehr. Also war ich entzückt, als Mutter mir mitteilte, er sei Mutter Gretchens Enkel und beinahe so etwas wie mein Cousin. Manche meiner Klassenkameradinnen besaßen große Brüder, und es war mir aufgefallen, daß sie von ihnen mit Stolz sprachen. Auch von Vettern hatte ich schon gehört. Bei uns gab es das nicht. Solange ich nichts darüber wußte, hatte es mich nicht gestört, zumal meine Eltern mich in dem Glauben beließen, Mädchen seien feinsinniger, zartfühlender und wahrscheinlich sogar klüger als Jungen. Vater zitierte oft das Goethewort: »Und willst du genau erfahren, was sich ziemt, so frage nur bei den Frauen an.« Ich ahnte, daß er mit diesem Zitat seinem Wunsch Ausdruck verlieh, mich zu einer edlen Frau heranwachsen zu sehen. Nun fragte ich mich, ob ein großer Bruder nicht doch eine Bereicherung sein konnte, indem er der zartsinnigen Mädchenhaftigkeit ein neues Element hinzufügte, etwas Unerschrockenes und Kühnes, das einerseits Schutz, andererseits auch Vertrautheit verhieß, die mich aus dem Bann meiner Gedanken und Empfindungen befreien konnte. Ich hätte diesen Cousin gern für alle Tage behalten, doch er verschwand wieder.

Als meine Mutter zum Plaudern aufgelegt war, erzählte sie über den Cousin. Er habe keinen Vater, richtiger gesagt, er kennen seinen Vater nicht. Mutter Gretchen und ihre Tochter umschattete das gleiche Schicksal; ihre Männer hatten sie verlassen. Dies nun war mir unverständlich. Ich dachte, eine Familie sei etwas Feststehendes, aus dem niemand willkürlich ausbrechen könne. Wer keine Familie besaß, war wie das Mädchen mit den Schwefelhölzern der Trostlosigkeit und Verlassenheit preisgegeben.

Mutter Gretchens Mann hatte Gustav geheißen. Gustav war zu seiner Zeit ein Kerl von einem Mannsbild gewesen. Er trank sehr gern Schnaps. Wenn er endgültig ausgetrunken hatte, zerkaute er das Glas zum Zeichen, daß er nun ausreichend bedient sei. Als er einmal mit Lungenentzündung darniederlag und der Arzt schon ratlos war, weil es ihm nicht gelang, das hohe Fieber zu senken, legte Gustav sich auf den Hof in den Schnee und wartete, bis er ausgekühlt war. Danach zog er sich an und war gesund. Doch das war ihm nicht genug des Außerordentlichen. Eines Abends kehrte er von einem Zigarrenkauf nicht heim. Mutter Gretchen war überzeugt, daß Gustav nach Amerika gefahren sei. Daraufhin mußte sie selber für ihre Kinder sorgen und wurde Auktionatorin. Da ich keine Ahnung hatte, was das war, erklärte Mutter es mir. Es fiel mir sehr schwer, mir vorzustellen, daß Mutter Gretchen etwas so Autoritäres, ja, Verwegenes tat, wie mit dem Hammer auf ein Pult zu schlagen, »Zum ersten, zum zweiten und zum dritten« zu rufen und damit den Käufer unwiderruflich an der Ware festzunageln. Immerhin erklärte es das Vorhandensein der vielen Uhren, Truhen und Schränke in ihrem Haus.

Tante Dora, Mutter Gretchens Tochter, hatte gar nicht erst geheiratet, sondern war von vornherein mit ihrem Sohn sitzengelassen worden. Zwar wußte ich auch da nicht genau, was es bedeutete, aber ich spürte, daß es in Beziehung zu Gretes schauerlichen Liedern von den verlassenen Mädchen stand, und daß etwas Schandbares damit verbunden war, über das man besser nicht sprach. Andererseits schien es mir undenkbar, Tante Doras klares, herzliches und zupackendes Wesen mit jenem Mädchen in Verbindung zu bringen, das geisterbleich und weinend mit seinem Kind im Garten saß, während der Wind, der die Wolken zu düsterem Reigen antrieb, ihre goldenen Locken verzweiflungsvoll wehen ließ. In Tante Doras glatten schwarzen Haaren spiegelte sich die Sonne, und die Wolken, die sie umgaben, quirlten fein und duftend aus ihren orientalischen Zigaretten. Sie konnte sie mit den Lippen zu schwebenden Ringen formen, durch die ich meine Finger steckte, bevor sie in der Luft zergingen. Die Aura des Mysteriösen und Tragischen, die sie hätte umgeben können, strahlten die beiden Frauen so schnell weg, wie die Sonne den grauen Dunst auflöst, wenn er versucht, sie einzukreisen.

10

Die Rückkehr aus den Sommerferien gestaltete sich nicht mehr so unproblematisch wie einst; denn die Schule wartete auf mich. So schnell, wie ich gehofft hatte, ließ sich das Lesen nicht erlernen. Zuerst mußte man wissen, wie die Selbstlaute klangen und wie man sie so mit den klanglosen Mitlauten zusammensetzte, daß ein Wort daraus entstand. Nach und nach wurden es immer mehr. Sie reichten aus, um Sätze zu bilden, und so lasen wir kleine Texte. Es war nicht schwer und machte sogar Spaß. Anfangs lag der Zeigefinger dabei auf dem Buch und schob sich langsam von Wort zu Wort, aber bald brauchte ich ihn nicht mehr. Meine Augen schafften es ohne seine Hilfe. Die Zahlen sahen hübsch aus. Unsere Lehrerin erzählte uns, sie seien arabisch und aus dem Orient zu uns gekommen. Manchen von ihnen war das anzusehen. Die anmutige, aus einer kunstvoll geschlungenen Linie gebildete Zwei ähnelte einer Kalifentochter, die stolzerhobenen Hauptes in ihren Schleiern einherging, die Acht war der dicke Großwesir, die Sieben ein stolzer Prinz und die Fünf ein kugeliger Haremswächter, die Einsen stellten die Wachen vor dem Palast des Sultans dar. Es war nicht allzu schwer, sie zusammenzuzählen. Bunte Kugeln, die wir auf einer Schiene hin- und herschieben konnten, halfen uns dabei. Doch die Zeit ging darüber hin. Es dauerte alles so lange und wurde langweiliger und langweiliger. Die grauen Herbstnebel erfüllten auch die Schulstube.

Selbst die Gegenwart der vielen Mädchen machte sie nicht

bunter und heller. Überdies fiel es mir immer noch schwer, mich ihnen anzuschließen. Ich begriff nicht, wie ich mich ihnen gegenüber benehmen sollte. War es mir einmal gelungen, sie für mich einzunehmen, wußte ich schon nicht mehr, was ich mit ihnen anfangen sollte. Ganz hinten in der Klasse saß ein Mädchen, das größer war als alle anderen. Niemand kümmerte sich so recht um Olga. Das schien sie aber nicht zu stören; denn sie war meistens gut gelaunt. Als ich während der großen Pause allein im Schulhof am Zaun stand und vor mich hinsummte, trat sie hinzu und sang mit. Sie tat das in einer anderen Stimmlage, aber die paßte genau zu meiner Melodie und ließ eine Harmonie aufklingen, durch die das Lied sich viel schöner und interessanter anhörte. Mein freudiges Staunen brachte sie zum Lachen, und dann beteuerte sie mir, sie könne zu jeder beliebigen Melodie eine zweite Stimme erfinden, sie brauche sich weder anzustrengen noch darüber nachzudenken, die richtigen Töne kämen von allein. Daraufhin beschloß ich, mich im Unterricht neben Olga zu setzen. Wenn wir Singstunde hatten, lauschte ich den Terzen, Quarten und Quinten, mit denen sie die Lieder untermalte. Auf den Gedanken, es selbst zu probieren, kam ich nicht. Ich dachte, diese Gabe sei das Wiegengeschenk einer Fee an das Mädchen. Vielleicht hatte Olga sie zum Ausgleich für ihr etwas derbes, jungenhaftes Gesicht erhalten. Mir schien das Mädchen daher auf geheimnisvolle Weise bevorzugt. Es hatte Zugang zu übernatürlichen Kräften, und es hätte mich nicht gewundert, wenn Olga sich vor meinen Augen in einen Prinzen verwandelt hätte.

Eines Tages hörte ich meine Mutter singen und folgte leise summend der Melodie. Da wurde mir plötzlich bewußt, daß ich sie schon eine ganze Weile ebenfalls mit Terzen, Quarten und Quinten begleitet hatte. Ich konnte es also auch! Tatsächlich, es ging ganz einfach und wie von selbst. Am liebsten hätte ich meine Mutter vor Freude umarmt. Mein Leben hatte eine neue Dimension bekommen. Ich war imstande, jede Musik auf meine Art zu verzieren. Nun machte auch die Gesangsstunde in der Schule viel mehr Spaß. Wir übten weihnachtliche Lieder ein, und ich setzte ihnen allen einen Kranz aus zusätzlichen Harmonien auf.

In der Adventszeit durften wir jeden Morgen die Kerzen anzünden, die wir in der Handarbeitsstunde auf einen Pappstern geklebt hatten. Während wir sangen, flackerten die vielen Lichter und zauberten für ein Weilchen die heitere Wärme der Vorweihnachtszeit in die Schulstube. Doch manchmal passierte es, daß der große Bottich mit der schwappenden Milch mitten während der Unterrichtsstunde mit Gepolter hereingefahren wurde, und die stumpfe Schulstube füllte sich augenblicklich mit Duft und Leben. Aufgeregt kramten die Kinder ihre Emaillebecher hervor, gingen nach vorn und empfingen aus einer Schöpfkelle die dampfende, schäumende Milch und dazu aus einem riesigen Weidenkorb ein frisches Brötchen. Wenn ich es aufbrach, strömte mir ein warmer Geruch entgegen, der mich an die Weizenkörner in der Sonne erinnerte, von denen Vater mir erzählt hatte. Doch auch dieser Moment ging vorüber und hinterließ nur noch mehr Sehnsucht nach Freiheit.

Glücklicherweise war die Macht der Weihnachtszeit stark genug, den Trübsinn zu besiegen. Bald würde es Ferien geben. Schnee legte sich auf die Stadt. Noch immer rieselte er feinkörnig aus unsichtbaren Fernen oder senkte sich langsam und bedächtig in bauschigen Flocken auf uns hernieder und schichtete dünenartige Gebilde in den Straßen auf. Je näher das Fest heranrückte, desto mehr versank die reale Welt im Schnee und in der Vorfreude. Wenn ich mit Gertrud durch die Stadt ging, kam es mir so vor, als sei Danzig ein großes Wolkenschiff, das dem Wind preisgegeben war. Wurde es ihr jedoch zu wild, machte die Stadt ihre Luken zu und öffnete sich nur dem Himmel. Von oben herab tönte denn auch der weihnachtliche Befehl: »Lobt Gott, ihr Christen, allzugleich.« Auf den Kirchtürmen standen dick in ihre Mäntel eingemummelte Männer und bliesen auf ihren Trompeten und Posaunen Choräle in die Straßen hinunter. Sie verursachten mir ehrfürchtige Schauder.

Zwischen Weihnachten und Silvester hielt das Jahr den Atem an, es verhielt sich leise, um die Verzauberung nicht zu brechen. Nur die Männer mit dem Brummtopf lärmten vor den

Türen. Sie sangen mit knurrigen Stimmen »Wir wünschen den Herrn een gedechten Desch«. Die Silvesternacht zog noch einmal den Zauber in sich zusammen. Das Haus vibrierte von Musik, es klirrte und knisterte, Türen flogen auf und zu, Gelächter flatterte bis zu mir herauf. Wie sollte ich da einschlafen können! Ich wäre so gern dabeigewesen. Als ich endlich in Schlaf gefallen war, stand meine Mutter vor meinem Bett. Sie rief, ich solle mich beeilen, sonst würde ich noch kopfüber in den Spalt zwischen dem alten und dem neuen Jahr stürzen, faßte meine Hand und zog mich hinter sich her. Wir liefen die holzgeschnitzte Treppe hinunter.

Ich erkannte die Diele kaum wieder. Sie sah wie eine Gartenlaube aus. Unter Rüschen und Papierblumen waren Damen in sommerlich hellen Kleidern zu sehen, die ihnen bis auf die Füße reichten. Sie wirkten aufgregt und fröhlich. Drolligerweise hielt jede einen Stuhl fest bei der Hand, auch die Herren, die in ihren dunklen Anzügen hinter den Damen standen. Sie sahen wie große schwarze Vögel aus, Amseln und Dompfaffen. Ich mußte an die Vogelhochzeit denken: »Der Auerhahn, der Auerhahn, der war der würd'ge Herr Kaplan.« Da erscholl das Kommando: »Auf die Stühle, fertig, los!« Mutter hob mich zu sich auf ihren Stuhl, und wir sprangen gemeinsam in das neue Jahr. Einen Augenblick danach war es still. Die Leute umarmten einander und wünschten sich gegenseitig alles Gute, nur Schönes und Erfreuliches im neuen Jahr. Auch ich wurde in den Arm genommen. Als ich wieder im Bett lag, überlegte ich, was mir hätte zustößen können, wenn ich den Sprung verfehlt hätte und in den Spalt zwischen den beiden Jahren gefallen wäre. Wäre ich in einer zeitlosen Unbeweglichkeit gefangen worden? Während ich mich bemühte, die schreckliche Vorstellung zu verscheuchen, schlief ich ein.

Am nächsten Morgen war Weihnachten endgültig vorbei. Noch einmal bliesen die Männer vom Turm. Doch nun lauteten die Mahnungen der Choräle strenger. Hinter ihnen verbarg sich die kalte Realität des Januar mit ihrem Appell an Moral, Arbeitsamkeit und Pflichterfüllung. Das Haus ernüchterte sich. Schräg und ohne Wärme fielen die Sonnenstrahlen in die

Fenster. Die Sonne machte ihre Runde unbeteiligt und flüchtig. Es schien, als hätten auch die großen Kachelöfen Mühe, die Kälte abzuhalten. Großmutter saß kaum noch davor. Sie hatte sich in sich selbst zurückgezogen und war in ihrem Zimmer verschwunden. Eines Tages konnte ich sie auch dort nicht mehr finden. Was nützte es nun, daß ich imstande war, ihr vorzulesen?

In der Schule lernten wir jetzt deutsche Grammatik. Für manche Kinder war es notwendig, immer wieder zu üben, daß es »Ich gebe dem Kind den Bleistift« heißt und nicht »Ich gebe das Kind dem Bleistift«. Es fiel ihnen schwer, es richtig zu machen. Mich ödeten die immer gleichen Erklärungen an. Ich brauchte den korrekten Gebrauch der Fälle nicht zu lernen, er war mir von vornherein geläufig. Als ich aufgerufen wurde, einige Regeln herzusagen, bekam ich Angst vor dem harten, ärgerlichen Gesicht der Lehrerin und verhaspelte mich. Sie packte mich am Arm, zerrte mich aus der Bank und stieß mich vor die Klasse. Das hatte mich völlig aus der Fassung gebracht. Ich konnte mich an die einfachsten Dinge nicht mehr erinnern und stammelte wirres Zeug. Es kam mir so vor, als weideten die anderen Mädchen sich an meinem jämmerlichen Anblick, und ich schämte mich. Noch nie war ich entehrt worden. Mit puterrotem Gesicht schüttelte die Lehrerin mich und schrie: »Seht euch mal diesen Held hier an!« Dann stellte sie mich in die Ecke, und ich mußte dort bis zum Ende des Unterrichts verweilen.

Auch die Zahlen zeigten sich von ihrer strengen Seite. Ich hatte geglaubt, der Umgang mit ihnen sei so einfach wie der mit der deutschen Grammatik. Es hatte spielerisch und leicht verständlich begonnen. Nun aber liefen mir die Zahlen weg, und ich konnte sie kaum einholen. Sie fanden sich zu immer neuen Möglichkeiten zusammen, multiplizierten sich mit sich selbst und stiegen in schwindelnde Höhen empor. Wollte ich ihnen folgen, durfte ich keinen Augenblick unaufmerksam sein. Ihr Prinzip war unerbittlich, und mittlerweile hatte ich begriffen, daß ich der Schule und ihren Forderungen nicht entkommen konnte. Ich konnte nichts dagegen tun.

Richtig bewußt wurde mir meine Wehrlosigkeit, als meine Mutter mich wieder in die Schule zurückbrachte, nachdem ich einmal fortgelaufen war. Ich hatte meinen Beutel mit der von meinen schwitzigen Händen schmuddelig gewordenen Näharbeit zu Hause gelassen und erklärt, ich wolle sie nicht fertigstellen, weil es mir keinen Spaß mache. Als Antwort darauf mußte ich vortreten, meine Hände ausstrecken und erhielt mit einem dünnen Rohrstock zwei Hiebe auf jede Handfläche. Zwei Striemen blieben auf ihnen zurück. Zu Hause hatten Mutter oder Grete mir schon Backpfeifen verpaßt. Sie taten im Herzen mehr weh als auf der Haut. Doch so exemplarisch war ich noch nie bestraft worden. In mir tobte es, ich mußte weglaufen. Wohin? Selbstverständlich nach Hause. Doch als Mutter mich in die Schule zurückführte, war mir klar, daß es auch zu Hause keine absolute Zuflucht mehr gab.

Schon eine ganze Weile war darüber gesprochen worden, daß unsere Schule reparaturbedürftig sei und unsere Klasse mit einigen anderen in ein Gebäude auf der gegenüberliegenden Seite der Motlau ausgelagert werden sollte. Der Schulweg war nun viel länger und abenteuerlicher. Ich durfte allein gehen, ohne Gertruds Begleitung. So trabte ich mit meinem Ranzen auf dem Rücken durch eine Straße, die wir sonst niemals benutzten. Die Häuser standen verschlossen und abweisend in der Dämmerung. Nachdem die Straße einen Bogen gemacht hatte, konnte ich die Motlau und die Anlegestelle sehen, an der die Fähre schon wartete. Ich sprang hinein und zeigte stolz meine Dauerkarte vor. Der Boden unter mir vibrierte und fühlte sich selbst durch die Schuhsohlen hindurch warm an. Ich setzte mich auf den Kasten über dem Maschinenraum. Hier war es noch wärmer. Unter meinem Po klopfte die Maschine und stieß ihren heißen, öligen Atem nach oben aus.

Es dauerte nicht lange, bis die Maschine ein paarmal heftig stampfte. Das Fährboot gab sich einen Ruck und setzte sich in Bewegung. Nach dieser Anstrengung beruhigte es sich wieder und schob sich langsam auf das andere Ufer zu. Draußen standen die Passagiere eng beieinander und duckten sich vor der feuchten Kälte, die über dem Fluß lag. Viele trugen Aktentaschen unter dem Arm, deren Leder rissig und rauh und so weich war, daß ihr Inhalt – Flaschen, Kochgeschirre und Stullenpakete – große Beulen nach außen wölbte. Kaum hatte der Heizer die Maschine abgestellt und das dicke braune Tau um den eisernen Poller geschlungen, da sprangen die ersten Fahrgäste schon ans Ufer. Mir gelang der Sprung auch, aber ich traute mich nicht immer, ihn zu tun.

Die Innenstadt hatte ihren Weihnachtsschmuck abgelegt. Wahrscheinlich hätte er ohnehin nicht bis hierher gereicht. Diese Straßen versteckten sich hinter denen, in welchen die schön verzierten Kaufmannshäuser standen. Diese Häuser gehörten nicht dazu. Die Fassade war ramponiert, sie hatten Löcher und standen mit eingezogenen Schultern, wie um sich klein zu machen, damit man sie nicht in ihrem Jammer sehe. In den Eingängen lagen manchmal formlose Gestalten. Es ging etwas Beängstigendes und Trostloses von ihnen aus. Ihr Anblick verfolgte mich bis in die Schulstube. Hier hätten sie viel besser hineingepaßt als die Kinder. Auf den moderbraunen Holzbänken wäre es für sie doch ein wenig bequemer zum Schlafen gewesen als auf den naßkalten Steinstufen. Statt dessen mußte ich dort sitzen. Selten hatte ich ein Taschentuch bei mir. Grete vergaß meist, mir eines mitzugeben. Also mußte ich mich möglichst unauffällig in ein Kleidungsstück schneuzen. Meine Nase tropfte oft, häufig auch von Tränen, die ich nach innen zog, damit sie nicht aus den Augen kullerten und mich verrieten.

Dann trat ein, was ich schon lange befürchtet hatte. Ich hatte gespürt, daß es kommen mußte. Vater und Mutter verreisten. Sie fuhren sehr weit weg, so weit, daß nicht einmal die Gedanken bis dorthin reichten. Das Land hieß Italien, und im Süden dieses Landes sollte schon jetzt die Sonne scheinen. Solange Großmutter bei mir war, konnte ich die Trennung ertragen, obwohl sie auch dann schlimm genug war. Aber nun war Großmutter verschwunden. Grete führte das Regiment, und sie sagte mir ärgerlich: »Stell dich nicht so an« und wandte sich wieder meiner Schwester zu. Es fand sich kein Ausweg aus der endlosen Traurigkeit. Da fragte mich eines Morgens vor dem Unterricht eines jener Mädchen, die in der deutschen Grammatik immer die Fälle verwechselten, ob ich traurig sei, weil mein Vater keine Arbeit habe. Ihrer sei auch arbeitslos. Ich hatte keine Ahnung, was das bedeutete. Sie erklärte es mir und auch, warum jeden Morgen der Milchbottich hereingefahren wurde. Er stellte eine Spende des Deutschen Reiches an die Bedürftigen der Stadt Danzig dar, damit die Kinder täglich eine Mahlzeit erhielten. Alle Nichtbedürftigen mußten für die Milch und das Brötchen zahlen. Daß es Kinder gab, die sich nicht immer satt essen konnten, hatte ich nicht gewußt. Mager war ich auch, aber nun fiel mir auf, wie ärmlich manche Kinder gekleidet waren.

Viel eher, als ich gehofft hatte, kehrten meine Eltern zurück. Doch es gab bei ihrem Empfang keinen Jubel und nicht die übliche Überraschung mit Lakritze und anderen Sachen, die man in Danzig nicht kaufen konnte. Die Eltern verhielten sich still und in sich gekehrt. Es war, als schwebe überall Watte herum. Mitten in der Nacht fuhr ich plötzlich schweißgebadet in meinem Bett hoch. Obwohl ich wußte, daß es verboten war, rannte ich ins Schlafzimmer meiner Eltern. Das Licht brannte, aber die Betten waren unberührt. Auf der Ofenbank saß Grete. Sie schalt nicht, als sie mich erblickte, sie erlaubte mir sogar, mich in das Ehebett zu legen. Die frischen Laken waren kühl und geruchlos. Sie umfingen mich nicht tröstend, sondern gaben mir ein Gefühl von Gleichgültigkeit und Leere. Da begriff ich, daß Großmutter gestorben war. Ich wußte nichts vom Tod. Noch nie war ich mit irgend etwas in Berührung gekommen, das mit dem Tod zu tun hatte; und doch war mir eindeutig klar, daß Großmutter gestorben war und ich sie nie mehr sehen würde. Die Kühle aus dem Laken drang in meine Glieder, die Leere nahm von mir Besitz, und ich schlief ein.

Eines Tages überwältigte mich die Lust, ein Abenteuer zu wagen. Kurz entschlossen stieg ich aus der Straßenbahn, schlenderte durch die unbekannte Gegend und sah mir die Häuser an. Da erinnerte ich mich daran, daß ganz in der Nähe eine

Klassenkameradin wohnen mußte, und ich beschloß, ihr meine Aufwartung zu machen. Noch nie hatte ich allein, ohne meine Eltern und aus eigenem Entschluß, jemanden besuchen dürfen. Das Haus, in welchem jenes Mädchen wohnte, sah merkwürdig verwachsen aus, so als habe es Rachitis gehabt. Die Stufen, die zur Wohnung hinaufführten, waren ausgetreten und quietschten. Eine Frau mit Pantoffeln an den Füßen öffnete die Tür und sah mich so entgeistert an, daß mir Zweifel kamen, ob ich tatsächlich willkommen sei. Doch da ich es mir einmal vorgenommen hatte, trat ich ein.

Bislang hatte ich nur große, helle Wohnungen kennengelernt und glaubte, alle Leute lebten so. Nun wurde ich in eine winzige Küche geführt, in der es streng nach Kohl roch. In der Mitte stand ein wachstuchbedeckter Tisch mit Stühlen drum herum. Einige wirkten ziemlich wackelig. An der Wand befand sich ein Sofa mit Kissen. Es war Ullas Bett. Sie wenigstens schien sich über meinen Besuch zu freuen und lud mich ein, neben ihr Platz zu nehmen. Den Kissen entströmten die Düfte aller Speisen, die je in der Küche zubereitet worden waren. Ich fand es phantastisch. Als ich auf dem Tisch ein bebildertes Buch entdeckte, war es um mich geschehen. Während ich Blatt um Blatt umwendete, begann es mir im Nacken zu kribbeln, bis das Kribbeln schließlich meinen ganzen Körper erfaßt hatte. Eine schwarze Begeisterung ergriff von mir Besitz. Das Buch handelte von der Pest in Danzig. Auf dem Turm der Marienkirche, wo sonst der gemütvolle Tullas auszuruhen pflegte, hockte ein scheußliches Skelett und blies seinen ekelhaften Atem über die Stadt. Alle, die von dem verheerenden Hauch getroffen wurden, taumelten und wanden sich in Qualen. Während ihre Mitmenschen die Stadt wie von Furien gejagt verließen, starben sie einen abscheulichen Tod. Eine düstere, bedrohliche Welt, von deren Existenz bei uns zu Hause nie die Rede war, tat sich abstoßend und faszinierend zugleich vor mir auf. Mir standen die Haare zu Berge, aber ich konnte mich von dem Buch nicht lösen. Es hielt mich umklammert, und die Klavierstunde, die ich eigentlich aufsuchen sollte, war aus meinem Bewußtsein entschwunden. Wie jemand, der einen Blick in eine grauenvolle Unterwelt getan hatte, von der er niemandem etwas verraten durfte, schlich ich nach Hause.

Vater empfing mich mit der Frage: »Na, wie war die Klavierstunde? Was hat Fräulein Waldersee gesagt?« Längst hatte Fräulein Waldersee wegen meines Ausbleibens zu Hause angerufen. Ich antwortete, es sei alles wie immer gewesen. Schon während ich das sagte, ahnte ich, daß man sich nicht ungestraft mit dem Bösen einläßt. Das rachitische Haus und die Pest griffen nach mir. Ein funkelnagelneuer Rohrstock lag griffbereit. Vater erklärte, er müsse mich einzig deswegen versohlen, weil ich gelogen hätte. Vor kurzem hatte er in mein Poesiealbum den Spruch geschrieben: »Vor allem eins, mein Kind, sei treu und wahr, laß nie die Lüge deinen Mund entweihn. Von alters her im deutschen Volke war es der höchste Ruhm, getreu und wahr zu sein.« Mein Mund war nun entweiht. Doch viel schlimmer als diese Gewißheit bedrückte mich die Voraussicht, daß ich ihn auch weiterhin entweihen würde. Ich wollte es nicht tun, aber es erschien mir unmöglich, immer nur die Wahrheit zu sagen. Es gab Leute, die dies konnten; sie waren schon als Kinder bewunderswert aufrichtig gewesen, in Geschichten hatte ich von ihnen gelesen. Leider gehörte ich nicht zu diesen heldenhaften Menschen. Da ich gern ein Held gewesen wäre, fühlte ich mich doppelt unglücklich. Mein Vater vollzog die Strafaktion. Sie war viel, viel schmerzlicher als das Lineal von Fräulein Waldersee. Ich war Vater nicht böse. Er stand im Licht und verteidigte es auf die Weise, die ihm richtig erschien. Doch mich stieß es in die Dunkelheit. Ich hätte ihm gerne von meinem Erlebnis und von meinen Ängsten erzählt, die manchmal am Rande meiner Träume lauerten. Doch das Schlüsselwort, das den Bann bricht, war nicht gefallen. Nach der Strafaktion hatte sich die Kluft zwischen uns so erweitert, daß es kein Hinüber mehr gab. Vater ließ mich spüren, daß ich ihn enttäuscht hatte.

11

Meine Eltern hatten beschlossen, die ganzen Sommerferien in Pommern zu verbringen, in dem alten Schulhaus, aus dem Vaters Familie stammte. Vor Generationen lebte in Hinterpommern, nahe am Meer, ein Landschulmeister. Er lehrte die Kinder singen und beten und brachte ihnen das Rechnen, das Lesen und das Schreiben bei. Zu Hause dichtete er und komponierte Musik. Einige Stücke hatte er der Gemeinde auf der Orgel der Dorfkirche vorgespielt. Mehr drang nicht an die Öffentlichkeit. Die sieben Söhne wurden wie ihr Vater Schulmeister, und das Bemerkenswerteste, was ihnen zustieß, war, daß einige von ihnen nach Danzig versetzt wurden. Keiner von ihnen entkam den Grenzen seines Landes. Etwas jedoch unterschied sie von gewöhnlichen preußischen Schulmeistern: Sie hatten dank der Begabung ihres Vaters einen Hang zum Außergewöhnlichen ererbt. Wegen der bescheidenen Verhältnisse und des engen geistigen Raumes, in dem sie lebten, hielten sie es für geraten, nicht allzuviel davon merken zu lassen, und präsentierten sich als aufrechte preußische Kleinbürger. Untereinander blieben sie, sicher nicht zuletzt wegen dieses Geheimnisses, sehr eng verbunden. So kam es, daß sich auch unter ihren Nachfahren ein ungewöhnliches Zusammengehörigkeitsgefühl entwickelte. Waren sie beieinander, herrschte eine starke Clanatmosphäre, und jeder war stolz, dazuzugehören. Der Grad der Verwandtschaft spielte keine Rolle. Das einzige, was zählte, war die gemeinsame Abkunft von jenem geheimnisvoll begabten Urahn, auf den alles zurücklief.

Viele Geschichten rankten sich um die Familie. Sie hörten sich an, als seien sie alten Büchern entnommen, aber sie entsprachen der Wahrheit und waren tatsächlich geschehen. Mein Großvater und sein älterer Bruder hatten einander besonders innig geliebt und waren miteinander sehr vertraut gewesen. Sie waren gewohnt, ihre Gedanken zu teilen und zu erörtern, und wagten sich dabei auch in die Gebiete der Metaphysik und des Übersinnlichen. So verprachen sie sich gegenseitig, daß derjenige, welcher vor dem anderen stürbe, diesem ein Zeichen geben solle, damit der Zurückgelassene wisse, daß ihre Bindung über das Grab hinaus bestehenbliebe.

Als nun mein Großvater zu sterben kam, war mein Großonkel über den Tod seines jungen Bruders tief erschüttert. Doch die Hoffnung auf das Zeichen, das der Verstorbene ihm geben wollte, hielt ihn aufrecht. Er wartete geduldig. Als aber nichts geschah, fiel er in Trübsinn. Seine Familie fürchtete, er werde nie mehr aus seiner Verzweiflung herausfinden. Am Todestag meines Großvaters, als alle unter dem Portrait des Verstorbenen beisammensaßen, flehte der Großonkel noch einmal inständig um das versprochene Zeichen. Da fiel plötzlich das Portrait von der Wand, ohne daß der Nagel sich gelockert hatte oder die Halterung beschädigt war. Mein Großonkel umarmte freudig die Seinen und führte fortan wieder ein normales Leben.

Als er selbst auf dem Totenbett lag, hatte die Familie den Eindruck, als warte er gespannt auf etwas. Da hörten sie auf dem Kopfsteinpflaster der Straße ein Fuhrwerk anrollen. Sie glaubten, es sei die Kutsche des Arztes, der komme, um noch einmal nach dem Sterbenden zu sehen. Die einen liefen zum Fenster, die anderen zur Tür, um zu öffnen. Es war aber weit und breit nichts zu sehen als nur die leere, stille Straße. Als sie sich wieder dem Bett zuwandten, lag der Großonkel mit verklärtem Gesicht in den Kissen. Er sagte mit fester, froher Stimme: »Bruder Wilhelm ist gekommen«, und tat seinen letzten Atemzug auf dieser Welt. Unmittelbar darauf rollte das unsichtbare Fuhrwerk auf der Straße davon.

Zum ersten Mal wurde ich von meinen Eltern und Ola, meiner Danziger Großmutter, als Baby nach Pommern gebracht, damit die Verwandten mich begutachten konnten. Ich gefiel ihnen. Beim nächsten Mal war ich ein wenig älter und erfaßte besser, was ich sah und hörte. Meine Tante und mein Onkel wohnten mit meinen beiden Cousinen ebenfalls im Schulhaus. Auch der Onkel spielte in der Kirche die Orgel, und wenn er mit dem großen Schlüssel die Kirchentür zuschloß, entstand ein hallendes Geräusch. Unter dem langen Tisch in der geräumigen Küche des Schulhauses saß die Katze. Sie saß neben mir. Die Tür öffnete sich, und wir sahen zwei Stiefel erscheinen, neben denen eine Milchkanne hing. Ein Duft vom Kuhstall wehte mit hinein. Zum Essen wurde ich auf die Ebene der Erwachsenen hochgezogen. Mein Kopf befand sich dann über dem Tisch, fast auf gleicher Höhe mit ihren Köpfen, und ich konnte sie beobachten. Mein Onkel trank sein Glas mit der schäumenden Milch fast auf einen Zug leer, als ob es nichts wäre. Seine ruhevoll große Gestalt flößte mir den gleichen Respekt ein wie jene Tiere, denen ich mich auch nicht so recht zu nahen wagte.

Mit am Tisch saß die pommersche Großmutter. Obwohl sie mir versicherte, daß sie auch meine Großmutter sei, begriff ich, daß sie eigentlich meinen beiden Cousinen gehörte. Sie beäugte mich längst nicht so wachsam, wie meine Danziger Großmutter es tat, sondern betrachtete mich eher amüsiert. Ihre ironische Art gefiel mir aber gut. Ich stellte fest, daß sie voller Schalk und Schabernack steckte. Die Spiele, die sie sich für mich ausdachte, waren manchmal sogar ein wenig maliziös; aber sie besaß keinen Schoß, in dem ich mich hineinkuscheln konnte. Sie hielt ihre Knie nahe beieinander. Das ermöglichte mir, die Ellenbogen daraufzustützen und sie anzusehen. Wir verhielten uns wie zwei belustigte Gegenüber, immer auf der Hut voreinander.

Das Schulhaus lag nahe bei der Kirche und dem Friedhof. Vom Fenster aus sah man den Glockenturm. Abends blieb für eine Weile die Sonne unmittelbar hinter ihm stehen, bevor sie in der Ostsee versank. Dann schien es, als brächen Flammen aus dem Turm. Meine Danziger Großmutter hatte mir schon von Moses Begegnung mit Gott am brennenden Dornbusch erzählt. »Und er sah, daß der Busch im Feuer brannte und doch nicht verzehrt wurde. Da sprach er: ›Ich will hingehen und die wundersame Erscheinung besehen, warum der Busch nicht verbrennt.‹ Als aber der Herr sah, daß er hinging, um zu sehen, rief Gott ihn aus dem Busch und sprach: ›Mose, Mose! Tritt nicht herzu, zieh deine Schuhe von den Füßen, denn der Ort, darauf du stehst, ist heiliges Land!«

Ich glaubte, der liebe Gott zeige sich jeden Abend in dem brennenden Glockenturm, um mir zu sagen, daß hier das Heilige Land sei und die Ewigkeit. Darum fühlte ich mich sicher und machte mir keine Gedanken, als meine Cousinen mich über eine Leiter auf den Heuboden trugen und mich allein ließen. Oben war es dämmerig, das Heu duftete nach getrockneter Sommerwiese, und ich sah, wie in dem goldenen Strahl, den die Sonne durch die Bodenluke schickte, der Staub tanzte. Er tanzte graziös auf und nieder, entschwand nach oben ins Dunkel, neue Körnchen stiegen auf, wurden golden und entschwanden. Es ging immer so weiter. Ich wurde schläfrig.

Als ich aufwachte, versuchte ich mich auf dem Boden zurechtzufinden und krabbelte herum. Gerade als es anfing, mir langweilig zu werden, hörte ich unten laute Stimmen und Weinen. Kurz darauf erschienen meine Cousinen, nahmen mich auf den Arm und trugen mich sachte, sachte die Leiter wieder hinab auf die Tenne. Ihr eingeschüchtertes Benehmen paßte nicht zu ihnen. Bis dahin waren sie mir wie zwei Götterkinder vorgekommen, stark, geschmeidig und behende. Nun standen sie ängstlich vor einem kleinen uralten Fräulein, das mit drohender Geste den Ebenholzstock gegen sie erhob. Ich bestaunte ihre Macht über meine großen Cousinen und betrachtete das seltsame Fräulein ebenfalls mit Ehrfurcht. Obwohl sie sehr zierlich war, drückte sich in der Erscheinung der alten Dame etwas Bedeutungsvolles, Außergewöhnliches aus. Ihr Kopf war so fein geschnitzt wie der Adlerkopf aus Elfenbein, der den Griff ihres silberbeschlagenen Ebenholzstockes bildete. Da sie ein wenig verwachsen war und hinkte, benötigte sie den Stock beim Gehen. Sie lehnte sich jedoch nur leicht gegen ihn. Ihre ganze Gestalt hatte etwas Vogelhaftes, Leichtes. Ich wußte nicht so recht, was ich von ihr halten sollte. Warum behielt sie den schönen, furchteinflößenden Stock mit dem wachsamen Adlerkopf stets in der Hand? War es ein Zauberstab? War sie eine Fee und benutzte ihn, um sich in einen Vogel zu verwandeln? Mir wurde erklärt, daß sie meine Urgroßtante sei. Sie gehörte zu einer Zeit , die schon lange vergangen war und aus welcher die alten Familiengeschichten stammten.

Nun waren wir wieder in Pommern. Manches hatte sich verändert. Großmutter begleitete uns nicht mehr. Die pommersche Großmutter, der Onkel, die Tante mitsamt den Cousinen waren aus dem Schulhaus nach Berlin übergesiedelt, und sie kehrten jetzt auch nur noch als Sommergäste zurück. Als ich klein war, hatte ich den Umkreis des Schulhauses nicht verlassen. Wie eine Arche Noah schwamm das Schulhaus auf den Wassern der Erinnerung. Seine Gerüche und Geräusche verloren sich in den fließenden Nebeln der Sintflut: der Duft der auf hohen Gestellen lagernden Winteräpfel, das Knarren der Holzstiegen, das Rascheln und Knacken im Gebälk der luftigen Schlafstuben.

Nun war ich alt genug, um mir ein größeres Gebiet zu erobern. Hier war alles ganz anders als in Zoppot, viel einsamer, stiller und unbekannter. Dennoch empfand ich eine alte Vertrautheit, so als ob das Land mich fragte: »Weißt du noch?« Es war, als böte es mir liebevoll seine Zuneigung an, und es fiel mir leicht, sie zu erwidern. Ich ging umher und entdeckte es von neuem. Dabei fiel mir auf, wie weiß der Strand war, so, als wüsche die Ostsee ihn frühmorgens und breitete ihn danach in der Sonne zum Bleichen aus, so wie die Fischer ihre Netze, in denen sie des Nachts ihren Fang hereingebracht hatten.

Die Ostsee hatte hier keine lärmende Verehrerschar. Oft war ich ganz allein mit ihr. Sie malte mit ihren kleinen Wellen blasige Bögen auf den festen Sand, die so übereinanderlagen, daß es aussah, als habe der Strand eine Spitzenborte. Ich zeichnete Blumen hinein oder schrieb und zählte, wie lange sie brauchte, um meine Kritzeleien mit ihren Wellen auszulöschen. Schiffe gab es hier nicht, nur Fischerboote und Kutter. Auf der Steilküste standen einige Kiefern so nah am Abgrund, daß es aussah, als könnten sie jeden Augenblick hinabstürzen. Doch sie klammerten sich geschickt an die Wurzeln ihrer Gefährten und hielten sich so gegenseitig fest. Von oben wirkte es gefährlich tief, und es war mir streng verboten, an den bröckelnden Abgrund zu treten. Ich entdeckte eine Stelle, die weniger steil abfiel, und versuchte, von dort hinunterzugelangen. Zuerst rutschte ich vorsichtig auf dem Hosenboden. Weiter unten wagte ich mich aufzurichten und sauste, vom Gefälle in Schwung versetzt, bis auf den Strand.

Als ich zurückblickte, erschrak ich über meine Kühnheit. Abends trottete ich hinter den Kühen drein, die zum Melken von der Weide getrieben wurden, und beobachtete fasziniert, wie sie aus ihren gummiartigen Aftern dicke grüne Klöße fallen ließen, die auf die frisch geteerte Chaussee platschten und als breite Fladen liegenblieben. Während die Kühe mit wiegenden Schritten gingen, schaukelten ihre prallen Euter hin und her. Ihre langen Zungen leckten bis in die Nasenlöcher hinein. Ich versuchte, es ihnen nachzutun, aber ich erreichte nur die Nasenspitze. Durch das ständige Kauen und Lecken waren ihre Mäuler immer feucht. Jetzt traute ich mich, sie zu berühren. Die klebrige Haut fühlte sich wie die von Schnecken an. Ab und zu schnauften sie warmen reinen Atem aus ihren großen Nasenlöchern. Er roch wie die Luft, die über der Wiese steht und die Nase erfüllt, wenn man im Gras liegt. Der Ausdruck ihrer Augen ließ darauf schließen, daß die Kühe willens waren, ruhig zuzuhören, daß ich mich ihnen anvertrauen und mit ihrem Verständnis rechnen konnte. Die Augen der Pferde hingegen blickten so, als seien diese Tiere jederzeit bereit, sich schnell abzuwenden und sich mir zu entziehen, als dächten sie vor allem an sich selbst und an ihre Freiheit. Manchmal kamen sie lässig ans Weidegatter getrabt, senkten den Kopf und ließen sich ihre sammetweichen Nüstern von mir streicheln. Doch ganz plötzlich warfen sie den Kopf hoch und gallopierten davon. Sie hatten mich schon vergessen.

Ähnlich verhielten sich meine Cousinen. Immer schon waren sie mir groß erschienen, nun aber kamen sie mir fast unerreichbar vor. Sie schwammen weit ins Meer hinaus, so daß ich ihnen nicht folgen konnte. Dann wieder nahmen sie mich ganz unerwartet mit, um mir die Sandbänke zu zeigen. Von der Steilküste aus konnte man die Untiefen gut erkennen, weil die Farbe des Wassers darüber heller war. Beim Schwimmen kündigten sie sich dadurch an, daß das Wasser wärmer wurde. Dann probierte ich immer wieder, mit den Zehen den Grund zu ertasten, bis es plötzlich gelang. Noch einige Schwimmstöße und ich konnte stehen. Eine der Sandbänke war so hoch, daß mir das Wasser bis an die Knie reichte. Da standen wir, weitab vom Strand, im seichten Wasser wie die Störche und konnten uns bequem ausruhen.

Fast jeden Abend ging die gesamte Sippe zur Steilküste, um zu sehen, wie sich die Sonne zur Nacht zurückzog. Wenn wir ankamen, stand sie meist noch strahlend am Himmel. Aber schon wartete beinahe durchsichtig weiß der Mond in einer Ecke. Er wirkte so unauffällig und schüchtern, daß ich mir schwer vorstellen konnte, wie er bald den Himmel übernehmen und ihn in seiner blanken goldenen Gestalt beherrschen würde. Während die Sonne nach und nach ihre Strahlen einzog, so daß über dem Wasser ihre rotglühende, kreisrunde Form klar und scharf umrissen sichtbar wurde, wagte niemand zu sprechen. Manchmal sah es so aus, als ob blaue Flammen um den Rand tanzten. Erst wenn die Sonne fast versunken und nur noch als ein schmaler Streifen über dem Meer zu sehen war, stimmten meine Cousinen auf ihren Gitarren ein Lied an und begannen zu singen. Und da ich, wie sie, eine Begleitstimme zu den Liedern erfinden konnte, fühlte ich mich ihnen beinahe ebenbürtig. Ich paßte auf, daß meine Töne sich harmonisch von den ihren abhoben, und genoß den Wohlklang. Sie lächelten mir anerkennend zu, und ich dachte schon, daß ich nun zu ihnen gehörte. Doch auf dem Heimweg hoben sie die Köpfe und stoben davon, in den Abend hinein. Ich aber mußte ins Haus und zu Bett gehen und konnte die Sterne nur durch das Fenster betrachten.

Am nächsten Morgen sprachen die Cousinen wieder über Englisch, Französisch und Mathematik und kritisierten fachmännisch die Aufführungen des Schulorchesters, an denen sie teilgenommen hatten, alles Themen, die meine Beteiligung ausschlossen. Lakritzen waren für sie gänzlich uninteressant. Sie waren längst aus diesem Alter heraus. Für mich stellte diese Süßigkeit etwas Exotisches dar. In Danzig gab es sie nicht zu kaufen, so brachte sie Vater als Mitbringsel von seinen Reisen ins Deutsche Reich mit. Dann berichtete er, welche Ängste er ihretwegen ausgestanden und nur mit den abgefeimtesten

Tricks durch den Zoll geschmuggelt habe. Es kribbelte mir vor Spannung im Rücken, während er erzählte, und ich aß die Lakritze mit genußvollem Schauder. Hier konnte man einfach in den Laden gehen und davon kaufen, soviel man wollte. Nur Geld benötigte man dazu, und das hatte mir meine pommersche Großmutter geschenkt, ungeheuer viel, ein ganzes Silberstück. In Danzig wäre es ein Gulden gewesen. Daß man es hier Reichsmark nannte, wußte ich nicht. So kam es, daß die Frau im Dorfkramladen mich verständnislos ansah, als ich auf ihre Frage, wieviel Lakritze ich denn wolle, antwortete: »Soviel es für einen Gulden gibt.« Sie gab mir daraufhin gar nichts; und ich verschluckte die Tränen der Enttäuschung, als ich den Laden verließ. Glücklicherweise klärte der Irrtum sich auf, und ich erhielt meine Lakritzen.

12

Eines Morgens ereignete sich etwas Unerwartetes. Vater fehlte beim Frühstück. Aber bevor ich mich beunruhigen konnte, rollte ein Fuhrwerk vor die Tür. Auf dem Kutschbock saß Vater und knallte mit der Peitsche. Er forderte mich auf, einzusteigen, und erklärte, er wolle mit uns den Onkel besuchen, auf dessen Hof er die Sommerferien seiner Kindheit verbracht hatte. Ich kannte ihn aus den Erzählungen meines Vaters, der immer wieder lustvoll ausmalte, wie er mit seinen Cousins die Kühe des Onkels gehütet und die Pferde zugeritten hatte. Sie trieben es manchmal ziemlich wild in den Gärten und auf den Wiesen, aber alles, was der Onkel zum Treiben seiner Neffen zu sagen pflegte, war: »Sie kriegen alles kaputt, auch wenn's aus Eisen ist.«

Nun sollte ich den legendären Onkel tatsächlich kennenlernen. Ich kletterte auf den Kutschbock, auf dem auch schon eine meiner Cousinen saß, die anderen verteilten sich im Wagen, und wir fuhren los. Unterwegs erzählte die pommersche Großmutter, wie sie den Großvater kennengelernt und wie er als junger Schulmeister hier gewirkt hatte, bis er nach Danzig versetzt wurde. Beim Amtsantritt ihres Mannes hatte Großmutter als junge Lehrersfrau die Besuchsrunde im Dorf und in der Umgebung zu machen. Die Fischerfrauen glaubten, sie müßten aus Höflichkeit hochdeutsch mit Großmutter sprechen, was ihnen, da sie gewöhnlich plattdeutsch redeten, ziemlich schwerfiel. So saßen sie steif auf ihrem Stuhl, bis ihnen die Idee kam, dem Gast eine Mahlzeit zu bereiten. Sie setzten die schwarze Eisenpfanne aufs Feuer, spuckten hinein und wischten die Spucke mit zerknülltem Zeitungspapier kräftig rundum. Dann taten sie Speck in die Pfanne, brieten die Flunder im zischenden Fett von beiden Seiten goldbraun und setzten sie Großmutter zum Essen vor. Die Zeremonie war meist die gleiche, nur daß es statt der Flunder mal Hering und mal Aal gab. »Hast du dich denn nicht vor der Spucke geekelt?« »Gewiß doch, aber das durfte ich auf keinen Fall merken lassen. Ich war ja schließlich eine Respektsperson im Dorf und mußte mich dementsprechend höflich benehmen. Aber weil ich so leicht lachen muß, bereitete es mir oftmals Mühe.«

Das konnte ich gut verstehen. Daraufhin erzählte sie, wie es ihr nicht gelungen war, die Fassung zu bewahren, als der alte Schäfer beerdigt wurde. Weil es in Strömen regnete, stand nicht nur die Trauergemeinde, sondern auch der Pastor unterm Schirm auf dem Friedhof. Gerade als er segnend die Hand über dem Sarg erhoben hatte, glitt der Pastor auf dem glatten Lehmboden aus und rutschte mit geöffnetem Schirm zum Schäfer ins Grab. Großmutter mußte einen Hustenanfall vortäuschen, um ihre Beherrschung wiederzugewinnen. Aber sie konnte nicht verhindern, daß ihr die Lachtränen über die Wangen rollten. Die Umstehenden betrachteten sie neugierig. Sie wunderten sich, daß ihr der Tod des alten Mannes so naheging. Später erfuhr sie von der Frau des Pfarrers, daß sich die Leute im Dorf erzählten: »Der junge Lehrer, der ist ja ein schöner Mann, und hübsch ist seine Frau auch, aber sie hat doch ein zu zartes Gemüt. Damit kommt sie nicht durchs Leben.«

Während ich der pommerschen Großmutter aufmerksam

und amüsiert zuhörte, schien es mir, als sei ihre Stimme nur eine der mannigfachen Stimmen des Landes, durch die es sich uns mitteilte. Der Wagen rollte knarrend am Rand der Felder entlang. Von Zeit zu Zeit schnaubten die Pferde ihre zu flockigem Schaum erstarrte Spucke auf uns. Der Wind bog den Bogen auseinander, so daß aus dem Gewirr der strohfarbenen Halme die blaue Kornblume, der rote Klatschmohn und die lila Kornrade hervorkamen. Sie sahen schön aus, und ich hätte sie gern zum Strauß gepflückt, aber ich wußte, daß tief im Feld die Roggenmuhme saß, welche die Kinder, die das Getreide mutwillig niedertraten, zur Strafe verzauberte; und ich hütete mich davor.

Und dann waren wir angekommen. Eine Anzahl freundlicher Frauen umgaben den legendären Onkel. Nachdem sie mich wohlwollend begrüßt und begutachtet hatten, wußten sie weiter nichts mit mir anzufangen und schickten mich zu den anderen hinaus. Ein riesiger Garten, randvoll mit Beeren, tat sich vor uns auf. Die dicken Himbeeren fielen mir in die Hand, kaum daß ich sie berührt hatte. Rote Johannisbeertrauben, durchsichtig wie Glasmurmeln, hingen vom Busch. Ich zog sie durch die Zähne, bis nur ihr hellgrünes, dünnes Gerippe übrigblieb, und lutschte das süße Mus aus der haarigen, sauren Schale der Stachelbeeren. Die wohlwollenden Frauen hatten gesagt, wir sollten es uns tüchtig schmecken lassen. Der Garten duftete wild und süß, und es war, als erschienen für jede gepflückte Beere sofort mindestens zwei neue. Doch der legendäre Onkel war nicht, wie ich erwartet hatte, ein allmächtiger König auf einem Thron. Er war nur ein älterer Herr, der die Dinge um sich geschehen ließ, ohne sich mehr als notwendig an ihnen zu beteiligen. Als wir nach Hause fuhren, sah der Abend schon über den Horizont und löschte mit grauem Gewölk die Reste des Sonnenlichts aus. Die Schwalben schnellten tief, fast über die Köpfe der Pferde hinweg und fischten im Flug Mücken aus der Luft, und nun konnte ich auch den Leuchtturm erkennen, der in regelmäßigen Abständen Wellen von Helligkeit aussandte. Es war alles so schön und friedlich, und ich wünschte mir, die Fahrt würde nie zu Ende gehen.

Immer öfter schwang in den Gesprächen der Erwachsenen in letzter Zeit eine Unruhe mit, die mich verwirrte. Sie erwähnten immer häufiger das Wort Krieg. Dabei fiel mir auf, daß die einen erregt und beinahe erfreut davon redeten, als erwarteten sie vom Krieg günstige Veränderungen, während ich bei den anderen Angst spürte. Bislang hatte ich geglaubt, daß mein Vater alle äußeren Zustände unter Kontrolle habe und daß ohne seine Einwilligung nichts geschehen könne. Nun bemerkte ich gerade bei ihm die stärkste Besorgnis. Ich konnte mir unter Krieg nichts Rechtes vorstellen. Wenn meine Schwester oder ich nicht essen mochten, sagte Grete, wir seien undankbar, weil wir keinen Krieg erlebt hätten. Trotzdem fand ich, daß die Erwachsenen mit geheimem Vergnügen davon erzählten, wie fürchterlich sie im letzten Krieg gehungert hätten und wie schwer es am Ende gewesen sei, etwas Eßbares aufzutreiben. Von Eiern, Milch und Butter konnte keine Rede mehr sein. Nur Sachen, die ohnehin nicht schmeckten, gab es, und nun hatte die pommersche Großmutter die auch noch zu lange auf dem Feuer gelassen, und Vater und seine Schwester mußten eine Woche lang eine eklige angebrannte Suppe essen.

Mutter kannte ähnliche Geschichten. Sie sagte, daß Hamsterfahrten aufs Land verboten gewesen seien und daß Leute, die nach Danzig hineinwollten, streng kontrolliert wurden, ob sie nicht gegen viel Geld oder Schmuck bei den Bauern etwas eingehandelt hatten. Den gewitzten Kaschubenfrauen gelang es trotzdem, Speck und Butter und sogar Eier in die Stadt zu schmuggeln. Sie versteckten alles unter ihren vielen, vielen Unterröcken.

Meine Schwester und ich hörten diesen Geschichten staunend und ungläubig zu. Mutter erzählte aber auch, daß viele Männer, die Soldaten werden mußten, mit schweren Verwundungen und oft gar nicht aus dem Krieg zurückgekehrt seien – und es seien sehr schöne Jungen gewesen, viele Studenten, die voll Begeisterung fortgezogen waren, ohne eigentlich zu wissen, was ihnen bevorstand. Das alles war traurig – aber es war so weit fort! Jetzt aber gewann ich den Eindruck, daß diese ferne schattenhafte Zeit sich zu regen und näher an uns heranzurücken begann. Kurz entschlossen packten Mutter und Grete die Koffer, und wir fuhren nach Danzig zurück. Als der Zug im Bahnhof einrollte, dachte ich, daß wir in unsere Burg zurückgekehrt seien, daß hinter uns die Zugbrücke hochgehen werde und wir uns in Sicherheit befänden. Die Marienkirche stand breit und fest an ihrem Platz, sie sah so vertrauenswürdig aus. Es konnte nichts geschehen.

13

Ich schlief in meinem Bett. Noch war es warm, und die Fenster standen offen. Mit ihren äußersten Strahlen langte die Septembersonne bis ins Zimmer hinein. Dennoch hörte ich es grummeln und wunderte mich darüber, daß es bei Sonnenschein gewitterte. Das Grummeln klang merkwürdig fremd. Ich wollte herausfinden, woher es kam, und schlich leise, um die Eltern nicht zu wecken, zu den vorderen Zimmern hin.

Als ich die Tür öffnete, fand ich im Herrenzimmer bereits die ganze Familie mit Grete und Gertrud und Papa Paul versammelt. Sie trugen Morgenmäntel und lauschten so gespannt dem Radio, daß sie mich kaum bemerkten. Ihre Gesichter wirkten, als seien sie aus Holz. Es schien, als hinge mitten im Raum ein großes schwarzes Ausrufezeichen und als starrten alle es an; es war unheimlich. Ich drückte mich in einen der geräumigen Sessel und wagte nicht, mich zu rühren. Nach einer Weile war auch ich so bewegungslos geworden wie die anderen. Dabei ging es im Radio eher lebhaft zu, Redner wechselten einander ab und sprachen vor lauter Begeisterung sogar durcheinander; es wurde auch gesungen. Doch ich fand, daß die Stimmen viel eher aufgeregt als fröhlich klangen. Sie berichteten von den Großtaten eines allmächtigen, immens klugen Führers, der zum Heil für Deutschland auf die Welt gekommen sei. Heute war es ihm gelungen, uns in das Reich aller

Deutschen heimzuholen. Er hatte uns nicht vergessen. Dieser Führer werde nun alles von Grund auf ändern und umgestalten, wodurch es viel schöner werden würde. Was sich ihm dabei in den Weg stellen wolle, werde er allerdings hinwegfegen. Mit Polen habe er soeben begonnen. Deutsche Soldaten seien dabei, den Fängen der Polen alles zu entreißen, was deutsch war. Danzig, die schöne alte Hansestadt an der Ostsee, sei endlich wieder frei und daheim. Als dies verkündet war, tönte das alte Pausenzeichen nach der Melodie »An der Weichsel, gegen Osten...« Doch statt: »Hier ist der Landessender Danzig«, sagte der Sprecher: »Hier ist der Reichssender Danzig.« Er verhaspelte sich und hatte schon das gewohnte »La...« auf der Zunge, aber es gelang ihm, es schnell zu verschlucken.

Die Aussichten auf ein neues, schöneres Leben machten mich neugierig. Ich wagte wieder mich zu bewegen. Warum wir Danziger erst jetzt richtig frei sein sollten, verstand ich allerdings nicht. In der Schule hatte die Lehrerin im Heimatkundeunterricht uns genau erklärt, daß Danzig seit langer Zeit unabhängig, daß es Mitglied des mächtigen Hansebundes gewesen und überdies sogar ein Freistaat sei. Mein Vater war ein freier Kaufmann. Danzig war eine Kaufmannsstadt. Es gab die freien Seeleute, die freien Fischer auf dem Meer. Sie fingen die Flunder und den Pomuchel, die unsere Geldmünzen schmückten. Deutsch waren wir auch immer schon gewesen. Wir sangen in der Schule: »Ich bin ein deutsches Mädchen, hab Eltern deutschen Sinns, und Deutschland heißt die Erde, da ich geboren bin.« Aber das war wie »Alle Vögel sind schon da« eine selbstverständliche Sache und bedurfte keiner Erwähnung.

Mein Vater freute sich überhaupt nicht, das sah ich ihm deutlich an. Ihm hatte Danzig, so wie es war, gut gefallen, und er wünschte keine Veränderung in seinem Leben. Selbst Grete blickte skeptisch. Sie sagte nur: »Nun sind die Nazis also an der Macht!« Mir fiel ein, daß wir einmal einen Fackelzug vom Fenster aus beobachtet hatten. Zuerst sah es so aus, als spazierten goldene Irrlichter im Dunkeln durch die Straße. Dann bemerkte ich, wie die Flammen die Gesichter von uniformierten Männern beleuchteten, die dicht nebeneinander schritten. Grete hatte nur verächtlich gesagt: »Die Nazis marschieren.«

Tatsächlich ließ es sich so an, als sollte es interessanter werdenn, als würden außergewöhnliche Ereignisse das eintönige Schulleben auf wunderbare Weise unterbrechen. Eines Tages entstand vor unserem Haus eine gewaltige Bewegung. Die ganze Straße schien zu vibrieren und zu leuchten. Graugrüne Militärwagen rollten vorbei, die an bunt bepflanzte Beete erinnerten; denn auf der Transportfläche saßen die Soldaten zwischen Blumen und wehenden Bändern. Wir rannten alle hinunter und stellten uns zwischen die beiden blinkend geputzten Dubasse, um ihnen zuzuwinken. Ich wurde von der allgemeinen Begeisterung mitgerissen und war selig, als der Fleischermeister, der früher meiner Großmutter und jetzt Grete die sorgfältig zugeschnittenen Bratenstücke zu verkaufen pflegte, mich bat, ihm bei der Verteilung der Wiener Würstchen zu helfen. Sie wimmelten in einem Waschzuber und hingen in langen Ketten aneinander. Wir rissen Wurst um Wurst ab und reichten sie den Soldaten zu. Als ich ihre Hände berührte, meinte ich, ich hätte Prinzen aus dem Märchen angefaßt, die auszogen, mit ihrem Enthusiasmus die Welt zu erobern und sie glücklich zu machen. Wie sie so strahlend und heldenhaft auf den Wagen saßen, erinnerten sie mich an Mutter Gretchens Enkel, der im Hof in der Sonne gestanden hatte. Kaum waren sie jedoch fort, erschien die Straße langweilig und unbeteiligt wie immer, als sei nichts geschehen. Nach und nach verloren sich auch in meiner Vorstellung die Soldaten in der wesenlosen Weite des Unbekannten. Mutter Gretchens Enkel war mit fortgezogen, das erzählte mir Mutter kurz darauf.

Eines Tages geriet nicht nur unsere Straße, sondern ganz Danzig in Aufruhr. In verschwenderischer Fülle wehten Hakenkreuzfahnen in der Luft. Der sagenhafte Führer war gekommen. Ich wollte unbedingt wissen, wie er war, und rannte in einer Traube von Kindern inmitten einer riesigen Menschenmenge hinter einer Autokolonne her, die sich im Zentrum eines Schwalls von Hurrarufen befand – und tatsächlich sah ich ihn gar nicht weit entfernt in einem schwarzen offenen Auto stehen, aber er sah weder so schön noch so überwältigend aus, wie ich ihn mit vorgestellt hatte. Die linke Hand hatte er in seinen Gürtel gesteckt, die rechte hielt er steil erhoben. Dennoch war in seinem Gesicht etwas, das Aufmerksamkeit forderte. Unmittelbar unter seiner Nase saß ein pechschwarzer, rechteckiger Fleck. Dieser Fleck wirkte wie ein Befehl. Er erinnerte mich an das schwarze Ausrufezeichen, das an jenem Morgen gebieterisch im Raum gestanden hatte. Man mußte darauf hinstarren, ob man wollte oder nicht.

Wochen vergingen, aber die große Veränderung trat nicht ein. Der mysteriöse Krieg, von dem die Eltern die unglaublichen Geschichten erzählt hatten, war aus dem Schlaf der Vergangenheit erwacht und hatte uns eingeholt. Aber wir merkten kaum, daß er da war. Zu essen gab es genug, ich ging zur Schule, in die Klavierstunde und zur Sonntagsschule. Eigentlich führten wir das gleiche Leben wie vorher. Trotzdem war es nicht mehr so wie früher. Etwas hatte sich doch verändert. Unruhe war ins Haus eingezogen. Auch in der Sonntagsschule war äußerlich alles wie immer. Vom Führer wurde nicht gesprochen. Gott war nach wie vor der einzige, der, vollkommen und allmächtig, die Schöpfung nach seiner eigenen vollkommenen Vorstellung geschaffen hatte. Ich wollte an dieser Wahrheit nicht zweifeln, und doch war mir, als schwebe diese schöne harmonische Welt wie eine leuchtende Fata Morgana immer weiter von mir fort.

Als ich noch kleiner war, hatten die Eltern mich einmal zu einem Abendgottesdienst mitgenommen. Weil ich auf dem Heimweg zwischen ihnen ging und ihre Hände festhielt, konnte ich in Ruhe zu den Sternen aufsehen und sie betrachten. Sie funkelten am dunklen Himmel, und es sah aus, als sei die Erde von einem goldenen Netz umspannt und werde darin festgehalten. Das war wunderschön, aber sehr weit fort. Das Allerschönste war immer dort, wo ich es nicht erreichen konnte – und nun sah es so aus, als gebe es eine zweite Welt, in der das Böse im Hinterhalt lag wie der Alligator im Bilderbuch, der unversehens aus dem Wasser hervorschießt, um nach dem kleinen Mädchen zu schnappen, das am Ufer entlanggeht.

Schon manchmal war es mir passiert, daß mich, wenn ich heimkehrte, die Fenster trüb ansahen, als ob sie nach innen blickten, weil sie nicht preisgeben wollten, was im Hause geschah. Dann wußte ich, daß Traurigkeit auf mich wartete. Oft sahen sie nur einfach gleichgültig drein, aber es gab auch Tage, an denen sie lustig blinkerten.

Heute ging ich völlig ungewarnt ins Haus, aber ich hatte es kaum betreten, da wußte ich, daß sich etwas nie Dagewesenes abspielte. Weder Grete noch Mutter begrüßten mich, sie machten mir nur Zeichen mit den Augen. Vater war nicht da. Mutter packte mich und lief mit mir ins Herrenzimmer, in dem der Flügel stand. Sie setzte mich auf die Klavierbank, schob mir ein Buch unter den Po und befahl mir, mich auf keinen Fall und unter keinen Umständen vom Fleck zu rühren. Sobald jemand das Zimmer betrete, solle ich anfangen, Klavier zu üben. Um nichts in der Welt solle ich mich jedoch von meinem Platz erheben – komme, was da wolle.

Mutters Blick war so konzentriert, als habe sie all ihre Gedanken und Gefühle auf einen Punkt zusammengezogen. Ich gehorchte ihr, ohne zu fragen, und saß unbeweglich und wie festgeklebt auf der Klavierbank. In der Stille hörte ich es poltern und klirren und durchdringende Stimmen Anweisungen geben. Plötzlich flog die Tür auf, und es erschienen große, schwarz gekleidete Männer mit sehr blanken, hohen Stiefeln. Auf dem schwarzen Tuch ihrer Ärmel flammte eine Binde, die ein Signal zeigte. Dies Signal stand auch in ihren Gesichtern, und es hieß: Vorsicht!

Blitzschnell schoß mir die Erinnerung an den Schäferhund im Zwinger durch den Kopf. Sein Fell war pechschwarz, er hatte die Lefzen weit zurückgezogen und seine scharfen weißen Zähne entblößt, zwischen denen die rote Zunge schimmerte. Obwohl sich zwischen mir und ihm das hohe Gitter befand, war es mir nicht geheuer gewesen.

Als wäre ich eine Spieluhr, die man gerade aufgezogen hatte, fing ich an, Klavier zu üben. Einer der Männer warf einen

Blick auf meine Noten, strich mir übers Haar und sagte etwas, in dem die Worte »blond« und »deutsch« und »Musik« vorkamen. Einen Augenblick lang durchzuckte mich der Gedanke, ich müsse aufstehen, einen Knicks machen und höflich »Guten Tag!« sagen, aber glücklicherweise konnte ich mich nicht bewegen. Ich hatte meine Beine vergessen und entdeckte sie erst wieder, als Grete hereinkam und sagte, ich könne nun meinen Platz verlassen. Sie nahm das Buch, auf dem ich gesessen hatte, und sagte: »Das wenigstens haben wir gerettet.«

Nun fiel mir erst auf, wie schlimm es im Zimmer aussah. Sämtliche Bücher waren aus dem Schrank gerissen und lagen auf dem Fußboden verstreut. Im Schlafzimmer der Eltern lagen Dürers »Die vier Apostel« und »Daniel in der Löwengrube« zerrissen zwischen Glassplittern. Von »Daniel« hatte es ein Zwillingsbild gegeben. Auf dem einen stand Daniel den Löwen gegenüber, die ihn zähnefletschend anspringen wollten. Mutter hatte mir erklärt, die Löwen verkörperten böse menschliche Eigenschaften wie Haß, Neid, Gier und Grausamkeit. Das andere Bild zeigte Daniel, wie er den Löwen den Rücken zugekehrt hielt und in den Sonnenstrahl blickte, der durch eine Luke in den Keller fiel, während die Löwen wie müde Katzen friedlich zu seinen Füßen schliefen. Er hatte sie durch Liebe und geistige Kraft besiegt.

Mutter war fort. Die schwarzen Männer hatten sie mitgenommen. Grete rief meine Schwester und mich, wir stiegen die Treppe zur Diele hinab, Grete sperrte die Tür zu, die so unsichtbar zur Unterwelt hinabführte, wir setzten uns in der Küche an den Tisch und saßen dort wie versteinert. Gertrud war nicht mehr bei uns. Sie hatte geheiratet, und meine Schwester und ich waren nun groß genug, um ohne Kindermädchen auszukommen. Grete legte uns in Gertruds Bett, das noch neben dem ihren stand, zum Schlafen hin. Wir verließen die Unterwelt erst, als die Eltern wiederkamen. Niemand verlor über den Vorfall ein Wort. Es war, als habe er nicht stattgefunden.

Nach und nach vergaß ich die beängstigenden Vorfälle, vergaß auch, auf die große wunderbare Veränderung zu warten. An die neuartigen Umstände und Bedingungen, die nun Teil unseres Lebens waren, gewöhnte ich mich. Es passierten ja auch angenehme Überraschungen.

Einmal strahlten die Fenster mir schon von weitem entgegen, als ich aus der Schule kam. Ich schleuderte meinen Ranzen auf den ehrwürdigen Eichentisch in der Diele und sauste die Treppe hinauf. Tatsächlich, da stand Mutter Gretchens Enkel mitten in der Stube, fing mich in seinen Armen auf und schleuderte mich ein paarmal im Kreis herum. Der Stoff seiner Uniform kratzte an meiner Wange. Kaum hatte er mich abgesetzt, erzählte er auch schon weiter und sprudelte seine Erlebnisse aus dem Polenfeldzug hervor. Es wirkte komisch, wie er versuchte, mit dem dünnen Teetäßchen in der Hand ruhig an Mutters poliertem Barocktisch sitzenzubleiben, und es dauerte auch nicht lange, da sprang er auf und demonstrierte, wie es sich zugetragen hatte, als ihm »der Feind den Gaul direkt unterm Hintern wegschoß« und er im hohen Bogen ins Feld geflogen war. Der Flug hatte ihm das Leben gerettet. In seiner Erzählung hörte es sich an, als sei der Krieg ein Spiel, das durch die Gefahren, die damit verbunden waren, nur um so spannender wurde.

So plötzlich wie Mutter Gretchens Enkel gekommen war, war er auch schon wieder verschwunden. Nur in der Erinnerung konnte ich ihn festhalten. Wenn ich an ihn dachte, sah ich ihn hoch zu Roß durch Polen reiten. Der Wind wehte ihm die Haare aus dem Gesicht, damit sich die Sonne in seinen Augen spiegeln konnte.

14

Immer schon hatte ich die Sonntagnachmittage als die jämmerlichsten Stunden der ganzen Woche empfunden. Kaum, daß meine Schwester und ich den letzten Löffel vom Nachtisch runtergeschluckt hatten, forderte Mutter Grete auf, die Kinder an die frische Luft zu bringen. Ich haßte die Spaziergänge durch Danzigs feiertagsleere Straßen, in denen die Langeweile aufgeplustert einherging. Selbst die Straßenbahn schleppte sich lustlos auf den Schienen entlang, und wenn sie klingelte, tat sie es ohne Überzeugung. In der Woche mußte sie die Leute rechtzeitig zur Arbeit, in die Geschäfte und zu ihren vielerlei Besorgungen bringen, und sie klingelte auffordernd und mit Autorität. Am Sonntag hatte es weder Not noch Eile. Ich trottete neben Grete her und setzte dabei die Spitze meines rechten Fußes zu weit nach innen, was mir ihren Tadel eintrug. Sie schämte sich, mit einem solchen »Überdengroßenonkellatscher« herumzulaufen. Die Leute könnten ja glauben, ich wäre ihr Kind. Ich dachte nur: Na, und wenn, dann geschieht es dir bloß recht. Viel mehr konnte ich nicht denken, denn die weiße Öde der Straßen drang in meinen Kopf und machte ihn leer und dösig. Ja, wäre Mutter dabeigewesen und wären wir in die duftende, summende »Con« gegangen, um Apfelsinenrouladen zu essen, dann hätte sofort alles anders ausgesehen. Aber Vater und Mutter ruhten sich zu Hause aus, und kein Kinderlärm sollte sie dabei stören. Oh, ich hätte mich gewiß nicht gemuckst, wenn sie mir nur erlaubt hätten, zu Hause zu bleiben.

Doch plötzlich änderte sich alles mit einem Schlage. Schon manchmal hatte Grete davon gesprochen, daß sie einen Cousin besitze, der Schupo sei, und sie ließ mir gegenüber durchblikken, daß er sehr wohl in der Lage wäre, mich im Notfall ins Gefängnis zu sperren. Obwohl ich mir sicher war, daß Grete es schon allein aus Selbstachtung nie so weit kommen lassen würde, vermied ich es doch, ihm zu begegnen, und zog mich aus der Unterwelt ins Kinderzimmer zurück, wenn ich ihn hinter der Tür von Gretes Zimmer rascheln hörte. Ganz so schlimm konnte er eigentlich nicht sein; denn ich hatte Grete einmal in einem langen Kleid, das noch viel schöner war als mein Prinzessinnenkleid, mit ihm auf den Polizeiball gehen sehen. Sie sah so wundervoll aus, daß ich mir fest vornahm, sie nie mehr zu ärgern.

Zu Beginn des Krieges hatte der Cousin seine Polizeiuniform gegen die der Soldaten eingetauscht und war mit ihnen nach

Polen marschiert. Als wir uns am Sonntag wieder auf den Weg machten, erklärte Grete, wir würden nicht spazierengehen, sondern statt dessen ihren Cousin im Lazarett besuchen. Dort würden jene Soldaten kuriert, die sich im Felde eine Verwundung zugezogen hatten. Ihrem Cousin sei in Polen eine Kugel durchs Bein gefahren.

Das Lazarett sah wie eine Schule aus und roch auch so. Dem Schulgeruch mischte sich allerdings ein anderer, scharfer bei, der mich beim Atmen störte. Doch ich vergaß ihn sofort, als Gretes Cousin in den langen graugrünen Flur trat. Er trug einen Schlafrock über seinem gestreiften Pyjama, und auf der einen Seite hing ein Bein dick bandagiert herab. Daß er es nicht benutzen konnte, schien ihn nicht zu kümmern; denn er ließ es baumeln und ersetzte es durch einen Stock, auf den er sich stützte. So hüpfte er auf uns zu. Als er mich sah, warf er den Stock beiseite und rief: »Da hab ich ja eine viel bessere Stütze!« woraufhin er den Arm um meine Schultern legte.

Dies war das Ende der tristen Gleichgültigkeit auf unseren Spaziergängen; denn nachdem der Cousin die Erlaubnis zum Aufstehen erhalten hatte, begleitete er uns. Dabei trug er seine Uniform mit den silbernen Kragenspiegeln und, obgleich er nur noch leicht hinkte, stützte er sich weiterhin auf mich. Ich hoffte, daß viele Leute mich so sehen könnten, wie die Hand des Soldaten auf meiner Schulter lag.

Als er geheilt war und an die Front zurückmußte, hatte es bereits so stark geschneit, daß wir rodeln gehen konnten, und da wir nun größer waren, durften wir die interessanteren Rodelbahnen mit den steilen und längeren Abfahrten aufsuchen. Die Sonntagsspaziergänge fanden nicht mehr statt.

In der Rundfunkspielschar erhielten wir den Auftrag, ein Weihnachtslied für unsere Soldaten zu schreiben. Ich dachte an Mutter Gretchens Enkel und an Gretes Cousin, und die Worte fielen mir ganz leicht ein und fügten sich wie von selbst zu Reimen zusammen. Während ich schrieb, wünschte ich, die Sterne sollten aus ihrer unerreichbaren Höhe herabkommen, so daß die Soldaten sie berühren konnten. Durch die Berührung würde das Sternenlicht in sie hineinfließen, und sie würden unverwundbar und unbesiegbar werden. Freude und Liebe würden herrschen, wohin sie auch kämen. Dann setzte ich mich an den Flügel und gab den Reimen eine Melodie. Als ich sie vor mich hinsummte, fand ich, daß sie richtig nach Winternacht und Sternen klang. Beim nächsten Übungsabend der Rundfunkspielschar gab ich mein Lied ab, aber ich hörte nie wieder etwas davon.

Den Preis gewann das Mädchen, das mich für die Rundfunkspielschar geworben hatte, als sie noch »Rundfunkspatzen« hieß. Ina wohnte mit ihrer Mutter, ihrer Großmutter und ihrem Bruder auf Mattenbuden. Das war nicht weit von uns entfernt. Dennoch hätte ich sie nie allein besuchen dürfen, wenn sie nicht in meine Sonntagsschule gegangen wäre. Ich hatte den Namen »Mattenbuden« schon immer sehr komisch gefunden. Vielleicht war es deswegen, daß mir auch die Häuser sonderbar vorkamen, hutzelig wie alte Frauchen, die beieinander hocken und plachandern. Sie wölbten sich über Toreinfahrten und hatten Eingänge, die man erst suchen mußte, und sie bildeten auch keine richtige Straße mit zwei Häuserzeilen; denn dort, wo die andere Straßenseite hätte sein sollen, floß die Mottlau. Darum wirkte Inas Wohnung auch hell, obwohl die Zimmer niedrig waren. Das Licht vom Fluß flimmerte durch die Fenster, und an der Decke bildeten sich häufig Lichtkreise, die vom Wasser hineingespiegelt wurden. An der einen Wand stand ein Klavier, so mit Noten vollgestopft, daß es aussah, als könne es jeden Augenblick unter der Last zusammenbrechen. Seine Töne klangen jedoch ganz unbeschwert und hell, ob nun Ina oder ihre Mutter oder gar die Großmutter auf ihm spielten. Der Bruder ließ sich nur selten sehen. Er trug eine Brille und ging auf das Gymnasium; außerdem spielte er Geige.

Ich bewunderte sie alle wegen ihres unbefangenen und gewandten Musizierens, egal, ob es sich dabei um Mazurken von Chopin oder Fugen von Bach oder um Geigensonaten handelte. Sie schienen alles zu können, und alles schien ihnen Freude zu bereiten. Mir machte es Spaß, ihnen zuzuhören, aber es war mir jedesmal peinlich, wenn sie mich aufforderten, ihnen auch etwas vorzuspielen, und ich ihnen immer wieder beteuern mußte, daß ich ganz gewiß und tatsächlich dazu nicht in der Lage sei. Ich hätte mich geschämt, sie meine Stümpereien hören zu lassen. Singen konnte ich ohne Vorbehalt, und als ich ihnen etwas vorgesungen hatte, fragte mich Ina, ob ich nicht Lust hätte, im Kinderprogramm des Rundfunks mitzuwirken, sie wäre auch dabei. Die Eltern erlaubten mir, mich zur Aufnahmeprüfung anzumelden.

Im Funkhaus wurde ich in eine Art Kasten gesperrt, in dem ich etwas vorlesen und vorsingen mußte. Meine Stimme hörte sich an, als käme sie nicht aus mir heraus, sondern von außen auf mich zu, was ich verwirrend fand. Eine junge Dame öffnete den Kasten und sagte, ich sei aufgenommen und gehöre nun zu den Rundfunkspatzen, sie sei die Leiterin. Wir machten Spiele, lasen Geschichten vor, erzählten und sangen, und alles, was wir taten, konnte man am Radio verfolgen.

Bislang hatte ich nur im Chor mitgesungen, doch eines Tages rief mich die Leiterin zu sich, gab mir Noten und trug mir auf, die Stimme zu Hause zu üben. Schon auf dem Heimweg durchblätterte ich die Noten. Sie waren von Brahms, es handelte sich um eine Solostimme, die nur vom Klavier begleitet wurde. Zu Hause stellte ich beim Probieren fest, daß das Lied ganz anders klang als die Volks- und Kinderlieder, die ich bisher gesungen hatte, ja, fast noch schöner als die, die Vater und Mutter zweistimmig im Duett vorzutragen pflegten. Es hörte sich an, als käme es von sehr weit her aus den Wäldern, die um das Schloß gebreitet lagen, in dem Dornröschen schlief. Eine der Feen hatte einen Schleier aus dem Goldstaub der Abendsonne darübergeworfen, der machte es unauffindbar, und so lag Dornröschen vergessen auf dem tiefen Grund der Zeit. Von dorther kam die Melodie wie ein traumbefangener Ruf. Alle schliefen sie: der Hund, das Roß, die Fliege an der Wand, ja, sogar der Feuerbrand auf dem Herd und selbstverständlich und vor allem das Dornröschen, und sie sehnten sich danach, erlöst zu werden und aufzuwachen. Aber ich fragte mich, ob sie es tatsächlich wollten und nicht vielleicht doch auch bange vor der Wirklichkeit waren.

Während der Sendung begleitete mich die junge Dame am Klavier. Sie legte die schönen warmen, schwermütigen Akkorde unter meine Stimme, und die stieg selbstvergessen die Leiter der Töne empor. Plötzlich wurde mir bewußt, daß die ganze Welt mich über das Radio hören konnte, einschließlich der pommerschen Großmutter, des Onkels, der Tante und meiner großen Cousinen in Berlin. Ein fürchterlicher Schreck fuhr mir in die Glieder, und meine Stimme fiel von der Tonleiter hinab ins Bodenlose. Zwar gelang es mir, sie wieder aufzufangen, aber sie gewann die Sicherheit nicht mehr zurück. Sie verfehlte die Töne, die vom Klavier kamen, um Haaresbreite. Ich wurde nie wieder aufgefordert, ein Solo zu singen. Als der sagenumwobene Führer Danzig zu sich heimgeholt hatte, wurden die Rundfunkspatzen in »Rundfunkspielschar« umbenannt, viel mehr änderte sich nicht. Wir sangen und spielten wie vorher.

Lesen und schreiben konnte ich nun seit geraumer Zeit ohne Schwierigkeiten. Zu Weihnachten und zum Geburtstag erhielt ich Bücher. Da lagen sie auf dem Gabentisch, und während ich sie betrachtete, fragte ich mich, wohin sie mich entführen würden. Auch wenn ich im Kinderzimmer in einer Ecke des grünen Ripssofas saß und für alle sichtbar anwesend wäre, würde ich in Wirklichkeit doch genau dort sein, wo sich ihr buntes Leben abspielte.

Einmal waren die Welt des Buches und die des Kinderzimmers so aufeinandergeprallt, daß ich einen Augenblick lang nicht wußte, auf welcher Seite ich mich befand. Ich hielt mich gerade in einem Schloß auf, in welchem ein Gespenst umherging. Es tappte und polterte auf der Galerie umher. Als die Spannung auf dem Höhepunkt angekommen war, tappte und polterte es vor der Tür des Kinderzimmers. Mir standen die Haare zu Berge, und ich wagte nicht, mich zu rühren. Die Tür flog auf, der Schrei blieb mir in der Kehle stecken – es war Mutter. Niemals konnte sie Bonbons oder Schokolade so einfach bringen. Immer mußte sie ein komisches Theater dabei veranstalten, das uns alle zum Lachen brachte.

Die Welt der Buchstaben gefiel mir. Wie sie sich so hurtig und mühelos zu immer neuen Worten und Begriffen zusammensetzen, erschienen sie mir wie Geheimzeichen, durch die das Reich der Gedanken sich mitteilt. Dennoch war es mir nicht geheuer, als ich zum ersten Mal selber etwas schreiben sollte, nämlich einen Hausaufsatz für die Schule. Ich wußte nicht, wie. Mutter sagte: »Du schreibst es einfach so hin, als erzähltest du es mir. Mir würdest du es doch auch so vortragen, daß es mir Vergnügen bereitet, dir zuzuhören, oder daß es meine Aufmerksamkeit weckt und fesselt. Genauso machst du es mit deinem Aufsatz.« Ich probierte es, und es ging ziemlich gut. Mit der Zeit wurde es besser und machte mir selber Spaß.

Das Allerbeste daran war jedoch, daß ich Mutter nun selbst dann erreichen konnte, wenn sie auf Reisen war. Schon als ich klein war, hatte sie mir erklärt, daß ich in Gedanken immer bei ihr sein könne und warum das so sei. Doch es war ein schwacher Trost, da meine Gedanken keinen fühlbaren Kontakt zu ihr herzustellen vermochten. Nun aber konnte ich ihr meine Gedanken in Briefen mitteilen, die sie tatsächlich erreichten. Dieser Trost überzeugte. Es war nun leichter, die greuliche Zeit ihrer Abwesenheit zu überstehen, in der ich mich hilflos in Gretes Gewalt befand. Zwar schickten die Eltern bunte Karten, auf denen Palmen wedelten, das türkisfarbene Meer an den Strand und die Oleanderblüten über die Gartenmauern schäumten, während bei uns die Vögel erst vorsichtig piepsten und die Knospen sich kaum trauten, aus der winterlichen Hülle zu schlüpfen. Doch was nützte das, solange es mir nicht möglich gewesen war, die auf der Karte vermerkten Worte zu lesen und Grete ihren Inhalt beliebig verändern und anstelle von Zärtlichkeiten strenge Ermahnungen vorlesen konnte! Jetzt funktionierte das nicht mehr. Ich war in der Lage, die Karten selber zu entziffern; und allein der Gedanke, daß ich mir den Trennungsschmerz von der Seele schreiben konnte, verminderte meinen Kummer.

Bei den Rundfunkspatzen hatte ich das Lied »Die Gedanken sind frei« gelernt. Darin heißt es: »... kein Mensch kann sie wissen, kein Jäger erschießen mit Pulver und Blei; die Gedanken sind frei! Und sperrt man mich ein im finsteren Kerker, das alles sind rein vergebliche Werke! Denn meine Gedanken zerreißen die Schranken und Mauern entzwei: Die Gedanken sind frei.« Das Lied hat einen mehrstimmigen Satz, der schön zusammenklingt, und ich mochte es sehr gern singen. Aber ich ahnte nun auch etwas von dem Wert seiner Botschaft, von der Macht und Größe des luftigen, beweglichen Reiches der Gedanken.

Seit mich Grete beauftragt hatte, Kinoplakate zu studieren, besaß ich einen Blick für alles, was mir auf der Straße an Geschriebenem begegnete. Ich staunte über die Vielfalt der Zeitungsüberschriften, die fettgedruckt und schwarzglänzend von den Borden der Kioske herunter Ereignisse verkündeten, von denen ich meist nichts weiter begriff als die Worte. Ihre Bedeutung im Zusammenhang blieb mir verborgen. Um so mehr bewunderte ich die Erwachsenen, die imstande waren, die komplizierten Sachverhalte zu durchschauen. Die arme »Persil«-Dame mußte ihr weiß gewaschenes Sommerkleid auch im eisigen Winterwind wehen lassen. Plakate klebten an Mauern, an Schaufenstern, hauptsächlich allerdings an Litfaßsäulen. Manche waren drollig, manche langweilig, einige wechselten häufig, andere hingen so lange an derselben Stelle, bis sie verblichen und zerfleddert waren.

Als ich durch eine Gasse ging, die ohnehin schmal und düster aussah und einen unordentlichen Eindruck machte, fiel mein Blick auf ein Plakat, das ich bis dahin noch nicht wahrgenommen hatte. Es wirkte weder besonders auffallend noch besonders groß, aber es besaß eine starke unheimliche Ausstrahlung, und damit fing es mich ein.

Während ich mich ihm näherte, sagte eine innere Stimme, ich solle es lieber nicht tun, so wie damals, als mir auf dem Langen Markt die schwarzverschleierte Frau begegnet war. Mit sonderbar gebrochener Stimme hatte sie mich gebeten, ihr beim Einkaufen behilflich zu sein und ihr dann die Einkäufe in ihre Wohnung zu tragen. Dabei hatte sie mit schwarzbehandschuhtem Finger auf eine ähnlich düstere, unübersichtliche

Seitengasse gezeigt. Ich hatte sie kaum ausreden lassen, sondern ihr unverzüglich mein entsetztes »Nein!« entgegengeschrien. Ihr bloßer Anblick war so beängstigend gewesen, daß ich alle Höflichkeit vergaß.

Blitzschnell waren mir jene haarsträubenden Geschichten durch den Kopf geschossen, die mir unlängst in der Schule zu Ohren gekommen waren, wie nämlich unvorstellbar böse Leute ahnungslose Kinder zu sich in die Wohnung lockten, um die dort zu quälen und zu töten. Als Lockspeise benutzten sie Bonbons und Schokolade. Nun hatte auch ich ein solches Angebot aus dem Mund der schwarz Verschleierten vernommen! Ohne zu überlegen hatte ich mich auf dem Absatz umgedreht und war davongerannt. Die Angst hatte mich nach Hause getrieben, und ich hatte mich erst sicher gefühlt, als die schwere Eichentür hinter mir zugefallen war und ich atemlos und keuchend in der Diele stand. Ich hatte die Tür so vehement zugeworfen, daß die Kogge im Luftzug wild schaukelte und es aussah, als wollte sie mit geblähten Segeln zu einem wütenden Angriff auf schwarzverschleierte Frauen losbrausen.

Diesmal gehorchte ich der inneren Stimme nicht, und das Plakat zog mich ganz dicht zu sich heran. Die Überschrift lautete schlicht und einfach »Denkt an BROMBERG«. Sie hatte jedoch etwas Heimliches an sich, so als wäre sie unerlaubt und als wäre es ratsam, lieber nicht an Bromberg zu denken. Unter der Überschrift stand ein Text gedruckt, und unter dem Text befanden sich Fotos. Die Bilder waren nicht sehr deutlich, also las ich den Text. Zuerst dachte ich, ich hätte falsch gelesen, dann, nachdem ich ein zweites Mal den Text studiert hatte, meinte ich, den Zusammenhang nicht richtig verstanden zu haben. Ich überlegte. Es blieb dabei. Auf dem Plakat stand, in Bromberg seien deutsche Kinder von Polen zerstükkelt worden. Nun glaubte ich auch, die Arme, Beine und Köpfe der zerstückelten Kinder auf den Fotos erkennen zu können. Meine Gedanken schienen an dem scheußlichen Plakat wie festgeklebt. Ich hatte Mühe, sie von ihm loszureißen. Es war zu entsetzlich, ich konnte es nicht begreifen.

Zu Hause wagte ich nicht, mich den Eltern anzuvertrauen und sie nach ihrer Meinung zu fragen, denn ich war mir sicher, etwas Verbotenes getan zu haben, so wie damals beim Betrachten des Pestbuches. Also schwieg ich und zwang mich, das Plakat zu vergessen. Schließlich verschwammen die beiden schrecklichen Episoden in meiner Vorstellung. Sie zogen sich in das Zwischenreich aus Einbildung und Wirklichkeit zurück, so daß ich nicht mehr genau wußte, ob ich sie tatsächlich erlebt oder nur geträumt hatte. Durch die düstere, unordentliche Gasse ging ich vorsichtshalber nicht wieder.

15

Das für mich wichtigste Ereignis seit Ausbruch des Krieges sollte der Wechsel von der Grundschule auf das Gymnasium sein. Eigentlich hieß es Lyzeum oder Oberschule für Mädchen. Ich hatte schon bemerkt, wie gern die Erwachsenen, besonders die Männer, von ihrer Zeit auf dem Gymnasium sprachen. Wenn sie erzählten, hörte es sich an, als hätten sie in der Hauptsache Unsinn getrieben und als sei das Lernen gewissermaßen nebenher gelaufen.

Auch als Vater auf dem Gymnasium eingeschult worden war, hatte gerade der Krieg begonnen. Viele der jüngeren Lehrer waren an die Front beordert worden. So hatte, notgedrungen und äußerst widerwillig, der aus seiner Pensionsruhe aufgeschreckte Professor vor die Klasse treten müssen. Weißhaarig und scheinbar geistesabwesend hatte er vor den Reihen quirliger neuer Schüler gestanden und hörbar vor sich hin sinniert: »Ihr munteren Knäblein, ihr Max- und Moritzgesichter, bei mir braucht ihr nichts zu lernen. Ich kann euch sowieso nicht unterscheiden, ich weiß ja gar nicht, wer ihr seid.« Als daraufhin die munteren Knäblein in tosendes Gewieher ausgebrochen waren, hatte der listige Professor sie mit einer einzigen Handbewegung wieder zur Raison gebracht. »Lautes Gebrüll ist verboten, ein leises Bauchkollern nach innen ist erlaubt«, und dann hatte er, hintergründig lächelnd, die Information über das »Extempore Popochen«, als welches er die Klassenarbeit bezeichnete, mit den Worten hinzugefügt: »Ja, ihr Satansbraten, jetzt seht ihr die Hölle offen, in welcher ihr alsdann schmoren werdet. Ihr werdet in der Hölle schmoren, das sage ich euch.« Vater erzählte, während dieser Rede habe der alte Professor so triumphierend dreingeblickt und so genüßlich mit der Zunge geschnalzt, als hätte er den Augenblick, in dem er sich auf dem Höhepunkt seiner Macht befinden würde, lustvoll vorgekostet. Den Schülern war es unheimlich zumute geworden, und sie hatten sich brav verhalten, insgeheim aber auf Rache gesonnen.

Während draußen der große vaterländische Krieg tobte, hatten die Schüler einen Partisanenkampf in Gang gesetzt, der mit Phantasie und Tücke geführt wurde. Es hörte sich in den Erzählungen immer so an, als wären die Schüler stets Sieger geblieben, aber mir war längst klar, daß sie vor der Gewalt der Zensuren schließlich kapitulieren und sich ins Lernen dreingeben mußten.

Offenbar war auch Vater von der Bedrohung durch die »Extempore Popochen« zur Leistung angetrieben worden, denn er konnte geläufig lateinische und griechische Verse zitieren. Meine Schwester und ich lauschten fasziniert. Sobald bei Tisch eine längere Gesprächspause entstand, bettelten wir: »Papi, sag doch mal auf Griechisch, wie Circe die Gefährten des Odysseus in Schweine verwandelt hat«, und sogleich setzte Vater sich in Positur und legte los.

Wenn mir auch bewußt war, daß hinter dem verheißungsvoll Neuem die unerbittliche Schuldisziplin und vor allem die Rechenstunden lauerten, so war ich doch stolz und auch neugierig. Immerhin war ich dem zeternden Fräulein in der trüben Grundschule entronnen. Die Eltern hatten mich noch dazu mit einer neuen Aktentasche und einem Füllfederhalter mit echter Goldfeder ausgestattet. Das Beste war jedoch der viel längere Schulweg, der die Benutzung der Straßenbahn erforderlich machte. Es war ein erhabenes Gefühl, eine Monatskarte zu besitzen, mit der ich einfach so einsteigen konnte, als ob die Straßenbahn mir gehörte.

Die Klasse saß erwartungsvoll beisammen, die Frühlingssonne schien herein, es ließ sich überraschend gut an. Eine jugendliche Dame erschien und teilte uns mit, daß sie unsere Englischlehrerin sei. »I am your English teacher, you are my pupils« wiederholte sie so lange, bis wir begriffen hatten, daß die Engländer eigentlich das gleiche redeten wie wir, nur daß es sich halt anders anhörte. Manchmal bauten sie die Sätze auch um, aber insgesamt schien es mir so, als entschlüsselten wir wiederum nur einen Code, der uns bereits Vertrautes mitteilte. Im Grunde war es ein schönes Spiel und erfüllte den Traum von einer Sprache, in der man sich unterhalten konnte, ohne daß man von den anderen verstanden wird.

Meine Schwester und ich hatten schon angefangen, uns eine solche Sprache zu erfinden oder die unsrige durch Hinzufügen von Silben so zu verkleiden, daß Uneingeweihte die Worte nicht unbedingt verstehen konnten. Hier war nun eine fix und fertig vorhanden. Aber der Umgang mit der englischen Sprache bedeutete noch viel mehr; denn er vermittelte uns einen Schimmer von der Vielfalt und dem Reichtum der Welt. Sie bestand nicht nur aus Danzig und der Ostsee und den vertrauten behäbig breiten Klängen. Nicht nur in unserer Sprache waren Märchen und Geschichten und Vorstellungen eingefangen. Auch andere Sprachen hatten das getan und drückten es auf ihre Weise aus.

Anfangs genierten wir uns, die komischen Laute auszusprechen: das gelispelte S, das mit nach hinten gedrückter Zunge weich gerollte R und das W, das eigentlich keines war, sondern wie ein verunglückter Wehruf klang. Die zum Lesen drankamen, wurden rot, während die anderen heimlich kicherten. Aber schließlich gewöhnten wir uns an die seltsame Aussprache und schrien auf dem Heimweg »wonderful« und »beautiful« in der festen Überzeugung, daß alle, die uns begegneten, mit ehrfürchtigem Staunen aufhorchten. Ein Hauch der großen weiten Welt kam ins Schulzimmer geweht, doch er erfrischte es nur für kurze Zeit. Dunkles Gewölk zog sich zusammen und drückte nach und nach die Helligkeit weg.

Wie »die schwarze Parze mit der Nasenwarze« in meinem Wilhelm-Busch-Buch in der Wolke saß und den Herrn Knopp bedrohte, so saß in diesem Gewölk die Sorge und bedrohte mich mit dem Gedanken, daß ich vielleicht nicht fähig sei, so zu lernen, wie meine Eltern es von mir erwarteten. Ich ging jeden Tag ein wenig mutloser zur Schule. Glücklicherweise verschaffte mir der Sommer noch einmal einen Aufschub. Je mehr er sich entfaltete, desto näher rückten die großen Ferien. Bereits einige Wochen vor dem eigentlichen Beginn zog die Familie, als wäre alles wie immer, nach Zoppot in das Haus mit dem Elfenbild. Nun war mein Schulweg noch länger. Ich rannte durch die heißen Straßen zum Bahnhof, von dem die polnischen Zollbeamten mit den komischen eckigen Ballonmützen verschwunden waren, erkletterte vom Bahnsteig die hohen steilen Stufen des Vorortzuges, warf meine Tasche hinein und ließ mich auf die steife Holzbank fallen.

Wenn der Zug anruckte und sich polternd in Bewegung gesetzt hatte, wartete ich nur auf den Augenblick, da die Ostsee im Fenster zu sehen sein würde. Sie erschien wie eine schöne, berückende Diva. Das Zugfenster stellte die Bühne für ihren Auftritt dar, die braunen Gardinen zu beiden Seiten waren die Theatervorhänge. Auf dem blauen Wasser schaukelten die weißen Segelboote wie sorglose, sonnenselige Schmetterlinge. In diesem Moment hatte ich die Schule schon völlig vergessen und dachte nur noch daran, wie ich mich gleichfalls vom Wasser schaukeln lassen würde, kein Schmetterling zwar, aber eine sorglose, sonnenselige Nixe.

Im Abteil staute sich noch die stickige, heiße Stadtluft. Aber sobald der Zug ebenso polternd und ruckend hielt, wie er angefahren war, und ich die Tür öffnete, schickte mir die Ostsee ihre frische Brise entgegen. Auf der Seestraße roch es schon nach Strand. Ich rannte an den Cafés vorbei, wo die Damen wie eh und je in flatternder Sommergarderobe vor Eis und frischen Erdbeeren saßen, rannte und rannte, bis ich in der Strandburg anlangte. Dort fand ich die Familie braungebrannt beisammen. Die Haare meiner Schwester waren so hell gebleicht wie der feinkörnige Sand, und Vaters Haut begann sich bereits zu pellen und ließ sich an einigen Stellen in Streifen abziehen, die wie ein durchsichtig zartes Gespinst aus allerfeinster Seide aussahen.

Alles schien so zu sein wie immer, doch das stimmte nicht; es war anders geworden. Die bekannte Welt war nicht mehr am Menzelbach zu Ende. Man konnte nun ohne weiteres über den Bach hinübergehen, und Zoppot lag ganz offen und ohne Grenze da. Doch die Damen mit den rot oder golden gelackten Zehennägeln, die polnisch oder englisch sprachen und die »wonderful« and »beautiful« durchaus hätten verstehen können, waren fort. Der Krieg hatte sie verscheucht. Auch die liebenswürdige mondhafte Puppa war nicht mehr da.

Auf der Promenade und den Zugängen zum Strand fielen mir Schilder auf, die ich früher dort nie gesehen hatte. Immer wieder war nachdrücklich auf ihnen vermerkt, daß der Strand, die Bänke, die Anlagen, ja, eigentlich alles ausschließlich für Arier da seien und auf keinen Fall für Juden. Wo sollten Juden denn überhaupt hin, fragte ich mich und bat Vater, mir zu erklären, was ein Arier sei und ob ich auch dazu gehörte. Vater antwortete, er wisse es selber nicht, und er schäme sich dieser Schilder. Ich merkte ihm an, daß meine Fragen ihm peinlich waren, und schwieg.

Dann wußte ich auch, was sich an Zoppot verändert hatte. Es wirkte wie ein Zimmer, in dem jemand beim Aufräumen alle witzigen, besonderen, interessanten Sachen weggeworfen hatte, die es einmalig und reizvoll machten. Nun war es nur noch sauber und ordentlich. Nur die Ostsee entzog sich jeder Bevormundung und blieb unverändert. Sie besaß viele verschiedene Gesichter, aber es waren immer ihre eigenen.

Niemand fühlte sich mehr an feste Zeiten gebunden. Selbst Vater und Mutter und sogar Grete blieben bis in die Nacht hinein fort und ließen meine Schwester und mich unbeaufsichtigt. Während sie alle nicht da waren, hatte ich auf Mutters Nachttisch »Gösta Berling« gefunden, kuschelte mich mit ihm ins Bett und las. Obwohl ich nicht recht verstand, was vorging, war ich von Göstas Schönheit und Charme, ja, von der ganzen träumerisch-märchenhaften Atmosphäre des Buches so bezaubert, daß ich nicht aufhören konnte zu lesen, bis mir die Augen zufielen, und das war oft spät in der Nacht. Draußen war alles still, kein Geräusch drang zu mir, nichts lenkte mich von der Lektüre ab, und so lebte ich nächtlicherweise im Duft der Sommerwiesen und der schönen Damen auf den rauschenden Festen, raste im Pferdeschlitten mit Gösta über den mondhellen Schnee und entkam mit knapper Not den hungrigen Wölfen. Die Schule hatte ich vergessen. Sie mich hingegen nicht. Eines Tages stand sie unerbittlich streng und fordernd wieder vor mir. Der Sommer war zu Ende.

Im Herbst sollte ein Schulfest mit musikalischen Darbietungen stattfinden, und ich wurde aufgefordert, mich daran zu beteiligen. Alle Solisten trafen sich eines Morgens im Musiksaal, um den Lehrern die gewählten Kompositionen zur Begutachtung vorzuführen. Ich setzte mich an den Flügel und spielte. Dann sagte ich: »Das war ein ›Lied ohne Worte‹ von Felix Mendelssohn-Bartholdy.« Konsterniertes Schweigen. Ich erhielt keinen ermunternden Applaus wie die anderen. Meine Musiklehrerin reagierte schnell und bemerkte, der Komponist sei unbekannt, das Stück könne nicht akzeptiert werden. Enttäuscht und leise, aber mit der Sicherheit des guten Gewissens erklärte ich ihr, Mendelssohn gehöre zu den berühmtesten deutschen Komponisten, das wisse ich genau. Mein Vater könne es bestätigen, er habe erst kürzlich mit Freunden ein Klaviertrio von Mendelssohn gespielt. Die Musiklehrerin sah mich daraufhin so an, daß ich es nicht wagte weiterzusprechen. Es war die Ratlosigkeit in ihrem Blick, die mich dazu gebracht hatte, still und widerspruchslos an meinen Platz zurückzugehen. Meine Eltern sagten lediglich, ich dürfe den Namen Mendelssohn außer Haus nicht erwähnen.

Draußen wurde es kälter und dunkler, in der Schule immer bedrückender. Wieder legte sich Monotonie wie Nebel über das Klassenzimmer. Ich mußte an die böse Fee denken, die den Schleier des Schlafs über Dornröschen breitete. Ihre beunruhigende Gegenwart bescherte dem Dornröschen gewiß keine lieblichen Träume. Diese böse Fee trat in Gestalt von Fräulein Schöpf auf und unterrichtete Mathematik. Es war unmöglich sie zu bitten, mir das Geheimnis der Zahlen zu enträtseln und mir die Ordnung und Klarheit erkennen zu helfen. Fräulein Schöpf war in unnahbares Schwarz gekleidet, glatt und dünn wie ein Stock, und es ging ein so gräßlicher Geruch von ihr aus, daß mir übel und schwindelig wurde, sobald sie neben meinem Platz stehenblieb. Saß sie auf ihrem Pult, verschwamm ihr Bild und verwandelte sich in das beängstigende Ausrufezeichen. Dann konnte ich gar nicht mehr zuhören. Meine Gedanken gerieten in Panik und machten sich davon.

Meine Versuche, zu Hause Hilfe zu erbitten, scheiterten ebenfalls. Vater, dem der Umgang mit Zahlen so geläufig war und der sie ganz selbstverständlich für den Broterwerb benutzte, geriet über meine Begriffsstutzigkeit außer sich. Mutter fühlte sich nicht zuständig, und Grete erklärte, sie habe schon mit dem Abrechnen der Haushaltskasse und den täglichen Einkäufen genug um die Ohren. Was taten die anderen Mädchen? Die Guten waren ernsthaft mit sich selbst beschäftigt und duldeten keine Störung. Die Schlechten bildeten eine störrische Gruppe, zu der ich mich nicht zählen mochte. In der Mitte hatten sie sich bereits zusammengetan. Ich blieb übrig.

Der Winter ließ das graue Gewölk gefrieren. In der Dunkelheit des frühen Morgens türmte es sich wie eine Mauer auf. Der Wind rannte dagegen an, riß Stücke heraus und zerkrümelte sie zu Eisstaub. Er rieselte auf mich herab, während ich zur Schule stapfte. Wenn ich in der Schule anlangte, hatte sich um meinen Mund ein weißer Schnurrbart aus Rauhreif gebildet. Die anderen Kinder kauften sich Zitronen und Zucker. Wenn ich Geld hatte, tat ich es auch. Der Zucker wurde in die Handfläche geschüttet, der Saft der Zitrone daraufgeträufelt und das Ganze vorsichtig aufgeleckt. Es roch frisch und hell nach Sommer. Ich fühlte die Spritzer der Ostseewellen auf meiner sonnenheißen Haut prickeln. Doch nachdem der letzte Tropfen aufgeleckt war, stand ich mit klebrigen Fingern in der eisengrauen Morgendämmerung, die durch die Fenster in die kahlen, hohen Gänge der Schule hereinkam. Ich spülte meine Hände in dem eisigen Strahl, der aus dem bleiernen Wasserhahn in das schwarze, trichterförmige Becken floß. Wieder hatte ich kein Taschentuch zum Abtrocknen bei mir. Meine Hände waren vor Kälte blau und steif. Ach, warum mußte ich an diesem öden Ort sein, an dem Spaß und Freude immer gleich von Mühen und Angst erdrückt wurden?

Zu Hause war es auch nicht viel besser. Wenn ich aus der Schule kam, hatte das Mittagessen bereits stattgefunden. Meine Mahlzeit stand in der Ofenröhre. Aber Großmutter saß nicht mehr davor. Der Duft von Bratäpfeln hatte sich mit ihr verflüchtigt. Statt dessen war die Soße über dem Gemüse und den Kartoffeln zu einer zähen Haut erstarrt. Sie schien auf nahezu allen Dingen zu liegen, nahm ihnen Duft und Frische und machte sie ungenießbar. Oft sahen, wenn ich aus der Schule heimkehrte, die Fenster nun traurig aus wie verweinte Augen. Um zu vergessen, stürzte ich mich vom Kleiderschrank in die tobende See, las aufregende Geschichten – es nützte nichts. Am Morgen weckte mich Verzweiflung.

16

Den einzigen Lichtblick in der Düsternis stellte das Eiscafé auf dem Langen Markt dar. Es gehörte einem waschechten Italiener. Sobald ich die Tür öffnete, war die trübe Welt vergessen. Hier glitzerte im Lampenlicht alles wie im Sonnenschein: die vielen Spiegel, die Gläser, die blanken Marmortische, die silbernen Schalen und Löffelchen. Die ganze aufwendige Ausstattung war jedoch nur dazu da, um das Eigentliche hervorzuheben: das glitzernde, verführerische Eis. Es schimmerte in Pastellfarben von Erdbeer bis Vanille. In der warmen Mundhöhle löste sich das Aroma aus der Erstarrung zu wunderbarem Wohlgeschmack, und es besaß die Fähigkeit zu verwandeln. Mit dem Eisbecher vor mir war ich kein unbeholfenes

Schulkind in dicken Wollstrümpfen mehr, sondern eine Tänzerin in wippendem Tüllrock. In Gedanken schwebte ich durch die cremige Helle und hatte die Schule vergessen.

Leider verschlang die Verzauberung eine Menge Geld, und ich besaß davon nur sehr wenig. Taschengeld erhielt ich nicht, nur manchmal steckten mir Tanten oder Freunde der Eltern etwas zu, wenn sie auf Besuch kamen. Aber das reichte nicht hin und nicht her, und keinesfalls reichte es für häufiges Einkehren in dem Zauberladen.

Meinen Klassenkameradinnen schien das Geld viel üppiger zuzufließen. Sie gingen so lässig damit um, daß sie es sogar achtlos auf ihren Schreibpulten herumliegen ließen. Also nahm ich es ihnen weg. Ich mochte sie ohnehin nicht besonders, ich war ihnen gleichgültig und sie mir. Das Eis hingegen schmeckte wundervoll.

Mit der Zeit wurde ich immer kühner. Da ich keine festen Freundinnen besaß und zu keiner Gruppe auf dem Schulhof gehörte, konnte ich unbemerkt in die Klasse gelangen, während die anderen Mädchen sich zur Hofpause draußen aufhielten. Schließlich probierte ich auch von ihren Schulbroten, die meist im Fach unter dem Schreibpult lagen. Sie schmeckten viel besser als meine. Also nahm ich sie ihnen ebenfalls weg, aß sie auf und fütterte mit meinem Brot die Möwen an der Motlau. Sie kamen schon kreischend angeflogen, wenn sie mich nur erblickten.

Richtig Freude machte mir das Stehlen eigentlich nicht, zumal ich dabei immer Angst hatte und viel Geschick aufwenden mußte, um nicht erwischt zu werden. Es war einfach eine zwingende Notwendigkeit. Der Gedanke, daß es bemerkt und an die Öffentlichkeit gelangen konnte, bereitete mir jedoch ein heimliches Vergnügen. Eines Tages war es soweit. Fräulein Schöps betrat die Klasse und sah noch schwarzer und dünner aus als gewöhnlich. Ihr Gesicht wirkte so weiß und kalt und unzulänglich, als sei es zu einer tropfenförmigen Perle erstarrt. Sie sprach in jener gleichmäßig nüchternen Tonlage, in der sie gewöhnlich die Zahlen befehligte, doch so, als stellten sich dem natürlichen Fluß der Stimme ungewohnte Hindernisse entgegen, die sie mit erschrockener Indignation zur Kenntnis nahm. Unter den Mädchen sei eines, welches das achte Gebot verletze. Es sei ihr sehr, sehr unangenehmn, einen Dieb in der Klasse zu wissen, geradezu unvorstellbar sei es und unmöglich, daß es dabei bleibe. Sie werde dem Dieb Gelegenheit geben, zu bereuen und von seinem schandbaren Tun abzulassen.

Obwohl mich bei dieser Ansprache heißer Schrecken durchzuckt hatte, wurde mir doch schnell klar, daß Fräulein Schöps tatsächlich ratlos war, weil sie nicht wußte, wen sie verdächtigen sollte, und ich genoß, wenn auch mit zittrigen Knien, die peinliche Verwirrung, die ich angerichtet hatte. Niemand außer mir kannte den Dieb. Der Bösewicht war ich selbst. Grete hatte mir ja schon des öfteren prophezeit, ich würde noch hinter schwedischen Gardinen enden, weswegen ich mir Schweden als ein Land vorstellte, das ein großes Maul auftat und an der Grenze alle Bösen mit eisernen Zähnen einfing. War das Maul einmal zugeklappt, konnten sie nicht wieder heraus und mußten in der nordischen Kälte erfrieren – wie das kleine Mädchen mit den Schwefelhölzchen.

Zu Hause regten sich Gewissensbisse. Die Sonntagsschule, in der ich den Sinn der zehn Gebote sehr wohl gelernt hatte, gab es nicht mehr, sie war sang- und klanglos verschwunden, und ähnlich wie bei Großmutters Verschwinden traute ich mich nicht, über die Ursache dafür zu grübeln. Nun erinnerte ich mich daran, wie heiter und friedlich es in der Sonntagsschule zuging. Alle waren dort auf eine so selbstverständliche Art freundlich und freigebig gewesen, daß die Einhaltung des achten Gebots gar kein Problem darstellte. Gutsein war mir dort als etwas Natürliches und Selbstverständliches erschienen. Der Gedanke ans Stehlen wäre mir dort nie gekommen. Auch mein Poesiealbum fiel mir ein, in das Vater die Mahnung geschrieben hatte: »Vor allem eins, mein Kind, sei treu und wahr. Laß nie die Lüge deinen Mund entweih'n.« Warum fiel es mir, auf mich allein gestellt, so schwer, dieser Forderung zu entsprechen?

Im Grunde wollte ich gern gut sein, aber ich wußte nicht, wie ich es anstellen sollte. Immer geriet etwas dazwischen. Sobald ich fröhlich war, fiel mir das Gutsein viel leichter, ja, es ging fast von allein. Aber wie sollte ich fröhlich sein? Ich hatte Angst. Vielleicht würde ich sitzenbleiben. Noch nie war in unserer Familie jemand sitzengeblieben. Es bedeutete die große Katastrophe, die größte Schande, die man sich vorstellen konnte. Mit dem Vermerk »nicht versetzt« im Zeugnis brauchte ich gar nicht nach Hause zu gehen. Ich würde dann kein Zuhause mehr haben und wäre ausgestoßen. Wie die Bösen hinter den schwedischen Gardinen würde ich verhungern und erfrieren und ganz verlassen sein. Meinetwegen konnte der Weltuntergang stattfinden. – Er fand nicht statt. Grete pflegte uns bei allen unangenehmen Anlässen mit dem Ausspruch zu beruhigen: »So schnell stirbt man nicht.« Auf irgendeine Weise arrangierten die Dinge sich immer.

So wagte ich es eines Tages, zwei Mädchen aus meiner Klasse, die mit mir den gleichen Weg hatten, zu fragen, ob ich mit ihnen nach Hause gehen dürfe. Zu meiner Freude waren sie damit einverstanden, als sei es etwas Selbstverständliches. Es war Winter, und wir gingen nicht brav nebeneinander her und sprachen über die Schule, sondern machten uns sofort an die Erstürmung des »Straßengebirges«. Wenn es in der Nacht geschneit hatte, wurde der Schnee am Morgen vom Bürgersteig an den Straßenrand geschippt. Mit der Zeit türmten sich die aufgeschaufelten Schneemassen immer höher. Manchmal konnte man wochenlang nicht auf die gegenüberliegende Straßenseite sehen und wußte nicht, ob dort überhaupt Leute gingen. Der Frost verharschte den Schnee und härtete ihn, und schließlich zogen sich Schneeberge am Straßenrand hin, die man hinauf- und hinunterklettern und auf denen man entlanglaufen konnte. Diese Berge stellten, je nach Laune, schwindelnde Alpenpässe oder gefahrenumwitterte Sanddünen in der Wüste und vieles andere mehr dar. Sie wurden in geheimer Mission bestiegen oder aus Kriegslist, um Verfolger abzuschütteln, oder einfach nur aus purem Vergnügen.

Gingen wir ausnahmsweise gesittet auf dem Bürgersteig entlang, konnte es passieren, daß wir dort einem der Herren begegneten, die mit Vater Streichquartett zu spielen pflegten.

Wie aus dem Boden gewachsen, stand er plötzlich vor seinem schönen, messinggeschmückten Giebelhaus und versperrte uns den Weg, musterte uns mit strenger Miene und fragte dann in besorgtem Ton, ob wir auch gesund seien. Wir kicherten und bejahten es. »Nun, ich kann es nicht einfach so glauben, ich muß feststellen, ob es auch stimmt.« Während er das sagte, hob er die Arme hoch und ließ seine Hände in der Luft kreisen. Plötzlich sausten sie hernieder und trafen uns so spitzig und kitzelig in der Rippengegend oder am Schlüsselbein, daß wir aufschrien. Das trug uns einen beunruhigten Blick ein. Gleich wurde die Prozedur wiederholt, doch nun kreischten wir schon vor Vergnügen, noch ehe eine Berührung überhaupt stattgefunden hatte. Daraufhin ließ der Herr vernehmen: »Kinder, ich konstatiere, ihr seid ernstlich krank und bedürft dringend einer wirksamen Medizin. Ich kenne sie und empfehle euch die sofortige Einnahme. Gleich links um die Ecke ist sie zu haben, dort hat der Italiener sein Eisgeschäft, ihr kennt es. Guten Appetit!« Diese Ansprache begleitete er mit vergnügtem Augenzwinkern. Ehe wir uns versahen, hielten wir jede ein Silberstück in der Hand, das reichlich Medizin verhieß.

Merkwürdigerweise betrat der hilfreiche Herr sehr häufig gerade um die Zeit die Straße, zu der wir aus der Schule kamen. Hatte er es eilig, unterblieb die Untersuchung. Er rief uns dann schon von weitem zu, wie erschüttert er über unser schlechtes Aussehen sei, das geradezu nach der von ihm empfohlenen Medizin schrie.

Der gemeinsame Besuch des Eiscafés war viel amüsanter, noch dazu ich ihn mit reinem Gewissen unternehmen konnte. Es war auch nicht nötig, mich in eine Ballerina zu verwandeln. Gemeinsam schmeckte das Eis auch in Wollstrümpfen. Da meine Freundinnen nichts gegen mein Schulbrot einzuwenden hatten, tauschten sie das ihre freiwillig mit mir, und so war ich der tristen Notwendigkeit des Stehlens enthoben. Nun gestaltete sich der Nachhauseweg immer so kurzweilig, daß er viel zu schnell zu Ende ging. So verfiel ich auf die glorreiche Idee, Mutter zu fragen, ob ich die beiden Mädchen zu mir nach Hause einladen dürfe. Mutter erlaubte es. Nach dem ersten Besuch fand sogar Grete das Benehmen der beiden zufriedenstellend und duldete ihre Anwesenheit.

Wenn schon die Schneeberge die Phantasie meiner neuen Freundinnen anregen konnten, so gelang es unserem Haus, sie ganz und gar zu verzaubern. Als ich in der Diele hinter der unsichtbaren Tür in der Täfelung verschwunden war und plötzlich auf ebenso verblüffende Weise wieder aus der Wand trat und vor ihnen stand, war es um sie geschehen. Sie erkannten in unserem Haus das Zauberschloß, in dem die aufregendsten Dinge stattfinden konnten, und sie geschahen auch. Ein Teil davon passierte nur in unserer Vorstellung, wenn wir im Kinderzimmer bei Gesprächen über die Möglichkeiten der Hexerei beisammensaßen. Wir verwandelten uns und schlichen als Zwerge durchs Haus und bewachten die Schätze im Keller oder verteidigten als Ritter die belagerte Burg oder schwammen als Nixen durch die Gewässer. Das Kinderzimmer war der Blautopf, aus dem wir wie die schöne Lau ins Land guckten und mit den Leuten plauderten. Anderes ließ sich für jeden sichtbar verwirklichen. Wir verkleideten das Kinderzimmer je nach Bedarf in eine Jahrmarktbude, in ein Schiff oder auch in eine Theaterbühne, auf der wir die Scharaden aus meinem Buch »Ideenreiche Spiele für Kinder« aufführten. Nicht nur meine kleine Schwester wurde in die Spiele mit einbezogen, die Schwestern meiner Freundinnen ebenfalls.

Einmal unterhielten wir uns über Geister, denen zu Lebzeiten Unrecht geschehen war und die zur Erde zurückkehrten, um Rache zu nehmen. Mir fiel bei diesem Gespräch sofort Gretes Lied von »Heinrich, dem Neuvermählten« ein, der bei seiner Frau, einer reichen Erbin von dem Rhein, schlief. Schlangenbisse quälten ihn bereits so, daß er im Schlaf keine Ruhe fand und sich im Bett umherwälzte. Da – es schlug 12 Uhr! – drang durch die Gardine eine schlanke, blasse Totenhand, und vor ihm stand seine Gattin Wilhelmine, welche er des Geldes wegen schnöde verlassen hatte und die darob aus Gram frühzeitig verstorben war. Sie erschien zwar nicht, um sich zu rächen, sondern wollte Heinrich lediglich zu verstehen geben, daß sie über seine Gemeinheit informiert sei, ihm jedoch vergebe, weil sie nicht aufhören könne, ihn zu lieben.

Trotz des einigermaßen versöhnlichen Endes dieser Geschichte hatte ich in mancher Nacht schon die schlanke, blasse Totenhand durch die Gardine dringen sehen und mich entsetzlich gegrault. Nun meinte eines der Mädchen, es sei undenkbar, daß in einem so alten Haus kein Geist sein Wesen treibe, und so zogen wir los, um ihn zu suchen. Grete hielt sich in der Unterwelt auf, Vater war fortgegangen. Die Diele und der ganze Oberstock lagen im Dunkeln, nur das Kinderzimmer war eine Oase des Lichts, die wir nun leichtsinnig verließen.

Nachdem wir uns schon eine Weile durch die Finsternis getastet hatten und ich mich nach dem hellen Kinderzimmer zu sehnen begann, erreichten wir die Tür zu Mutters blauem Salon. Als ich sie vorsichtig öffnete, sahen wir eine stille Gestalt am Fenster sitzen, die sich schwarz und deutlich gegen die fahle Dämmerung von draußen abhob. Die grauenhafte Gestalt ergriff ein Tuch, ließ es um sich wehen und bewegte sich auf uns zu. Vor Entsetzen schrie ich los. Wilhelmine! Ich konnte mich nicht mehr rühren und mich mit den anderen davonmachen. Da floß Licht ins Zimmer. Die Gegenstände erblühten darin. Ich sah das blausamtene Sofa mit den bunten Seidenkissen, den Barockteetisch mit seinen feingebogenen, reich ziselierten kupfernen Beinen, in dessen verglaster Zwischenetage die durchsichtigen Tassen standen, die vertrauten Bilder, auf denen die Luft so golden flimmerte, als wäre die Sonne tatsächlich da, auch Mutters Schreibtisch mit ihren Büchern und dem Lutherstuhl am Fenster, von dem sie sich erhoben hatte. Nun stand sie mitten im Raum. Schluchzend vor Erleichterung fiel ich ihr in die ausgebreiteten Arme, mitten hinein in ihren Duft, in ihre Weichheit und Wärme.

Vater hatte so gut wie nie etwas gegen Streiche einzuwenden. Er fand, daß es für Kinder selbstverständlich sei, Fensterscheiben zu zertrümmern und Kleider und Schuhe zu zerreißen, sobald es im Spiel und nicht mutwillig geschah. Nur in einer Sache verhielt er sich streng und drohte die schärfsten Maßnahmen an: Nie und nimmer dürften meine Schwester und ich das Eis alleine betreten. Vater hatte uns oft genug das Lied vom Büblein auf dem Eise vorgetragen. Wir wußten Bescheid, wie gefährlich es war: »Wär nicht ein Mann gekommen, der sich ein Herz genommen – o weh!« Der Gedanke, von der Strömung unter die Eisdecke gezogen und fortgerissen zu werden, in Erstarrung und Untergang hinein, war mir selbst so furchtbar, daß ich auch im tiefsten Winter nie gewagt hätte, meinen Fuß auf diese trügerische Fläche zu setzen, obwohl es in Danzig genug davon gab.

Selbst die Ostsee gefror im Winter, und es gab greuliche Geschichten von Leuten, die auf dem Weg zur Halbinsel Hela in dem weißen Einerlei die Richtung verloren hatten, auf dem Eis umhergeirrt waren und schließlich, von Müdigkeit und Kälte überwältigt, umkamen. Als meine Freundinnen mich nach Schulschluß einmal auf unbekannten Schleichwegen an die Motlau führten, wo der Fluß keine Brücke hatte, vergaß ich all das jedoch, rutschte mit ihnen von der verschneiten Uferböschung und betrat das Eis. Es war nicht nur stabil, sondern so herrlich glatt, daß mir war, als glitte ich auf einem milchigen Mondstrahl ans andere Ufer. Da, ich befand mich schon fast in Sicherheit, knackte es. In meinem Hochgefühl hatte ich nicht bemerkt, daß ich in die Nähe der großen Schleppkähne geraten war, die am Ufer lagen. Um sie herum war das Eis dünn. Unversehens stand ich bis zum Bauch im Wasser. Der Schiffer kam aus seinem Häuschen gelaufen, reichte mir schimpfend seine große Hand, ließ mich über die Strickleiter auf seinen Kahn klettern und von dort über die Schiffstreppe auf die Straße gehen. Der Schreck saß viel eisiger in meinen Gliedern als die Kälte. Bei dem Gedanken, was zu Hause über mich hereinbrechen würde, bibberte ich innerlich viel mehr als äußerlich. Es geschah aber nichts. Meine Freundinnen verwickelten Grete in ein Gespräch, so daß ihr nicht auffiel, wie naß ich war. Ich brachte es sogar fertig, frische Wäsche zu ergattern, mich schnell auf dem Klo umzuziehen und das nasse Zeug hinter dem Ofen zu verstecken.

17

Vater verschwand, und ein unbekannter Herr zog bei uns ein. Mutter gab dazu die vage Erklärung ab, daß der Krieg von uns allen Opfer verlange. Vater habe nach Polen gemußt, um eine neue Existenz für uns aufzubauen. Jener Herr hingegen sei ebenso unfreiwillig zu uns nach Danzig versetzt worden, er stamme aus einer sehr reichen und hochangesehenen Familie im Rheinland. Das Rheinland war mir nur als die Heimat von Wilhelmines Nebenbuhlerin bekannt. Im übrigen war es mir völlig egal und schien mir weiter entfernt als der Mond. Die Gegenwart des Fremden jedoch störte mich. Er lebte in den vorderen Räumen und tat dies mit größter Diskretion und den besten Manieren. Es war mir aber schrecklich, daß das Haus, das doch mir gehörte, nicht mehr uneingeschränkt zugänglich sein sollte. Meinetwegen konnte der Herr so diskret und wohlerzogen sein, wie er wollte, ich mochte ihn nicht. Selbst die Vermutung, daß ein tragisches Geheimnis unseren unfreiwilligen Hausgenossen umschattete, versöhnte mich nicht mit seiner Gegenwart. Wenn Mutter und Grete über ihn sprachen, tuschelten sie und schwiegen sofort, wenn ich mich näherte, das merkte ich genau. Beide behandelten den Herrn behutsam und mit wehmütiger Duldsamkeit. Er erwiderte dies mit zarter Rücksichtnahme. Dennoch konnte ich mich nicht dazu entschließen, ihn zu mögen, und befolgte lediglich Mutters Meinung, mich höflich zu verhalten. Für mich blieb er der Eindringling, der Vater verscheucht hatte.

Ganz unverhofft klingelte es zuweilen spätabends auf besonders wilde, stürmische Weise. Meist lag ich dann schon im Bett. Ich flog die mit dem roten Läufer belegte Treppe in die Diele hinunter und prallte wie ein Geschoß gegen Vaters Brust. Er kam direkt aus dem Dunkeln, und das Unbekannte umgab ihn noch, wenn er mit mir die Treppe hinaufstieg. Ebenso plötzlich, wie er bei uns erschien, verschwand er auch wieder ins Unbekannte zurück.

Doch er war nicht verloren. Ich konnte ihn ja mit meinen

Briefen erreichen! Die Briefe gingen hin und her, und nach und nach lösten sie sich immer mehr von der Realität der Vater-Tochter-Beziehung. Sie befreiten mich vom Zwang des Respekts und des Erzogenwerdens und transportierten nur noch Spielereien und immer neue, immer drolligere und ausgefallenere Koseformen. Ich schrieb an Vater wie an ein Kind, das sich draußen im Dunkeln verborgen hält, ohne daß man weiß, wo es sich versteckt hat. Es war wunderschön.

Einmal, es war schon mitten in der Nacht und ich hatte bereits fest geschlafen, stand Vater, wie aus einem Traum gestiegen, vor meinem Bett und überreichte mir ein Paket. Von blumigem Seidenpapier umhüllt, lag darin etwas Helles. Es wirkte so unberührbar, daß ich zögerte, es herauszunehmen. Als ich es vorsichtig in die Höhe hob, entfaltete es sich, wurde länger und länger, und schließlich fiel es fast bis zum Boden herab, ein weißes, zartgetupftes Nachthemd. Das war keines von den kniekurzen, warm angerauhten, praktischen Dingern, die ich sonst trug, sondern ein Gewand für eine Nixe: lang und fließend und kühl wie Wasser. Als ich am Morgen erwachte, war Vater fort. Aber das Nachthemd hüllte mich ein wie ein Traum, an den man sich beim Erwachen nicht mehr erinnern kann, der jedoch für lange Zeit ein schwebendes Hochgefühl hinterläßt.

Ebenso unverhofft wie in jener Nacht Vater, stand eines Nachts der vornehme Herr aus dem Rheinland vor meinem Bett. Er ließ mir keine Zeit, mich zu wundern, sondern nahm mich auf seine Arme und trug mich aus dem Zimmer über die Treppe mit dem roten Läufer durch die Diele bis auf die Stiege zur Unterwelt. Dort warteten Mutter und Grete mit Kissen und Decken und meiner Schwester auf dem Arm. Nun erst fielen mir die auf- und abschwellenden klagenden Laute auf, die immer dringlicher zu uns hereinschallten. Sie hörten sich wie das Geheul des Höllenhundes an.

Im Keller standen bereits Stühle. Auf diese setzten wir uns, warm in die Decken eingemummelt. Es nützte nichts, ich fror. Die Spannung ließ mich zittern. Mutter sagte, dies sei ein Bombenalarm, und der rheinische Herr erklärte behutsam, was eine Bombe ist. Gehört hatte ich schon davon, aber nie in Betracht gezogen, daß ich je ein Bombardement selbst erleben würde. So sehr ich mir immerfort wünschte, das ganz Außergewöhnliche, Atemberaubende möge passieren, dies, fand ich, war kein faszinierendes Abenteuer. Schon die Einleitung dazu war gräßlich. Das durchdringende Geheul stammte von den Sirenen. Ich hörte, wie Mutter und Grete und der rheinische Herr sich über diese Dinger unterhielten. Mir war die Sage von Odysseus wohlbekannt, der sich von seinen Gefährten an den Schiffsmast hatte binden lassen, um dem betörenden Gesang der Sirenen nicht zu verfallen. Auf der Abbildung im Sagenbuch sahen sie fast so schön aus wie die Elfen auf dem Bild in Zoppot, nur etwas dicker. Wie Odysseus allerdings von solch markerschütterndem, beängstigendem Geheul bezaubert werden konnte, wollte mir nicht in den Sinn. Das einzige, was die griechischen Sirenen mit den unseren gemeinsam hatten, war, daß sie in direkter Beziehung zum Verderben und zum Schrekken standen. Vielleicht trugen sie aus diesem Grund denselben Namen.

Immer noch war der Keller eine Schatzkammer. Auf den Borden standen wie zu Großmutters Zeiten die Gläser mit dem Eingemachten und blinzelten mit ihren Sommerfarben in die Kerze, die den winterlich dunklen Raum ganz vorsichtig und spärlich beleuchteten. Die Gläser mit dem Kirschfleisch glühten wie Rubine, die Gurken sahen in der grünen Flüssigkeit zwischen Dill und Senfsaat wie gefangene Wasserkobolde aus.

Auch ich kam mir gefangen vor. Ich saß still und lauschte nach draußen. Was würde von dort über uns hereinbrechen? Doch es war nichts zu hören. Nur einmal, sehr weit entfernt, eine dumpfe Erschütterung. Da begann plötzlich ein schwirrendes Geräusch und steigerte sich zu einem einzigen starren, sirrenden Ton. Die Erwachsenen riefen erleichtert: »Entwarnung!«, aber ich fand, daß der Ton nicht sehr nach Erleichterung klang. Es hörte sich vielmehr so an, als habe die Stille unter dem Druck der Spannung zu schreien begonnen, wie es mir selbst schon geschehen war, wenn ich aus einem Alptraum erwachte.

Solange meine Freundinnen mir Gesellschaft leisteten, hielt sich der Alptraum im Hintergrund. Sobald ich jedoch allein war, brach er hervor. Noch war es Winter, doch der Frühling kündigte sich schon an. Tagsüber war es manchmal so mild, daß die Straßengebirge zu schmelzen anfingen. Wenn wir auf ihnen entlangliefen, konnte es passieren, daß der Boden unter uns nachgab und wir unversehens in tiefe Löcher einsackten. Ach, so schön er auch sein mochte, so sehr ich der Wollstrümpfe überdrüssig war und mich danach sehnte, daß die laue Luft meine bloßen Knie umfächelte, der Frühling würde unweigerlich Zeugnisse bringen, die über die Versetzung informierten – und über das Sitzenbleiben. Nein, er durfte nicht kommen, die Zeit mußte stehenbleiben!

Die Zeit blieb nicht stehen, und der Frühling kam – jedoch ganz anders, als ich erwartet hatte. Vater erschien und teilte uns mit, daß er in Strasburg eine Wohnung für uns gefunden hätte und uns sofort mit zu sich nehmen würde. Er habe das Alleinsein satt. Wunder geschahen also tatsächlich. Adieu, Schule! Adieu, gräßliches, düsteres, kaltes, beängstigendes Ding, ich bin dir entronnen! Als mich wegen des Abschieds von Danzig und dem alten Haus Wehmut beschleichen wollte, beruhigte Vater mich. Wir gingen ja nicht für immer fort, nur für eine begrenzte Zeit. Das Haus bliebe uns erhalten, wir würden zurückkehren. Noch nie hatte ich die vertraute Welt verlassen, mir war ein wenig beklommen zumute. Doch die Freude auf das Abenteuer war stärker als alle Bedenken. Es mochte beginnen!

18

Vom Zug aus betrachtete ich mir die Landschaft. Sie veränderte sich nicht wesentlich und blieb der heimatlichen ähnlich. Aus dem flachen Lande ragte in der Ferne etwas Großes, Gewaltiges auf. Das war die Marienburg, von welcher ich in der

Schule schon so viel gehört hatte. Dort hatte der deutsche Ritterorden gehaust, eine Versammlung hochgesinnter, edler Herren. Über ihren Kettenhemden trugen sie malerische weiße Überwürfe mit dem schwarzen Kreuzeszeichen, was ihrer Erscheinung etwas besonderes Poetisches verlieh. Ihr Herz gehörte allein der Jungfrau Maria, und das fand ich schade, denn ich stellte mir die Ritter fast so schön vor wie den hinreißenden Gösta Berling. Tapfer waren sie allemal und vom Hauch des Abenteuers umgeben; denn sie hatten nicht nur in unserer Gegend wider die Slawen, sondern auf den Kreuzzügen im Orient gegen die Araber gekämpft, damit die heiligen Stätten nicht den Ungläubigen anheimfielen. Die Araber wiederum, das wußte ich aus meinen orientalischen Märchen und Geschichten, empfanden uns als ungläubige Hunde, gegen welche sie ihre Heiligtümer verteidigen mußten. Ich begann mich zu fragen, wer denn nun eigentlich recht hätte, und merkte, daß man immer die Seite im Recht sehen wollte, auf der man selber stand.

Gern hätte ich mir die sagenhafte Burg angesehen, aber der Zug kümmerte sich nicht darum und fuhr vorbei. Schließlich langten wir in Strasburg an. Verglichen mit Danzig erschien mir die Stadt klitzeklein. Wir stiegen in einem Hotel ab, das ein bißchen muffig roch, so, als hätte es einmal im Wasser gestanden und wäre danach nicht wieder trocken geworden. Vater behauptete, es sei das beste Hotel am Platze. Obwohl es ebenfalls mit rotem, plüschigem Stoff ausgekleidet war, wirkte es längst nicht so großartig wie das Casinohotel in Zoppot. Doch bediente uns das Personal mit Höflichkeit, und es war mir unangenehm, als Grete beim Abendessen das Brot prüfte, ob es auch nicht schimmelig wäre.

Am nächsten Morgen geleitete Vater uns zu unserer neuen Wohnung, wobei er erklärte, es handelte sich nicht eigentlich um eine Wohnung, sondern um zwei möblierte Zimmer, in denen wir bleiben sollten, bis die Eltern eine passende Wohnung gefunden hätten. Als wir die Treppe emporstiegen, streifte mich der Gedanke an das rachitische Haus mit dem Pestbuch. Die Treppe war schmal und ausgetreten und nicht sehr hell.

Hinter der Tür auf dem ersten Absatz hörte ich einen Hund wütend kläffen, dann öffnete eine Dame die Tür; aber was für ein seltsames Wesen war das! Es war überhaupt keine Dame, sondern eine Art Witwe Bolte. Nur wirkte sie viel weniger gutmütig als die. Zwischen ihrer Stirn und ihren fleischigen Wangen steckten zu beiden Seiten ihrer breiten Nase zwei schwärzliche Augen, die denen ihres Dackels, der neben ihrem rechten Fuß stand und uns von unten her fixierte, sehr ähnelten. Sie waren so kalt und glatt wie Glas. Beide, der Dackel und seine Herrin, blickten uns an, als wollten sie uns beißen. Mir wurde mulmig zumute. Da fühlte ich, daß Grete hinter mir stand, und ihre Gegenwart beruhigte mich. Zum ersten Mal waren es nicht die Eltern, die mir Sicherheit gaben. Ich spürte, daß in dieser Situation Grete die Überlegene war und daß, weil sie da war, die Frau Balzerowitsch sich nicht an uns heranwagen würde.

Es sah so aus, als bestünde die Wohnung nur aus einem schlauchartigen Flur und zwei Zimmern. Frau Balzerowitsch hielt sich irgendwo hinten im Verborgenen auf, und das brachte mich auf die Idee, daß sie in einer dunklen Ecke des Flurs das Lager mit ihrem Hund teilte, um mit ihm gemeinsam auf dem Sprung zu sein, sobald etwas geschah, das ihr Interesse erregte.

Die Küche durfte nur Grete zum Kochen betreten, sonst niemand. In einem der beiden möblierten Zimmer schliefen die Eltern, in dem anderen meine Schwester, Grete und ich. Ein Badezimmer existierte nicht, wir mußten uns in unserem Zimmer in Schüsseln waschen.

Das Allerschlimmste war, daß die Wohnung auch kein Klo besaß. Die einzige Toilette im Haus befand sich im Parterre und diente allen Mietern gemeinsam. Grete war angeekelt. Nie würde sie erlauben, daß die Kinder mit lauter unbekannten Leuten auf einen womöglich dreckigen Lokus gingen, wo sie sich sonst was holen könnten. Also führte sie den Nachttopf wieder ein, dem wir ja längst entwachsen waren. Frau Balzerowitsch guckte durchs Schlüsselloch, wenn wir uns draufsetzten. Sie belauerte uns ständig. Wann schlief sie eigentlich? Ihre glaskalten Augen schienen immer wachsam zu sein. Es war, als spitzte sie nur darauf, etwas Böses an uns zu entdecken oder uns bei etwas Unstatthaftem zu ertappen. Selbst der Dakkel paßte auf, seine Augen signalisierten Mißtrauen. Als ich einmal versuchte, ihn für mich einzunehmen, und ihm vorsichtig den Kopf streichelte, knurrte er und schnappte nach meiner Hand. Niemand hielt sich gern in der Wohnung auf, und ich konnte sie nicht als ein Zuhause empfinden.

Zum ersten Mal in meinem Leben hielt ich mich in einem Land auf, das nicht klipp und klar mir gehörte, sondern in welchem sich in einer anderen Sprache etwas abspielte, das mir unverständlich blieb. Ich meinte, ich müsse mich achtsam und diskret verhalten, um dies andere nicht zu stören. Es war, wie bei einer fremden Familie zu Gast zu sein, und ich fühlte mich nicht richtig frei. In den Geschäften fiel mir etwas auf, was ich in Danzig nie bemerkt hatte. Auf Tafeln, die sonst das Mitbringen von Hunden oder das Berühren der Ware untersagten, stand hier geschrieben, daß der Deutsche mit »Heil Hitler« zu grüßen habe. Unlogischerweise wurde jedoch erwartet, daß auch der Nichtdeutsche so grüßte. Aus allem, was an Gedrucktem die Wände schmückte, ging hervor, daß Deutschsein einen gewaltigen Vorzug gegenüber allem anderen bedeute; und ich war froh, bereits von Geburt an das zu sein, was hier als ein Privileg proklamiert wurde. Dennoch fragte ich mich, warum allein im Deutschsein ein solcher Vorteil liegen sollte.

Frau Balzerowitsch hatte offensichtlich weder Lust, deutsch zu sein, noch sah sie es überhaupt als etwas Erstrebenswertes an. Sie zeigte immer unverhüllter, daß sie die Deutschen insgesamt nicht leiden konnte. Mir dämmerte, daß ihr bissiges Verhalten uns gegenüber mit diesem Umstand zusammenhing, und ihr verschlagener Dackel hatte sich ihr darin völlig angepaßt. Daß man mich nicht mochte, weil ich deutsch war, hatte ich allerdings noch nie erlebt, und es verwunderte und irritierte mich.

Die Zeit, die die Eltern meiner Schwester und mir zum Einleben zugestanden hatten, war schnell verstrichen. Eines Morgens war es soweit: Mutter ging mit mir zur Schule, um mich anzumelden. Der Tag war schön, und sie trug eines ihrer weiten Kleider aus sehr viel dünnem Stoff und dazu ihren riesigen Florentiner Hut. Als wir in der freundlich hellen Vorhalle standen, von der aus die Treppe zu den höher gelegenen Stockwerken und Klassenräumen führte, war alles noch still. Nur ab und zu drang gedämpftes Gemurmel durch die verschlossenen Türen. Da schrillte plötzlich eine Klingel. Für einen Augenblick wurde es daraufhin noch stiller, doch dann begann es hinter den Türen zu poltern, sie flogen auf, und eine wimmelnde, summende Kinderschar ergoß sich in die Flure, über die Treppe bis in die Vorhalle. Die Schüler, Jungen und Mädchen durcheinander, tobten an uns vorbei. Ich drückte mich eng an Mutter und beäugte sie verstohlen. Einige Gesichter waren mir auf der Straße schon aufgefallen. Doch merkwürdig, als wäre ein Zauberkreis um uns gezogen, der sie auf Abstand hielt, näherten die Kinder sich uns nicht. Sie begafften uns nur. Ich sah Mutter an. Da stand sie, und es schien, als wäre alles Licht dorthin geflossen, wo sie sich befand, und ließ sie schimmern.

Als ich nach der Anmeldung vom Direktor in meine Klasse geführt wurde, war mir wegen des leuchtenden Auftritts meiner Mutter etwas beklommen zumute. Doch auf mich wartete eine solche Überraschung, daß ich keine Zeit für derartige Besorgnisse fand.

In zwei Abteilungen, die durch einen schmalen Mittelgang voneinander getrennt waren, saßen Jungen und Mädchen einträchtig beieinander. Sie erhoben sich von den Bänken, als der Direktor mit mir die Klasse betrat. Nachdem sie sich wieder gesetzt hatten, stellte der Direktor mich vor. Währenddessen schoß mir all das durch den Kopf, was Grete mir über Jungens erzählt hatte, wie wild und ungezogen und unberechenbar sie seien, wie sie bei ihrer früheren Herrschaft derart unter ihnen gelitten habe, daß sie ihre Zuflucht zur Kündigung nehmen mußte. Ich kannte selbst kaum jemanden von dieser Spezies und schon gar nicht näher. Eigentlich hätte ich erschrocken sein sollen, aber komisch, ich war es nicht. Im Gegenteil, ich fand, daß von der Gegenwart der Jungen viel eher etwas Ermutigendes und zugleich Beruhigendes ausging. Der Direktor placierte mich auf der Seite der Jungen, unmittelbar am Fenster, auf einer Bank für mich allein. Dann begann er den Unterricht und erklärte mir, er lasse heute eine Nacherzählung schreiben, und es wäre ihm lieb, ich würde mitmachen. Angst brauche ich nicht zu haben. Da ich am Unterricht ja noch nicht teilgenommen hätte, würde er meine Arbeit nicht bewerten. Eigentlich sei es ihm nur darum zu tun, daß ich mich nicht langweilte.

Die Geschichte, die der Direktor nun vorlas, gefiel mir. Das Klassenzimmer gefiel mir ebenfalls. Es war nicht groß, aber sehr hell und beinahe gemütlich. Die Bäume aus dem Schulgarten reichten bis an die Fenster, die Sonne schien herein. Ich entließ meine Gedanken in den blauen Himmel. Von dort kehrten sie wie Noahs Taube mit der frohen Botschaft zurück, daß es leicht sei, die Geschichte nachzuerzählen, und daß überhaupt alles seine Ordnung habe. So setzte ich mich behaglich zurecht und schrieb. Als habe er nur darauf gewartet, daß ich mein Heft zugeklappt hatte, kam der Direktor an meinen Platz und nahm es an sich. Er begab sich damit zum Pult und las, wie mir schien, mit zunehmend erfreutem Gesichtsausdruck, legte dann das Heft zur Seite und kehrte zu mir zurück. Nachdem er mich ein Weilchen mit Wohlwollen betrachtet hatte, sagte er: »Du hast einen guten Einstand geleistet; was du geschrieben hast, ist beinahe eine Eins wert.« Nun gefiel mir die Klasse noch besser.

In der Pause traten einige Jungen zu mir und begrüßten mich. Einer von ihnen fragte, ob meine Mutter etwa beim Film sei, und obwohl ich es erstaunt verneinte, schenkte er mir sein Schulbrot, als er merkte, daß ich keins hatte. In meiner Einstellung zu Jungen hatte ich mich also gründlich geirrt. Gretes Jungen gehörten gewiß zu einer unrühmlichen Ausnahme.

Nach der Pause erhielt ich meinen Platz auf der Seite der Mädchen zugewiesen. Offensichtlich wirkte sich die Gegenwart der Jungen auf die Mädchen insgesamt günstig aus. Sie begegneten mir aufgeschlossener und kameradschaftlicher als meine Danziger Klassenkameradinnen. Trotzdem fiel mir die Annäherung an die Mädchen weiterhin schwer. War es mir gelungen, mich auf sie einzustellen, konnte es sein, daß sie unversehens ihr Verhalten änderten. Nie würde ich imstande sein, das Rätsel, das sie darstellten, völlig zu lösen. Die Jungen zu verstehen gelang mir indessen viel leichter. Hatte ich sie einmal in ihrem Wesen erkannt, konnte ich vor überraschendem Wechsel ziemlich sicher sein. Darum gestaltete sich der Umgang mit ihnen unkomplizierter. Selten war ich so froh heimgekehrt wie nach diesem ersten Schultag.

Am folgenden Tag begrüßten meine Mitschüler mich so selbstverständlich, daß ich wußte, ich war in die Gemeinschaft aufgenommen. Alles ging mühelos und fast wie von allein, ich konnte es kaum glauben. Die »Oberschule für Jungen« war die einzige höhere Lehranstalt am Platze. Da es nur wenige Schüler gab, lohnte sich eine zweite nicht. Infolgedessen lernten Jungen und Mädchen gemeinsam. Je höher die Schüler aufstiegen, desto mehr lichteten sich die Reihen. Die sechs der Abiturklasse thronten im dritten Stock wie die Götter im Olymp. Odysseus gleich, hatten sie alle Abenteuer und Gefahren der Reise durch die Schule glücklich gemeistert, die mir noch bevorstanden, und ich bewunderte sie sehr. Aber ich faßte Mut. Mit dieser Klassenmannschaft würde es auch mir gelingen, den Gefahren zu trotzen.

Das Schulhaus mit seinen bequemen, knarrenden Holztreppen, seinen sonnigen Räumen und seiner ganzen gemütlich-intimen Atmosphäre flößte mir Vertrauen ein. Es war wie ein erprobtes altes Schiff, das vielen Stürmen widerstanden und in unerschütterlicher Ruhe seine Besatzung in den Hafen verfrachtet hatte. Mit jedem Tag gewann ich es lieber – und den Direktor auch. Er benutzte das Katheder nur, wenn es unbedingt nötig war, bei der Prüfung des Klassenbuchs oder der Durchsicht von Heften und wenn er sich Notizen machte. Im allgemeinen setzte er sich nach der Begrüßung auf eines der vorderen Pulte, stützte das eine Bein auf die Sitzbank und ließ das andere lässig baumeln. Dann holte er ein Buch aus seiner Jackentasche und begann daraus vorzulesen. Anfangs wunderte ich mich, daß dies Unterricht sein sollte, einfach so dasitzen und seiner Erzählung lauschen. Mit der Zeit nahm ich es als selbstverständlich hin, doch meine Begeisterung blieb bestehen. Während des Vorlesens erschienen in meiner Vorstellung Landschaften, Häuser und Plätze, und Leute begannen darin herumzugehen, die sich jeder in seiner besonderen Art und mit der seinem Charakter entsprechenden Gestalt bewegten. Ich überlegte, warum die Menschen sich so verhielten, wie es im Buch von ihnen geschrieben stand. Darum fiel es mir nicht schwer zu antworten, als der Direktor das Buch zuschlug und nach unserer Meinung zu dem Gelesenen fragte. Im Gegenteil, es freute mich, meine Meinung mitteilen zu dürfen, da es nicht oft geschah, daß jemand sich dafür interessierte.

Um so verwunderter war ich, als ich bemerkte, daß manche Schüler gelangweilt dreinschauten oder auf die Fragen des Direktors nur stockend oder gar nicht reagierten. Einer der aufgerufenen Jungen lehnte so schlafmützig in der Bank, daß man glauben konnte, er würde gleich umfallen. Plötzlich brüllte der Direktor unvermutet los: »Napoleon, wach auf! Die Sonne von Austerlitz leuchtet dir.« Da wäre der Junge vor Schreck nun tatsächlich beinahe umgefallen, und die ganze Klasse lachte.

Nach und nach lernte ich alle Spitznamen kennen, die der Direktor für die Schüler erfunden hatte. Mir fiel auf, daß sie alle eine ironische Pointe enthielten, die einen bestimmten Charakterzug karikierte, indem sie ihn ins Gegenteil verkehrte. Doch sie waren nie verletzend. Gottfried, ein sanfter, nachdenklicher Junge, hieß »Götz mit der eisernen Faust«. »Napoleon« war von Natur ein dösiger Typ, der leicht in Geistesabwesenheit verfiel, »Pippin der Kurze« ein großer, bulliger Schläger, der die ganze Klasse in Schach hielt, »Tacitus« ein lustiger Schwätzer und »Paganini« ein blonder, unkomplizierter und gänzlich undämonischer Junge, dessen ungenutzt sprudelnde Musikalität dem Direktor aufgefallen war, woraufhin er ihm eine seiner Geigen geliehen und begonnen hatte, ihm Unterricht zu geben.

Die Mädchen blieben von Spitznamen verschont, und das fand ich schade; ich hätte gerne einen erhalten. Ein Spitzname zeigt, wie man von seiner Umwelt empfunden wird, und da ich mich selbst kaum kannte, hätte ich auf diese Weise etwas über mich erfahren können. Die Eltern zu befragen, war zwecklos. Sie hielten das Interesse an der eigenen Person für ein Zeichen unzulässiger Eitelkeit.

Manchmal, wenn ich nachts im Bett lag und alles um mich ganz still war, fragte ich mich, wer ich wohl sei. Ich streckte mich im Bett aus, schloß die Augen und begab mich auf die Suche nach mir in mein Inneres. Aber jedesmal war es so, als ginge ich durch einen endlos langen Tunnel, und es ergriff mich plötzlich die Angst, daß er zu einem Abgrund führen könnte, in dem das Nichts auf mich wartete. So kehrte ich schleunigst in die mir vertraute Welt zurück. Mir war aber klar, daß auch die mir bekannte Welt nur einen winzigen Ausschnitt dessen darstellte, was existierte. Mutter zitierte gern: »Es gibt Dinge zwischen Himmel und Erde, von denen unsere Schulweisheit sich nichts träumen läßt.« Ich erfaßte ja nicht einmal diesen kleinen Ausschnitt, selbst der barg so viel Unbekanntes! Dennoch begriff ich, daß, wollte ich die Geheimnisse der Welt enträtseln und den Sinn des Lebens finden, ich unbedingt mich selber entdecken mußte; denn dort, wo meine Identität verborgen war, dort war der Mittelpunkt der Welt.

Zu den Zahlen konnte ich, so sehr ich mich um sie bemühte, weiterhin kein Verhältnis entwickeln; und nun gab es außer Algebra auch noch Geometrie. All die vielen merkwürdigen Formen, »Darstellungen von ebenen und räumlichen Gebilden«, wie es von ihnen im Schulbuch hieß, Ellipsen, Rhomben, Trapeze, Kegel, Zylinder und so fort erschienen mir geradezu exotisch. Daher wollte es mir nicht einleuchten, warum es so wichtig sein sollte, daß mir ihr Flächeninhalt und ihre sonstigen Eigenschaften bekannt wären. Auch gelang es mir nicht, mir diese künstlichen Formen und ihr Verhalten im Raum vorzustellen. Dies überforderte meine Fähigkeiten.

Vater war stolz, als er hörte, ich würde nun den Pythagoras lernen. Ich sah den Gelehrten vor mir, wie er vor dem Panorama der griechischen Berge, vom Eukalyptusduft umgeben, in der hellen Sonne saß. Sandalen an den Füßen, mit einer weißen Tunika bekleidet, lehnte er den Rücken an eine zierliche Säule mit blumengeschmücktem Kapitel und ließ seine Gedanken sich an der Ordnung der Zahlenwelt erfreuen. Warum jedoch seine Entdeckung, daß in einem rechtwinkligen Dreieck die Summe der Quadrate über den Katheten gleich dem Hypothenusenquadrat ist, auch für mich so bedeutungsvoll sein sollte, begriff ich nicht. Mir gefiel lediglich der Lehrsatz, weil er sich so großartig und so wissenschaftlich anhörte. Glücklicherweise war der Mathematiklehrer ein freundlicher älterer Herr. Einmal, als ich ihn, über mich selbst verzweifelt, verstört ansah, meinte er begütigend, ein Kind, das so gute Deutschaufsätze schreibe, könne schließlich nicht ganz dumm sein. Das freute mich, aber ein schlechtes Gewissen hatte ich doch.

Wie in Danzig die Motlau, so durchquerte hier die Drewenz die Stadt. Mir schien es, als sei die Danziger Motlau breiter und gewichtiger dahergekommen als dieses Flüßchen, das ziemlich flach und eher spielerisch am Ufer entlanghüpfte. Aber in der Schule erzählte mir Paganini, daß kurz vor meiner Ankunft ein Junge in der Drewenz ertrunken sei. Die Strömung habe ihn mitgerissen. Das wunderte mich um so mehr, als mir gesagt wurde, der Junge sei ein Hitlerjunge gewesen. Mitglieder dieser Gemeinschaft hatten zäh und flink zu sein. Ein solch läppischer Unfall paßte nicht zu diesem Bild und war, wie ich fand, dem Nimbus der HJ abträglich. Immer wurde uns doch nahegelegt, daß wir heldenhaft untergehen sollten. Der Ertrunkene war in seiner Uniform aufgebahrt worden, und alle ebenfalls uniformierten Kameraden hatten ihm die Totenwache gehalten. Ich stellte mir das zwar feierlich, aber doch auch gruselig vor, und Paganini gestand mir, daß er sich tatsächlich gegrault habe. Immerhin sei der Tote eine Wasserleiche gewesen, und er habe auch schon befremdlich gerochen. Als die Fliege, die Paganini kurz vorher auf den bläulichen Lippen des Aufgebahrten hatte krabbeln sehen, sich ihm selbst auf die Nase setzte, habe er sich verdammt zusammenreißen müssen, um nicht die Fassung zu verlieren. Ich solle froh sein, daß dies vor meiner Ankunft passiert war. Mir lief es kalt über den Rücken. Trotzdem wagte ich zu erklären, daß ich keinen Heldentod darin erblicken könne, wenn jemand sich in einem solch harmlosen Wasser nicht zu helfen wisse. Das ärgerte meinen Gesprächspartner, und gereizt fragte er, ob ich denn etwa so gut schwimmen könne. Daraufhin erwiderte ich: »Also, weißt du, ich würde sicherlich nicht in der Drewenz ertrinken, das kannst du mir glauben.« Er blickte sehr skeptisch und nicht mehr wohlwollend drein, und ich merkte, wie er sich von mir zurückzog. Vielleicht gereute es ihn, so schnell mit mir Freundschaft geschlossen zu haben, und er besann sich darauf, daß ich ein Mädchen und in der Welt der Jungen eigentlich ein Fremdling war. Als Paganini herausfordernd sagte: »Gut, wenn du so fabelhaft bist, dann beweise es«, klang es eher abweisend als gewinnend.

In meinen Büchern hatte ich schon von Mutproben gelesen, die abgelegt werden mußten, um sich einer Freundschaft würdig zu erweisen. Ich vermutete, daß es sich hier um eine solche handelte. Darum war ich auch nicht erstaunt, als am Ende der großen Hofpause einige Jungen auf mich zutraten und mich fragten, ob ich es schaffen würde, den Stadtsee zu durchschwimmen. Nun, diese Art Mutprobe würde ich wahrscheinlich bestehen können. Fabelhaft war ich zwar nicht, aber mit dem Wasser war ich vertraut. Meine pommerschen Cousinen hatten mir gezeigt, wie gut es trägt und wie einfach es ist, sich auf seiner Oberfläche auszuruhen. So groß wie die Ostsee konnte der See schließlich nicht sein, und so sagte ich entschlossen: »Ich glaube schon, daß mir das gelingen wird.« Diese Äußerung trug mir spöttische Blicke ein, aber der Termin wurde sofort festgelegt und die Bedingungen auch. Zwei Jungen, die besten Schwimmer, sollten mich begleiten, die übrigen das Ufer bewachen.

Der Stadtsee lag ein ganzes Stück außerhalb der Stadt, und

ich mußte ziemlich lange gehen, bis ich ihn endlich erreichte. Er sah freundlich und einladend aus mit überschaubaren Ufern und bot keinen Grund zur Besorgnis. Vom Laufen war ich so durstig und heiß geworden, daß ich mich auf das Bad freute. Gerade, als ich meinen Badeanzug übergestreift hatte, erschienen die Jungen auf ihren klappernden Fahrrädern. Gemeinsam gingen wir zu einer kleinen Bucht, deren Sand so hell war wie der Strand der Ostsee. Das Wasser breitete sich vollkommen ruhig vor uns aus. Keine noch so kleine Welle lief mir zur Begrüßung entgegen. Als ich hineinging, konnte ich auf dem klaren Grund meine Füße sehen, und als ich prustend untertauchte, geriet Wasser in meinen Mund. Drollig, es schmeckte wie aus der Leitung. Wasser bedeutete halt nicht einfach Wasser. Nicht nur war die Ostsee größer, sie schmeckte anders, sie roch anders, ihre Tiefen waren viel geheimnisvoller, und kein noch so großer Wald wäre imstande gewesen, sie zu umfangen. Nun war sie weit fort, und Sehnsucht nach ihr ergriff mich. Hier verdümpelte das Wasser im Schilf, und der Wald verstellte den Horizont. Doch während ich langsam und bedächtig immer weiter schwamm, sah ich Libellen mit ihren leuchtenden Engelsflügeln übers Wasser schwirren und hörte den Kuckuck mit lockendem Kehlton rufen. Die Sonne lag wie ein Film aus goldfarbenem Öl auf dem Wasser. Ich zerteilte ihn behutsam mit meinen Armen. Es war doch schön hier und machte Spaß, so dahinzuschwimmen. Ab und zu drehte ich mich auf den Rücken, ruhte mich aus und sah in den Himmel. Meine Begleiter hatte ich vergessen. Als ich mich umwandte, merkte ich, daß sie nicht mehr da waren. Ich suchte sie mit den Augen und entdeckte ihre Köpfe in der Nähe des Ufers, von dem wir losgeschwommen waren. Einen Augenblick lang überlegte ich, was ich tun sollte. Von dort, wo ich mich befand, war das gegenüberliegende Ufer bereits viel näher. Also schwamm ich weiter darauf zu. Es dauerte ein Weilchen, bis ich mit den Zehen den Boden ertasten, mich aufrichten und ans Ufer waten konnte. Auf dieser Seite reichte die Wiese bis ans Wasser heran. Ich schüttelte die Tropfen ab und setzte mich in das warme Gras. Dösigkeit wiegte meine Gedanken ein, so daß ich mich nicht fragte, ob meine Klassenkameraden mich finden würden.

Zuerst erreichte mich der Laut ihrer Stimmen, dann hörte ich das Klappern ihrer Räder, und kurz darauf trafen sie, trokken und angekleidet, bei mir ein. Auf ihren Gepäckträgern brachten sie meine Sachen mit. Gesagt wurde nicht viel, aber ich wußte, daß ich angenommen war; denn bei der Rückfahrt durfte ich hinten auf Paganinis Gepäckträger sitzen. Ich fühlte, daß er sich nun traute, mein Spielkamerad zu sein.

Mein Leben gestaltete sich hier völlig anders, als es in Danzig gewesen war. Dort hatten meine Schwester und ich, von Grete und Gertrud bewacht, in dem geräumigen, geheimnisvollen Haus und hinter den hohen Gartenmauern verborgen und isoliert gelebt. Die Wege, die wir allein in der Stadt gingen, führten immer schnurstracks dorthin zurück. Viele Straßen und Viertel waren uns nur flüchtig oder gar nicht bekannt. Strasburg lag, von Feldern und Wiesen umgeben, wie ein Stilleben auf einem Teller in der Ebene. Kaum konnte es sich des Grüns erwehren, das von außen hereindrängte und in vielen Gärten ausgiebig wucherte. Es war so klein, daß ich alles schnell auskundschaften und in Besitz nehmen konnte. Anfangs hielt Mutter noch an ihrer Überzeugung fest, daß ein Kind aus gutem Hause keineswegs unbeaufsichtigt nach draußen gehöre. Mit der Zeit legte sie diesen Grundsatz jedoch weniger streng aus. Sie sah ein, daß die Regeln, die für eine große Stadt gültig waren, hier nur bedingt paßten. Wir spielten ja nicht auf der Straße, sondern in den Wiesen, die die Drewenz umgaben, sozusagen auf dem Lande. Mutter beruhigte sich mit dem Argument, daß das Leben in der freien Natur für Kinder sehr bekömmlich sei. Im übrigen wäre es unmöglich gewesen, andere Kinder zum Spielen in die zwei Zimmer bei Frau Balzerowitsch einzuladen. Frau Balzerowitsch hätte es nicht geduldet, und es war außerdem bei ihr zu scheußlich.

Daß wir unsere Bleibe mit etlichen Nagetieren teilten, hatte Mutter mit Bitternis zur Kenntnis genommen, als sie eines Tages einen feinen und sehr edlen Wollstoff, den sie aus Friedenszeiten herübergerettet hatte, entfaltete und darin in jedem Quadrat das gleiche Nageloch vorfand. Vater hatte, um sich von der öden Umgebung abzulenken, ein riesiges lackschwarzes Akkordeon gekauft. Bald verstand er damit umzugehen und spielte uns Abend für Abend das Lied vom goldenen Abendstern aus einer Wagneroper und das Lied von den Bändern vor, die den Hut des fortziehenden Soldaten schmücken. Vater dehnte die Note, auf welcher der Hut zu singen war, so lang, daß ich die Bänder flattern sah. Um Frau Balzerowitsch zu ärgern, ließen wir die Bänder ständig ausgiebiger und wilder wehen und brachen zum Schluß in unbezähmbares Gelächter aus.

Doch ach, die Gereiztheit nahm in dem häßlichen Käfig ständig zu. Einmal gelang es mir nicht mehr, die Bemerkung zurückzuhalten, von der ich wußte, daß Mutter sie als frech und strafenswürdig empfinden würde. Obwohl mir die Angst vor der sicheren Strafe sofort heiß über den Rücken lief, rutschte das freche Wort heraus und stand so bedrohlich im Raum wie jener aus der Flasche entschlüpfte Geist, der sich riesenhaft vergrößerte und den man auch nicht wieder zurückholen konnte. Vor Entsetzen brachte ich kein Wort hervor. Es hätte auch nichts genützt. Mutter wollte die Abbitte gar nicht annehmen, sie bestand auf Strafe. Ich begriff nicht, warum; ich hatte sie doch über alle Maßen lieb und wollte sie nicht kränken. Warum spürte sie das nicht? Vaters Schläge prasselten hart und gezielt auf mich hernieder. Meine Wangen und Ohren wurden heiß und rot, alles tat mir weh. Glaubten die Eltern, ich wäre ein Stück Holz, das zurechtgehauen werden mußte, oder ahnten sie vielleicht doch, was ich empfand und wie unglücklich ich war, und hatten dennoch ganz bewußt, und um mich zu strafen, mein Unglück beschlossen? Die goldene Brücke der Zärtlichkeit war zerbrochen. Ich fühlte mich häßlich und entehrt und wieder einmal ganz verlassen. Meine Tränen flossen unaufhörlich. Es war mir nicht möglich, sie zurückzuhalten. Gern hätte ich den Eltern mit stolzer Entschlossenheit erklärt, daß ich fortgehen und für mich selber sorgen würde. Doch ich wußte, daß ich dazu gar nicht fähig war.

Die einzige Rettung aus diesem hoffnungslosen Dilemma bestand in der Vorstellung, daß ich vor Kummer sterben würde. Kalt, weiß und tränenlos und für alles nunmehr unerreichbar, würde ich im Sarge liegen, von tauigen Blumen umgeben. Nun, da es zu spät war, würden meine Eltern endlich erkennen, was sie an mir gehabt hatten und wie grausam es von ihnen gewesen war, mich zu töten. Alsdann würden sie ihrerseits vor Schmerz und Reue weinen. Diese ergreifende Vorstellung gab mir mein Selbstbewußtsein zurück. Ich war nicht erniedrigt, sondern nur verkannt. Großmut strömte in mein Herz, und ich beschloß, meinen Peinigern zu vergeben.

19

Urplötzlich war der Tag da, an dem wir das häßliche muffige Haus endgültig verließen. Die Eltern hatten eine passende Wohnung gefunden, sie renovieren lassen, und unsere Möbel waren aus Danzig eingetroffen und warteten auf dem Bahnhof. Das wußte Frau Balzerowitsch, bevor wir es erfuhren. Grete erzählte, daß wir in Frau Balzerowitschs Achtung gestiegen seien, seit sie sich davon überzeugt habe, daß unsere Möbel tatsächlich uns gehörten und nicht ihren polnischen Landsleuten weggenommen waren. Ich fragte Mutter, ob Deutsche den Polen etwa die Möbel klauten. Mutter antwortete kurz und trocken: »Ja, und nicht nur die Möbel.« Ihr Ton war so, daß er mich nicht ermutigte, weiter und nach dem Grund zu fragen. Frau Balzerowitsch und ihr tückischer Dackel entschwanden mit dem Tag des Umzugs ohnehin aus unserem Leben.

Wir bezogen eine Etagenwohnung im ersten Stock eines Eckhauses. Ein Teil der Fenster blickte auf die Straße, der andere auf die Drewenz und die Brücke, die darüber führte. Diese Wohnung glich der Danziger überhaupt nicht, und ich fand, daß sich selbst die vertrauten Möbel in dieser neuen Umgebung erst einleben mußten, bevor sie eine Atmosphäre von Zuhause und Geborgenheit verbreiten konnten. So, wie sich im Danziger Haus die Ebenen übereinander gestapelt hatten und alles geheimnisvoll unübersichtlich gewesen war, so bot sich hier alles leicht überschaubar in einer großzügigen Zimmerflucht auf einer einzigen Ebene dar. Sogar die Küche befand sich auf gleicher Etage. Das besondere an ihr war, daß man vom Hof her durch einen separaten Eingang und über eine hölzerne Wendeltreppe hineingelangen konnte. Dieser Eingang war das einzige, was ein wenig an die Danziger Unterwelt erinnerte, und deswegen benutzten meine Schwester und ich ihn ständig. Selten betraten wir die Wohnung durch den Haupteingang im Treppenhaus.

In den Zimmern war es hell, denn die Sonne lief vom Morgen bis zum Abend um die Fensterfront herum. Ich erhielt ein Eckzimmer und hatte so die Straße, die Brücke und die Drewenz unter Kontrolle, fast wie jene Prinzessin im Märchen, die von den Fenstern ihres Schlosses aus alles beobachten konnte, was auf der Welt vorging.

Unmittelbar an den kopfsteingepflasterten Hof schloß sich ein Garten an, und er gehörte uns. Mir erschien er wie das Paradies. Ich brauchte nur eine Tür in einem hohen Bretterzaun zu öffnen, und schon umschloß mich eine grüne Wildnis. Darin wuchsen ungezügelt Gras, Blumen, Büsche und knorrige Obstbäume, die den grünen, hellen Geruch feuchten Holzes ausströmten, der in der Nase prickelt. Der Garten fiel in einer grasbewachsenen Uferböschung so sanft zur Drewenz hin ab, daß ich bequem darauf sitzen und die Füße ins Wasser baumeln lassen konnte.

An einem dieser farblosen, gleißenden Sommertage, an denen die Landschaft ihre Konturen verliert und es so aussieht, als wollte sie sich im Licht auflösen, nahm Mutter mich in das Krankenhaus am Stadtrand mit. Kurz nachdem sie uns beim Pförtner angemeldet hatte, trat ein junger Mann in weißem Arztkittel heraus. Mutter stellte ihn mir als den Sohn ihrer einzigen Cousine vor, die in sehr jungen Jahren und gegen den Willen ihrer Eltern einen polnischen Herrn geheiratet hatte und mit ihm davongelaufen war. Ihre Geschichte klang wie ein trauriges Lied; denn sie war kurz nach der Geburt ihres ersten Kindes gestorben. Wie der junge Mann so hell und blondhaarig in der Sonne stand, mußte ich an Mutter Gretchens Enkel denken. Aber während jener mit der Sonne geleuchtet hatte, schien dieser in der Sonne zu zerfließen. Sein Gesicht wollte sich mir nicht einprägen. Ich freute mich aber, daß er so etwas wie ein Cousin sein sollte, obwohl er, während er sich freundlich um uns bemühte, den Eindruck erweckte, als seien seine Gedanken nicht wirklich bei uns. Seit langem wünschte ich mir einen großen Bruder. Da ich den nicht haben konnte, war mir ein großer Cousin sehr willkommen. Doch merkwürdig, Mutter erwähnte diesen Cousin nicht wieder, und ich wartete vergebens auf einen zweiten Besuch im Krankenhaus. Es war, als hätte er nicht wirklich existiert und als wäre er nichts weiter als ein Traum bis zu dem Tag, als Mutter mich erneut aufforderte, sie zu begleiten.

Diesmal gingen wir zu einem Haus am Marktplatz und klingelten an einer Eingangstür. Ein Herr öffnete und bat uns herein. Mutter stellte mich vor und erklärte mir, daß dies der Vater des jungen Arztes sei, den wir im Krankenhaus besucht hatten. Die seltsame Liebesgeschichte von Mutters Cousine fiel mir wieder ein. Vor mir stand jener polnische Herr, um dessentwillen die junge Cousine alles verlassen hatte. Ich konnte es nicht glauben. Er glich in nichts einem romantischen Helden, sondern war rundlich und glatzköpfig und ein wenig zu devot. Jedenfalls behandelte er Mutter mit derart übertriebener Höflichkeit, daß ich befürchtete, er sei nicht ganz aufrichtig.

Im Zimmer war es schwül und beinahe düster. Schwere Vorhänge sperrten den Sommertag so entschlossen aus, als wäre er ein Feind. An der Wand brannte ein Öllämpchen mit rötlichem Schein und beleuchtete eine Anzahl von Heiligenbildern. Eine dunkelhaarige Frau erhob sich von ihrem Sessel. Ihr Gesicht war weißlich und ausdruckslos wie die Gesichter der Heiligen auf den Bildern. Sie reichte mir eine schlaffe Hand zur Begrüßung, aber ich hatte den Eindruck, daß sie mich gar nicht bewußt zur Kenntnis nahm.

Mir war nicht geheuer zumute. Ich mußte an einen Vorfall in Danzig denken. Eine Klassenkameradin, die ich nur wenig kannte, hatte mir auf dem Heimweg von einem Schulausflug, während wir an einer kleinen Kirche vorbeigingen, erzählt, sie sei Katholikin. Es gab davon nicht allzu viele bei uns, und ich fand, daß schon das Wort sehr fremdartig klang. Als Elisabeth merkte, wie beeindruckt ich von dieser Erklärung war, verkündete sie mit wichtigtuerischer Miene, wer nicht katholisch sei, der dürfe eine katholische Kirche nicht betreten. Zugleich stieß sie jedoch eine Tür der Kapelle so weit auf, daß ich durch den Spalt in das Innere spähen konnte. In dem rötlichen Licht eines reich geschmückten Raumes sah ich Menschen still in Andacht versunken, und ein süßlicher und zugleich beißender Geruch wehte mit dem Luftzug in meine Nase. Augenblicklich riß Elisabeth mich zurück und stieß die Tür mit Nachdruck zu. Ich schämte mich, Menschen heimlich belauscht zu haben. Nun fühlte ich mich in einer ähnlichen Lage. Ich gab mir keine Mühe, etwas von dem leisen Gespräch aufzuschnappen, das Mutter mit dem Herrn und der Dame führte, und war heilfroh, als wir die bedrückende Umgebung verließen.

Auf der Straße bemerkte Mutter nur kurz, die Dame sei die Stiefmutter des Cousins und eine Polin. Das hatte ich mir schon gedacht. Da sie nur schlecht Deutsch sprechen konnte, sei die Verständigung mit ihr etwas mühselig gewesen. Ich hatte keine Lust, noch mehr zu hören, aber Mutter fügte hinzu, daß der Vater sie gebeten habe, ihr bei der Suche nach seinem Sohn behilflich zu sein; denn er sei spurlos verschwunden. Die Eltern vermuteten, man habe ihn dabei erwischt, wie er Brieftauben fliegen ließ. »Ist es denn verboten, Brieftauben fliegen zu lassen?« Mutter antwortete: »Im Grunde nicht, aber im Krieg könnte es falsch aufgefaßt werden, so, als wolle man dem Feind eine geheime Botschaft zukommen lassen. Doch es handelt sich gewiß nur um ein Mißverständnis.« Obwohl ich mich fragte, wer mit »man« gemeint war, gab ich mich zufrieden.

Es dauerte aber nicht lange, da weckte Mutter mich sehr früh am Morgen, half mir beim Ankleiden und nahm mich mit zum Bahnhof. Unterwegs erklärte sie mir, wir würden nach

Graudenz fahren. Im Zug unterhielten wir uns über andere Dinge, und so erfuhr ich den Grund für unsere Reise nicht. Gleich nach der Ankunft in Graudenz begaben wir uns zu einem Gebäude, das von außen einen sehr nüchternen Eindruck machte. Mutter beruhigte mich mit dem Hinweis, es sei eine Art Behörde, und die seien nun mal nicht lustig. Kaum hatten wir das Haus jedoch betreten, da packte mich bereits das Verlangen, es schleunigst wieder zu verlassen; denn zum ersten Mal seit jenem schrecklichen, unerwarteten Besuch in Danzig sah ich die Männer in den schwarzen Uniformen wieder. Ich erschrak furchtbar und wollte mich fester an die Hand meiner Mutter klammern; da spürte ich, daß sie sich bereits an meine geklammert hatte.

Jemand geleitete uns über Treppen und Gänge in ein Zimmer, in dem einer der schwarz Uniformierten an einem Schreibtisch saß. Als er uns erblickte, schnellte er augenblicklich von seinem Sitz empor, begrüßte Mutter, forderte sie sehr höflich auf, Platz zu nehmen, und setzte sich erst wieder, nachdem sie sich gesetzt hatte. Eine Weile sprachen die beiden miteinander, aber ich war zu verwirrt, um zu begreifen, worüber sie sich unterhielten, bis mir auffiel, daß der Tonfall sich änderte. Das Gespräch ging seinem Ende entgegen. Der schwarz Uniformierte erhob sich ebenso höflich wie am Anfang. Er sagte: »Gnädige Frau, Sie haben zwei Kinder. Ich rate Ihnen sehr dringend, sich um die korrekte Erziehung Ihrer Kinder und um nichts sonst zu kümmern, was nicht zu Ihren ureigenen Angelegenheiten gehört. Das liegt durchaus in Ihrem persönlichen Interesse.« Mutter verstummte tatsächlich, und der Cousin blieb verschollen. Einmal hörte ich Mutter zu Vater sagen, sie ahne, was mit ihm geschehen sei. Ich aber wollte es nicht wissen und nicht an ihn denken, denn mit dem Gedanken an ihn riskierte ich, auf etwas Beängstigendes zu stoßen, das sich hinter dem Umkreis der bekannten Welt im Ungewissen verbarg.

20

Selbstverständlich hatte Vater sich, noch bevor der Flügel in der neuen Wohnung aufgestellt war, nach einer Klavierlehrerin für mich umgesehen und sie auch gefunden. Sie hieß Fräulein Specht und gehörte zu jenen deutschen Familien, die im Land geblieben waren, als es nach dem Ersten Weltkrieg an Polen fiel. Ich mußte an Fräulein Waldersee in Danzig denken und trat den Weg zu meiner ersten Klavierstunde mit Besorgnis an, doch es ereignete sich ein ähnliches Wunder wie an meinem ersten Schultag. Fräulein Specht trat auf mich zu, und ich mochte sie. Ich mochte sie so gern, daß ich mich immer auf die Klavierstunde freute, selbst dann, wenn ich nicht geübt hatte. Niemals wäre sie auf den Gedanken gekommen, ein Kind zu schlagen, und ich konnte auch kein Lineal bei ihr entdecken.

Grete hatte mir erklärt, was die Bezeichnung »alte Jungfer« bedeutete, und mir auch gezeigt, wer unter unseren Bekannten dazuzurechnen sei. Mutter hatte eine Freundin, die sich ihre ergrauenden Haare nachtschwarz färbte, romantische Arien mit Tremolo sang, über andere die Nase rümpfte und – wie Grete behauptete – so total verschroben war, daß kein Mann es mit ihr aushalten konnte. Vielleicht war auch Fräulein Specht als alte Jungfer zu bezeichnen.

Ich mußte zugeben, daß sie als etwas verschroben, bestimmt aber als ziemlich eigenwillig gelten konnte, und sie rümpfte auch über einiges die Nase. Einen Mann hatte sie nie gehabt, und es hätte, fand ich, auch nicht zu ihr gepaßt, verheiratet zu sein. Äußerlich wirkte sie wie eine englische Erzieherin. Sie war groß und sehr schlank und hatte keinen Busen, dafür aber Witz. Wie ein Rohrspatz schimpfte sie über alles, was ihr nicht paßte, aber sie tat es so, daß ich lachen mußte, und mein Lachen störte sie nicht im geringsten. Obwohl sie ihren eigenen Kopf hatte, ließ sie mit sich reden. Allerdings gelang es mir so gut wie nie, sie von etwas zu überzeugen, was sie nicht für richtig fand. Sie blieb bei ihrem »Quatsch ist das, Quatsch mit Soße«, aber mir billigte sie eine eigene Meinung zu.

Ich hatte sehr schnell erfaßt, daß sie Mozart über alles verehrte. Ihre Sprödigkeit erlaubte ihr nicht, sich darüber zu äußern, sie kehrte ihre Liebe nach innen. Wenn sie mir ein Stück von ihm zu üben aufgab, wählte sie es sorgfältig aus und kontrollierte jede Nuance. Als ich an einer Stelle einmal zu laut anschlug, schrie sie mich an: »Du, der Mensch heißt Mozart, Mo-ZART und nicht Mo-PFERD!«

Manchmal öffnete sich während des Unterrichts die Tür, und eine zierliche alte Dame schlüpfte herein. Meist blieb sie nur einen Augenblick, aber sie ließ einen Hauch von Zärtlichkeit im Zimmer zurück wie den Duft eines Parfums. Das verlieh der kleinen Wohnung etwas besonders Anziehendes. Sobald ihre Mutter anwesend war, verlor Fräulein Spechts Stimme alle scharfen Kanten und wurde weich.

Einmal, als ich aus Versehen zu früh zum Unterricht erschienen war, öffnete mir die alte Dame die Tür, legte den Finger auf die Lippen und geleitete mich in einen Raum neben dem Unterrichtszimmer. Die Tür stand offen, und die alte Frau Specht flüsterte mir zu, ich solle ruhig ein bißchen zuhören. Das hätte sie mir nicht zu sagen brauchen. Ich war von der Musik, die vom Klavier kam, sofort eingefangen. Ich überließ mich ganz den Tönen. Wie immer, wenn ich Mozart hörte, tat sich ein weiter Raum vor mir auf, und Licht strömte herein. Bezwingend und bezaubernd erklang eine intelligente, beschwingte Ordnung, deren Gesetz Anmut, deren Folgerichtigkeit Harmonie und deren Ziel Freude war. Ich wurde von dieser Freude so ergriffen, daß ich am liebsten aufgesprungen wäre, um alle Anwesenden zu umarmen. Weil ich das nicht konnte, blieb ich regungslos sitzen und lauschte.

Erst als die Musik zu Ende war, sah ich das Mädchen, das gespielt hatte. Es war mindestens drei Jahre älter als ich, groß und schlank, mit einem dicken blonden Zopf im Nacken. Ich verstand nicht, was es zu Fräulein Specht sagte; denn sie sprachen polnisch miteinander. Dann wandte sich das Mädchen mir zu, und Fräulein Specht stellte uns einander vor. Sie nannte meinen Namen und erklärte mir dann: »Das ist Barbara, genannt Bascha.« Bascha reichte mir die Hand und ging.

Wahrscheinlich hatte Fräulein Specht bemerkt, wie beeindruckt ich war. Ich wagte jedoch nicht, sie nach Bascha zu fragen, weil ich nicht wußte, ob es ihr recht wäre. Vielleicht war es ihr als Deutsche verboten, ein polnisches Kind zu unterrichten. Mit der Zeit hatte ich meine Unbefangenheit verloren und war vorsichtig geworden. Als Fräulein Specht mich bat, meine Klavierstunde umlegen zu dürfen, dachte ich mir nichts dabei und bejahte. Nun geschah es häufig, daß Bascha noch spielte, wenn ich zum Unterricht erschien, und ich fragte mich, ob Fräulein Specht dies beabsichtigt hatte.

Einmal aber war es umgekehrt, ich spielte, als Bascha eintrat. Ich fand es furchtbar peinlich, Bascha mein Gestümper hören zu lassen. Fräulein Specht beendete den Unterricht etwas früher als gewöhnlich und fragte mich, ob ich Lust hätte, dazubleiben und Bascha ein Weilchen zuzuhören. Und ob ich Lust hatte! Wie traumhaft mußte es sein, so spielen zu können. Diesmal sah Bascha mich viel freundlicher an als bei unserer ersten Begegnung. Sie fragte mich sogar, ob ich ein Stück des Heimwegs mit ihr gemeinsam gehen wolle. Wir sprachen nicht viel; denn ich traute mich kaum, sie anzureden, und sie war nicht mitteilsam. Ich bewunderte sie nur stillschweigend. Alles an ihr wirkte ausgewogen und edel. Sie ging sehr aufrecht und bewegte den Kopf mit dem dicken blonden Zopf auf eine graziöse, ruhige Weise. Trotz ihrer wohlerzogenen Liebenswürdigkeit fühlte ich ihre Zurückhaltung, und ich spürte, ohne daß sie es zu sagen brauchte, wie sehr sie in ihrer leisen Welt von der lauten, auftrumpfenden Art der jetzt dort lebenden Deutschen verletzt sein mußte.

Der Herbst kam heran. Zuerst ließen die Birken graziös und spielerisch goldbraune Gewänder um sich flattern, schließlich aber sah es so aus, als hielten sie das wenige, was der Wind ihnen davon übriggelassen hatte, ängstlich fest aus Furcht, ganz nackt dazustehen. Eines Tages aber hatten sie das nicht mehr nötig; sie waren vom Reif und vom Schnee zu einem Gewirr von glitzernden weißen, in anmutiger Bewegung erstarrten Bögen verwandelt worden.

In der neuen Wohnung duftete es noch stärker nach Weihnachten als im Danziger Haus; denn die Düfte hatten es hier leichter, von der Küche aus verbreiteten sie sich durch sämtliche Räume. Grete stand wie gewöhnlich in ihrer weißen Schürze vor den vielen Schüsseln und mischte leckere Backzutaten. An Mutters Kleiderschrank fehlte seit geraumer Zeit der Schlüssel. Er lag versteckt, damit niemand den Schrank aufschließen konnte, auch Grete und Vater nicht. Danzig aber war zur Weihnachtszeit eindrucksvoller gewesen. Dort hatte Weihnachten die ganze Stadt aufstrahlen lassen. Von allen Türmen hatten Trompeten und Posaunen das heilige Fest verkündet. In Strasburg kam es mir vor, als würde es nur drinnen gefeiert. Die Schule war geschlossen, die Klassenkameraden bei ihren Familien verschwunden, die Türen zu.

Am Abend vor Heiligabend überraschten die Eltern mich mit der Nachricht, daß wir abends zur Bahn fahren würden, um die pommersche Verwandtschaft, die jetzt die »Berliner« hießen, abzuholen. Zwar war mit meinen Cousinen, die jetzt zu jungen Damen herangewachsen waren, nicht viel anzufangen. Sie wollten in Ruhe gelassen werden, lange schlafen und viel lesen, aber ich freute mich dennoch sehr. Sie würden Glanz über das Fest breiten, und außerdem war es immer aufregend, Besuch zu haben. Ich mochte es sehr gern, wenn alle beisammensaßen, und die Großmutter und die Tante ihre pommerschen Geschichten erzählten, die meist so komisch klangen, daß sich alle vor Lachen bogen. Unsere Familie, fand ich, war die witzigste, interessanteste und ungewöhnlichste auf der ganzen Welt.

Als wir im Dunkeln auf dem Bahnhof standen, war es klirrend kalt. Der Schnee funkelte im weißen Schein der Bogenlampen so eisig, daß es aussah, als schlügen kleine, blaue Kälteflämmchen heraus. Plötzlich tauchten in der Ferne auf dem platten Lande zwei Lichter auf. Da wurde mir bewußt, von wie weit her der Zug kam und wie weit wir selbst von Danzig entfernt waren. Die Lichter bewegten sich in der Dunkelheit hin und her und kamen dabei immer näher heran, bis sie, riesengroß und mit Eiszapfen behangen, im Bahnhof erschienen. Schnaufend und dröhnend hielt die glühende Lokomotive vor uns und erwärmte für einen Augenblick die eisige Luft. Als sie danach gleichgültig weiterfuhr und in der schwarzen Ferne untertauchte, dachte ich beklommen, wie leicht es wäre, in der großen Finsternis abhanden zu kommen.

Inzwischen waren die Verwandten aus dem Zug gestiegen und standen nun wie verloren auf dem Perron, bis sie uns entdeckten und wir einander in die Arme fielen. Die pommersche Großmutter verlieh wie jedesmal ihrem Erstaunen über mein und meiner Schwester unbegreiflich schnelles Wachstum Ausdruck.

Grete hatte währenddessen den Abendbrottisch reichlich gedeckt, und die durchgefrorenen Verwandten schlürften heißen Tee und ließen sich die knusprigen Bratkartoffeln schmekken. Noch während ich in meinem Bett lag, hörte ich die Familie im Nebenzimmer lachen und reden. Geborgenheit umfing mich.

In der Nacht träumte ich, ich ginge mit Gertrud durch die vertrauten Straßen in Danzig. Die Häuser nickten uns freundlich zu. Ich kannte sie alle, und sie leiteten mich nach Hause. Oben auf dem Turm der Marienkirche saß der Riese Tullas, blickte auf die Ostsee und sang: »Oh, du fröhliche...«

21

Im Frühling wurde es so heiß, daß ich froh war über den kühlen Hauch, der aus der Drewenz aufstieg und durch den Garten und meine Fenster zog. Die Zeit schien in der Hitze zu dösen. Ich dachte so gut wie nie daran, daß sie anderswo dramatisch verlaufen könnte. Die Berichte von der Front hörten sich gleichmäßig positiv an. Unsere Soldaten kämpften für das Gute und waren immer siegreich, so daß wir in Ruhe leben konnten, und der Führer sorgte dafür, daß es uns allen gut ging.

In Danzig war ich mir meiner Zugehörigkeit zur NS-Jugendorganisation recht bewußt geworden. Die »Rundfunkspatzen«

waren bei Kriegsbeginn in »Rundfunkspielschar« umbenannt und der Hitlerjugend eingegliedert worden. Sonst war alles wie vorher geblieben. Wie eh und je hatten wir für die Kinder am Radio gesungen und gespielt. Das änderte sich hier. Zum ersten Mal nahm ich an einem Heimabend des Jungmädelbundes teil. Die Mädchen saßen sehr artig auf Stühlen im Kreis um die Führerin und lauschten einer Geschichte über Kameradschaft und Edelmut. Alle waren gleich gekleidet. Sie trugen einen blauen Rock, der an eine weiße Bluse geknöpft war. Um den Hals schlang sich ein schwarzes Tuch, dessen Enden von einem breiten, geflochtenen Lederring zusammengehalten wurden. Wie ein i-Punkt des Schicks saß am linken Blusenärmel ein schwarzes Dreieck, auf dem in weiß »Ost-Danzig-Westpreußen« eingestickt war. Ich fiel in diesem uniformierten Kreis mit meiner Alltagskleidung unangenehm auf, und ich schämte mich. Den Lebenslauf des geliebten Führers beherrschte ich auch nicht wie gewünscht. Mir wurde aufgetragen, ihn bis zum nächsten Heimabend auswendig zu lernen. Das tat ich, und bald konnte ich ihn ebenso geläufig herunterschnurren wie die anderen Mädchen. Immer wieder von neuem wies die Führerin auf die Bedeutung des Führers hin. Er war die Lichtgestalt, die Deutschland aus Schmach und Schande zu sich in die Helle gehoben hatte, so daß es nun als Glück und Auszeichnung empfunden werden konnte, ein Deutscher zu sein. Zum Dank dafür erwartete er von uns allen, im besonderen aber von der Jugend, Begeisterung. Wir sollten aber nicht nur begeistert sein, sondern sie durch die Tat bezeugen, indem wir alles, was sich dem Führer entgegenzustellen wagte, bekämpften und uns ihm in absoluter Treue und in bedingungslosem Gehorsam unterstellten.

Von der allgemeinen Begeisterung erfaßt, schwor ich mir, diesen Gehorsam zu leisten, obwohl ich nur zu gut wußte, daß Gehorsam nicht meine Stärke war. Zu Hause beklagten sie sich ja oft genug über meine mangelnde Bereitschaft dazu. Doch hier handelte es sich nicht um kleinliches Bravsein, sondern um die Hingabe an eine große Sache. Ich würde es schon schaffen, zumal wir ja nicht nur gehorsam, sondern auch frei sein sollten.

Das Wort »Freiheit« kam in den Berichten der Führerin mindestens ebenso häufig vor wie das Wort »Gehorsam«. Es gehörte zu den schönen, verheißungsvollen Wörtern, und ich mochte es sehr, weil es mich an blauen Himmel, Wind, die Ostsee und Ferien denken ließ, aber auch an etwas noch Größeres, Bedeutenderes, etwas, das jene Vorstellungen umfaßte und sie zugleich überstrahlte.

Daß ich mich für die Freiheit einzusetzen wünschte, gefiel auch meinen Eltern. Vater sagte, Freiheit sei eins der höchsten Güter der Menschheit, und Mutter fügte hinzu: »Sie ist die Mutter aller rechten und wahren Gedanken.« So ermutigt, sang ich den Eltern das Lied »Nur der Freiheit gehört unser Leben« vor. Vielleicht hatte ich sie damit von der Notwendigkeit überzeugt, mich auch nach außen hin sichtbar in die Gemeinschaft der Freiheitskämpfer einreihen zu müssen. Jedenfalls war ich erstaunt, wie schnell die Eltern einwilligten, mir eine Uniform zu kaufen. Sie waren nicht immer so schnell bereit, meinen Wünschen stattzugeben.

Mit besonderer Freude erzählte die Führerin von Jugendtreffen im Reich und zeigte Fotos, auf denen Jungen und Mädchen dem Führer, der in Begleitung seines edlen und treuen Schäferhundes war, Blumen hinstreckten. Die Augen der jungen Leute leuchteten mit denen des Schäferhundes um die Wette. Was für schöne junge Menschen das doch waren, ich wäre gerne so gewesen wie sie. Doch ich wußte sehr wohl, daß ich nie so strahlend und heldenhaft wirken konnte. Meine neue Uniform ließ mich ihnen wenigstens in der Kleidung ähneln.

Mit der Zeit ebbte meine Begeisterung für die Heimabende jedoch ab. Eigentlich waren sie langweilig. Es wurde immer wieder das gleiche erzählt. Am meisten befremdete mich, daß die versammelten Mädchen sich so wichtigtuerisch gesittet verhielten. Sie lachten nicht, sie schwatzten nicht, sie taten nur, was die Führerin für angebracht hielt.

Am schlimmsten war es, wenn wir uns zum Marschieren auf den Sportplatz begaben. Die Führerin ließ uns antreten, im Gleichschritt marsch-marsch nach ihrer Pfeife mal hinter-, mal nebeneinandergehen. Das war das Langweiligste von allem. Wenn Grete oder Mutter mich zum Einkaufen schickten, konnte ich mir unterwegs Geschichten ausdenken, in denen ich der Held oder die Prinzessin war, und mir dadurch den Weg kurzweiliger gestalten. Einmal hatte ich versucht, beim Marschieren das gleiche zu tun, das hatte mich aber dermaßen aus dem Tritt gebracht, daß ich mir einen scharfen Tadel zuzog.

Ich fragte mich, wozu das Marschieren gut sein sollte. Eines Tages erhielt ich die Antwort, als nämlich in der Stadt ein Aufmarsch aller Verbände der Hitlerjugend aus dem gesamten Kreisgebiet stattfand. Wie wir alle gleich gekleidet miteinander auf dem Marktplatz standen und die Fahnen der Jugendorganisation im Wind wehen ließen, fand ich das Bild sehr eindrucksvoll. Bei den Jungen fiel mir Paganini auf, der hinter den Trommeln im Fanfarenzug ging, und ich meinte, er habe mich ebenfalls bemerkt. Aber er stemmte mit unnahbarem Gesichtsausdruck seine Fanfare in die Hüfte und würdigte mich keines Blickes. Dann schleuderte er sie auf ein Zeichen des Zugführers in die Höhe, hob sie an die Lippen, und auf das schmetternde Kommando hin setzten wir uns alle in Bewegung, von den Führern und Führerinnen der verschiedenen Dienstgrade geleitet.

Während ich mitten in der Formation auf dem Fahrdamm schritt, war ich mir unklar darüber, ob ich Stolz oder Peinlichkeit empfinden sollte, mich auf diese Weise zur Schau zu stellen; denn viele Passanten musterten uns, bevor sie den Arm hoben und die Fahnen grüßten. Plötzlich geriet der Zug ins Stocken, und Unordnung kam in die Reihen. Einer der marschierenden Jungen war auf drei Polenkinder zugestürzt, die mit ihren Mützen am Straßenrand gestanden und uns offenbar verständnislos angegafft hatten. Einige andere Jungen aus dem Zug waren zur Hilfe geeilt, und nun prügelten sie gemeinsam solange auf die drei ein, bis die mit blutenden Nasen auf dem Straßenpflaster lagen. Ich hörte meine Kameraden »drekkiges Polackenpack« schimpfen und erfuhr, daß die Jungen die Fahnen nicht gegrüßt hätten. Mir war elend zumute, und ich wäre am liebsten fortgelaufen. In Windeseile ging mir all das durch den Kopf, was ich zu Hause über Anstand und Achtung vor den Mitmenschen gelernt hatte. Ich schämte mich und traute mich nicht mehr, auf das Trottoir zu gucken, sondern heftete den Blick starr auf den Kopf meines Vordermanns. Meine Verehrung für den Führer wurde durch diesen Vorfall nicht beeinträchtigt, mein Glaube an die edlen Motive meiner Kameraden aber war erschüttert.

Einmal mußte ich an einer Übung außerhalb der Stadt teilnehmen. Alle anderen fuhren mit dem Rad dorthin und auch wieder zurück. Da ich damals noch kein Rad besaß, mußte ich zu Fuß gehen. Während des Treffens war viel von Kameradschaft die Rede. Doch auf dem Heimweg kümmerte sich kein Mensch um mich. Mit dem Hinweis auf die Dunkelheit, die bald hereinbrechen würde, sausten die anderen auf ihren Rädern davon und ließen mich stehen. Es wurde tatsächlich dunkel, und ich kannte den Weg nicht. Wohl oder übel mußte ich ihn jedoch finden und trottete los. Das Dorf blieb hinter mir zurück. Der Weg führte am Friedhof vorbei. Hinter der Mauer raschelte es. Ich beschloß, lieber nicht festzustellen, was es war. Vielleicht lugte ein unangenehmer Totengeist über die Mauer. Mit jedem weiteren Schritt wurde es einsamer und einsamer. Die Dunkelheit dehnte sich vor mir aus, und nicht einmal am Horizont waren die Lichter der Stadt auszumachen. Mir fiel ein, daß ich sie auch gar nicht sehen konnte, denn die Stadt war verdunkelt. Wo lag sie überhaupt? Ging ich in die rechte Richtung? Vielleicht würden Gretes Irrlichter kommen und mich ins Moor locken, wo ich im Schlick versinken würde. Da fiel mir auf, daß ich seit dem Friedhof Schritte hinter mir gehört hatte. Sie waren immer näher gekommen und immer deutlicher geworden. Vor Angst, etwas Entsetzliches zu erblikken, traute ich mich nicht, mich umzusehen.

Schließlich scharrten die Schritte unmittelbar neben mir, und als ich aufsah, gewahrte ich einen großen Mann. Mit einer Ballonmütze und dem geschulterten Sack sah er wie ein polnischer Landarbeiter aus. Erleichtert sagte ich: »Guten Abend.« Er nickte und wollte vorbeigehen, aber ich legte ihm die Hand auf den Arm und fragte, wohin er gehe. In seinem holperigen Deutsch antwortete er mir. Wir hatten dasselbe Ziel. So bat ich, ihn begleiten zu dürfen, und wir marschierten nebeneinander her.

Unterwegs belustigte ich ihn mit allem, was mir in den Sinn kam, und ich hatte den Eindruck, daß er mir nicht ungern zuhörte. Nach einer Weile blieb er unvermutet stehen und fragte: »Du keine Angst?« Ich antwortete: »Doch«, und erzählte ihm einige von Gretes Gruselgeschichten, von den Fledermäusen, die sich in den Haaren verhedderten, so daß man kahlgeschoren werden muß, von den Kindern, die ihr Leben lang entstellt blieben, weil sie in dem Augenblick, als es donnerte, eine Grimasse geschnitten hatten. Mein Begleiter schwieg, und ich vermutete, er sei von meinen Erzählungen beeindruckt. Dann aber wiederholte er seine Frage: »Du keine Angst vor mir?« und wies demonstrativ auf seine Brust. Nun blieb ich ebenfalls stehen und entgegnete erstaunt: »Nein, wieso? Sie sind doch ein Mensch.« Darauf nahm er meine Hand und ließ sie erst los, als er mich vor unserer Haustür abgeliefert hatte.

Mehr und mehr fiel mir auf, wie eng und kleinlich es bei den Jungmädeln hinter der großartigen Fassade zuging. In den dienstlichen Verrichtungen gab es kaum mehr etwas, das mich begeistern konnte. Die Geschichten, die auf den Heimabenden erzählt oder vorgetragen wurden, waren mit dem, was der Direktor in der Schule vorlas, nicht zu vergleichen, auch wurde kein Nachdenken, sondern nur Zuhören gefordert, und ich wußte bald schon von vornherein, worauf sie hinausliefen. Trägheit und Lustlosigkeit lähmten nach und nach meinen guten Willen, und ich begann, die Heimabende zu schwänzen, so oft es ging. Merkwürdigerweise überließen mich meine Eltern, die sonst so nachdrücklich auf das Einhalten von Verpflichtungen bestanden, in dieser Sache ganz mir selber. Um so erstaunter war ich, als ich die Ernennung zur Führerin erhielt. Obwohl ich wußte, daß es einen unverdienten Aufstieg bedeutete, war ich doch stolz und froh, weil es mir nach außen hin Sicherheit verlieh. Als die Führerin die rot-weiße Schnur der Mädelschaftsführerin an meiner Uniform befestigte, ließ sie durchblicken, daß sie mir nur deshalb zuerkannt wurde, weil das Reich einen jeden Deutschen zur Bekehrung der einheimischen Kinder benötigte, die schon fast im Polentum versunken seien, und die unbedingt ins Licht des Deutschseins zurückgeführt werden müßten.

Das war jedoch leichter gesagt als getan. Ich mußte von Haus zu Haus gehen und den mitunter reichlich uninteressierten oder gar widerstrebenden Eltern klarmachen, wie wichtig es für ihre Töchter sei, zum Dienst bei den Jungmädeln zu erscheinen. Dabei bemerkte ich, daß es nicht für alle Familien selbstverständlich war, deutsch zu sprechen. Grete hatte zu Hause immer nur platt gesprochen, und es war ihr nicht leichtgefallen, sich an das Hochdeutsch zu gewöhnen, als sie Arbeit in der Stadt aufnahm. Mir fiel Vater Thiels drollige Mischung aus Hoch- und Plattdeutsch ein – doch diese Leute sprachen ein wunderliches Gemisch aus Deutsch und Polnisch!

Nach langen, mühevollen Wegen hatte ich endlich meine Jungmädelschaft beisammen. Als sie mir auf dem Sportplatz gegenüberstand, erblickte ich einen zusammengewürfelten Haufen von Kindern. Sie sahen mich verschüchtert an, und ich war ratlos. Was sollten wir miteinander anfangen? Ich gruppierte die Mädchen in einem Halbkreis um mich herum auf dem Rasen und begann, ihnen klarzumachen, wer und was der Führer sei. Dabei gewann ich die Überzeugung, daß er ihnen völlig gleichgültig war. Seine überwältigende Persönlichkeit interessierte sie überhaupt nicht, seine einmalige Mission schienen sie gar nicht zu begreifen. Sie sahen mich verständnislos an.

Trotz meiner abgeflauten Begeisterung hatte ich doch gehofft, meine Jungmädelschaft so weit zu fördern, daß sie den Lebenslauf des Führers ebenso abschnurren konnte wie ich. Diese Hoffnung mußte ich begraben. So versuchte ich, meine Mädchen in Riege antreten zu lassen, um mit ihnen zu marschieren. Doch das erwies sich als ein absoluter Reinfall. Schon beim Aufstellen gelang es mir nur mit Mühe, sie der Größe nach nebeneinander zu placieren. Als es endlich losgehen konnte, brachte meine im Vierertakt geblasene Trillerpfeife weder Rhythmus noch geordnete Bewegung in ihre Beine.

Meine Unfähigkeit, Autorität auszustrahlen und ein wenig

Schwung in meine Jungmädel zu bringen, lastete schwer auf mir. Es war mir peinlich, mit meinem undisziplinierten Haufen gesehen zu werden. Also hockte ich mich mit ihnen in eine Sandkuhle am Rande des Sportplatzes, wo wir vor Beobachtung sicher waren. Nun, wenigstens würde ich mit den Mädchen, gemäß meinem Auftrag, über die Pflicht zur Reinlichkeit sprechen, eine der elementarsten deutschen Tugenden. Während ich meine Zuhörerinnen beschwor, ihre Eltern dazu zu bewegen, ihnen eine Zahnbürste und zwei Waschlappen zu besorgen, der eine für das Gesicht, der andere für das Hinterteil, welche sie streng voneinander getrennt aufbewahren sollten, damit sie auf keinen Fall vertauscht würden, kam ich mir mit meinen Belehrungen selbst blöd und lächerlich vor; denn wieder betrachteten mich die Mädchen mit völlig ausdruckslosen Gesichtern. Was konnte ich noch tun? Eines hätte mir wirklich Freude bereitet: Singen. Ich begann mit einem einfachen Volkslied und träumte insgeheim schon von einem Kanon oder gar einem Chor, mit dem ich Aufsehen erregen konnte. Wie eindringlich ich mich aber auch gebärdete, meine Bemühungen fanden kein Echo. Da gab ich es auf.

Die Daten, die ich von da an in mein Heft über Heimabende und Marschierübungen eintrug, waren leere Zahlen. Nichts stand dahinter. Ich hatte meine Jungmädelschaft in die Freiheit entlassen. Daß es nicht richtig, ja, sogar Betrug war, wußte ich, und das quälte mich. Mutter hatte mir kürzlich ein Buch geschenkt, in dem es von Albert Schweitzer hieß, er sei in seiner Kindheit weder zur Lüge noch zu irgendeiner Gemeinheit fähig gewesen. Wie hatte er das nur geschafft? Wenn ich eins meiner Jungmädel auf der Straße erblickte, grüßte ich freundlich und hoffte, es würde mich nicht verraten; denn ich war mir sicher, daß meine Jungmädelschaft sich ebenso willig von mir getrennt hatte wie ich mich von ihr.

Eines Tages fiel während des Unterrichts in der Schule eine wohlgenährte Laus von meinem Kopf auf mein aufgeschlagenes Heft. Da lag sie, dick und häßlich und deutlich sichtbar, auf dem weißen Papier. Ich erschrak fürchterlich und ließ sie schleunigst auf dem Fußboden verschwinden. Zu Hause hielt

Grete eine lange, laute Schimpftirade ab. Sie war außer sich vor Ekel und leitete sofort drastische Maßnahmen zur Vernichtung der Läuse ein. Meine Haut piekte und brannte, und mein Kopf stank. Während der Behandlung schalt Grete über meinen Umgang mit den »Lausebälgern«, fragte, was ich bei denen zu suchen hätte, und riet mir, den unnützen Quatsch zu lassen. In diesem Augenblick fühlte ich mich in meinem Verhalten gerechtfertigt.

In die Schule drang nicht viel vom dienstlichen Treiben der HJ. Die Lehrer drückten manchmal ein Auge zu, wenn die Schüler sich wegen nicht erledigter Hausaufgaben mit dem Dienst entschuldigten, aber sie taten es nicht gern. Zwar sprangen wir immer, wenn ein Lehrer die Klasse betrat, aus den Bänken und schrien »Heil Hitler«, und jeden Morgen mußte einer der Schüler den knalligen Wochenspruch hersagen, der eine der hehren kämpferischen deutschen Tugenden pries, aber im allgemeinen galten die Maßstäbe von Intelligenz und Bildung für das Ansehen in der Klasse, und es waren die guten Schüler, die die Elite stellten. Im Schulhaus herrschte ein altertümlich unabhängiger, fast heiterer Geist.

Trotzdem faszinierte mich eine meiner Klassenkameradinnen ganz besonders, die den Anspruch der Schule nur knapp erfüllte und in der Klasse keine dienstliche Autorität besaß. Sie verstand jedoch, dies auszugleichen. Im Sportunterricht rannte Ingrid auf der Aschenbahn allen davon, sogar den Jungen. Stolz und selbstbewußt hatte sie mir erzählt, ihr Vater sei ein »Alter Kämpfer« für die Partei und trage das goldene Parteiabzeichen, ihr Onkel sei bei der SS. Dagegen konnte ich nicht ankommen. Meine Familie wies nichts dergleichen vor. Ingrids eigene Karriere in der Jungmädelschaft war ebenfalls beachtlich. Nicht nur thronte sie zwei Dienstgrade über mir, sie brauchte sich auch nicht mit den unwissenden Kindern der Einheimischen abzurackern, sondern erfüllte einen Führungsauftrag in der reichsdeutschen Oberschicht.

Ich fand Ingrid wunderschön, und vielleicht war ich ihr auch deshalb verfallen. Mit ihrem schlanken, biegsamen Körper, der feinen bräunlichen Haut über den zarten Gliedern und den federnden Gelenken wirkte sie wie ein Wesen, das plötzlich emporschnellen und davonfliegen konnte in eine ganz andere Welt hinein. Ihre beflügelte Leichtigkeit erinnerte mich an jene geheimnisvolle, vogelhafte Urgroßtante in Pommern, die so nah dem brennenden Busch und der Ewigkeit lebte. Als Ingrid mir erlaubte, sie nach Hause zu begleiten, stellte ich mir auf dem Weg zu ihr vor, sie würde in einer Art Vogelkäfig wohnen, leicht und luftig, in den von allen Seiten die Sonne hineinscheint. Statt dessen brachte sie mich in eine kleine, enge Wohnung, in der die wuchtige Plüschgarnitur kaum Platz hatte und die noch dazu mit allerlei Krimskrams vollgestopft war. An den Wänden hingen die Gehörne von erlegten Rehböcken neben lila Heidebildern und dazwischen immer wieder Fotos des Führers und seiner Getreuen. Die Wohnung gefiel mir überhaupt nicht, und ich war froh, als ich wieder draußen war.

Ich fand das dienstliche Getue unter Kindern lächerlich, Ingrid nahm es sehr ernst. Als wir wieder einmal auf dem Marktplatz angetreten waren und sie feststellte, daß sie ihre Armbanduhr zu Hause hatte liegenlassen, befahl sie mir, die Uhr zu holen. Hätte sie mich freundschaftlich darum gebeten, hätte ich es gern für sie getan. So aber packte mich der Zorn, und ich riet ihr, sich ihre blöde Armbanduhr gefälligst selbst zu besorgen. Das hätte ich nicht tun sollen; denn nun nahm Ingrid eine drohende Haltung ein und erteilte mir im Namen des Führers den dienstlichen Befehl zum Herbeischaffen der Uhr. Wohl oder übel mußte ich lostraben. Ingrid war mir übergeordnet und Gehorsam meine Pflicht. Unterwegs fragte ich mich, was der Führer mit Ingrids dummer Arroganz zu schaffen hatte. Ich kochte vor Wut und schwor mir, Ingrid nie wieder eines Blickes zu würdigen. Doch als sie mir am nächsten Morgen in der Schule so unbefangen begegnete, als wäre nichts geschehen, vergaß ich meinen Vorsatz.

Meinen Eltern gefiel mein Umgang mit diesem Mädchen überhaupt nicht. Grete behauptete, sie würde bald »ne richtige Jungsmarjell« sein, »eine, die sich mit Jungens auf der Straße rumtreibt«. Mutter versuchte mir klarzumachen, wie banal Ingrids Welt wäre. Ich ahnte auch, was Mutter meinte, aber es gelang mir nicht, von Ingrid zu lassen.

22

Längst schon im- und exportierte Vater kein Getreide mehr. Kein Weizen traf mehr aus Kanada ein, keine Braugerste wurde mehr nach Übersee verschifft. Sein Handel spielte sich nun im Inland ab. Von den Gütern und Höfen der Umgebung kaufte er das Korn und belieferte die Bauern und die Gutsherren mit Saatgut, Dünge- und Futtermitteln. Alles war anders als in Danzig. Dort hatte es nur das von Temere und Timide bewachte Büro mit den vielen Telefonen gegeben, hier war, einige Straßen von unserer Wohnung entfernt, ein ganzer Gebäudekomplex vorhanden, der aus einem richtigen Verkaufsladen mit Theke, mehreren Büroräumen und einem Hof mit einem Speicherhaus bestand. Für den Transport der Waren von und zum Bahnhof wurden Wagen benutzt, die wie eine enorme Plattform auf Rädern aussahen. Massige, starke Pferde zogen sie, denen es nichts auszumachen schien, wenn die Ladefläche mit prallen Säcken vollgestellt war. Sie stemmten sich nur einmal kurz in die Leinen, und schon rollte das Gefährt auf weichen, gummibereiften Rädern davon. Dies Büro war nicht leise und vornehm wie das in Danzig. Hier bimmelte die Ladenglokke, Arbeiter riefen einander auf dem Hof Anweisungen zu, im Stall scharrten die dicken Pferde, und im Speicher wurden Säcke mit Getreide vollgeschaufelt und auf einer mächtigen Waage gewogen. Als ich mich einmal draufstellte, bewegte sich der Zeiger kaum nach vorn.

Der Vorsteher der Lagerarbeiter hieß Kowalski. Herr Kowalski war so stark, daß er meine Schwester und mich jede mit einer Hand hochstemmen und auf die Kornsäcke setzen konnte. Dann sprang er selber auf den Wagen, knallte mit der Peitsche, ließ die Pferde anziehen, und wir fuhren zum Bahnhof.

Auf dem Bahnhof warteten bereits die Güterwaggons, in welche die Partie verladen wurde; und ich war sehr beeindruckt und stolz, als ich den Namen meines Vaters auf ihnen vermerkt sah. Mutter fand es unangebracht, und Grete sah es ebenfalls nicht gern, daß meine Schwester und ich wie zwei Kornsäcke durch die Stadt gefahren wurden. Sie hatten Mühe, sich an unser neues, viel freieres Leben zu gewöhnen.

Eine Zeitlang machte es uns großen Spaß, uns auf dem Speicher zu verstecken und durch die ganze Anlage zu toben. Manchmal nahm auch Paganini daran teil, und sogar Ingrid ließ sich herab, sofern ihr unablässiger Einsatz für den Führer es gestattete, wenngleich sie durchblicken ließ, daß sie das Spielen eigentlich unter ihrer Würde fand. Wenn ich in meinem Zimmer allein war, dachte ich noch ab und zu an das ruhige, geheimnisvolle Danziger Haus. Vor dem Einschlafen besuchte ich es manchmal und ging darin spazieren. Ob es uns vermißte? Im Traum begegnete ich auch Großmutter. Ein wenig wirkte der Zauber des alten Hauses noch immer nach, aber er begann vor der lebendigen Gegenwart zu verblassen.

Am besten gefiel es mir auf dem Lande. Die Stadt war zwar klein, so daß man auch zu Fuß auf die Wiesen und Felder gelangte, dennoch war das nicht mit den Besuchen auf den Gütern und Herrensitzen zu vergleichen. Sie lagen ganz für sich allein, nur von Äckern, Wald und Wiesen umgeben und so weit fort, daß ich die Stadt dort völlig vergaß. Mir schien es so, als reichte nichts, was mit der Stadt zu tun hatte, bis zu ihnen hin und als stellten sie eine abgeschlossene Welt für sich dar. Darum freute ich mich jedesmal, wenn Vater mich fragte, ob ich nicht Lust hätte, ihn zu begleiten, damit er sich bei der Autofahrt nicht zu langweilen brauchte.

Vater besuchte die Gutsbesitzer aus geschäftlichen Gründen, aber im Laufe der Zeit hatte er sich viele von ihnen, wenn schon nicht zu Freunden, so doch zu wohlwollenden Bekannten gemacht. Mit manchen ging er zur Jagd, mit anderen spielte er Karten oder unterhielt sich einfach nur; mit einer besonderen und schönen Dame aber musizierte er sogar. Ich liebte auch die schönen alten Gutshäuser sehr. Sie wirkten so selbstbewußt, daß sie sich eine lässige Gemütlichkeit leisten konnten, und so fühlte ich mich in ihnen niemals steif und gezwungen. Es erschien mir selbstverständlich und machte mir sogar Spaß, mich höflich und wohlerzogen zu benehmen, weil es einfach dazugehörte. Auch ihren Geruch mochte ich gern, und ich stellte mir vor, daß die Häuser, als sie noch jung waren, neugierig alle Gerüche aufgenommen, im Laufe ihres langen Lebens aber alle, die ihnen nicht gefielen, ausgesondert und den Rest zu einem Duft verarbeitet hatten, der nun zu ihnen gehörte wie das Fliederparfum zu meiner Mutter. Mir schien, dieser Duft vermengte sich mit dem Parfum feiner Seifen, dem Aroma von Pfefferminzplätzchen und dem Geruch von Äpfeln, Majoran und Holzrauch, und er erinnerte mich an die Danziger Großmutter.

Im Freien roch es im Sommer meist nach frisch gemähtem Klee. Vielleicht hatte Vater durchblicken lassen, daß es eine besondere Freude für ihn war, und vielleicht wollten die Gutsleute ihm diese Freude gönnen, jedenfalls ließen sie häufig einen Jagdwagen anspannen, um in der blauen Stunde zwischen Tag und Abend mit uns auf ihrem Besitz herumzufahren. Beim Einsteigen federte der leichte Jagdwagen, der Kutscher breitete sorgfältig eine Decke über unsere Knie, kletterte auf den Bock und ließ die Leinen locker. Die Kutschpferde wirkten fast genauso schön und geschmeidig wie Reitpferde und tänzelten sofort los.

Während Vater mit dem Gutsherrn über die Ernte sprach, überließ ich mich ganz meiner Freude an der Fahrt. Der Wind fächelte mir das Gesicht, alle Düfte, der schöne, süßliche aus den Wiesen und der herbe aus dem Wald, erreichten meine Nase, die letzten Sommerstrahlen prickelten auf meiner Haut, und selbst die gewaltigen Fürze, die die Pferde frei und ungeniert losließen, rochen angenehm. Was war dagegen eine Fahrt im Auto! Am Waldrand zog sich die Feuchtigkeit schon zu zarten Nebelschleiern zusammen. Wieder fiel mir Großmutter ein, wie sie mir damals die tanzenden Elfen gezeigt hatte. Nun wußte ich längst, daß keine Elfen existierten. Aber es war doch schade.

Einmal gab es eine ganze andere, aber auch sehr schöne Überraschung. Vater hatte, ohne daß ich es bemerkte, sein Cello auf dem Rücksitz unseres Autos verstaut und eine Decke darübergebreitet. Während der Fahrt nannte Vater mir den Namen der Gutsleute, die wir besuchen wollten. Ich staunte, denn es war der Name eines Danziger Kaufherrn, über den sogar eine Geschichte in meinem Lesebuch stand, als ich noch zur Volksschule ging.

An der Abfahrt zum Haus erwartete uns ein schlanker älterer Herr, der sich mit einer Hand auf einen silbernen Stock stützte. Vater begrüßte ihn mit »Guten Tag, Herr Rittmeister«, und er erwiderte: »Verzeihen Sie, mein lieber Herr, meine alte Kriegsverletzung macht mir wieder einmal zu schaffen. Hoffentlich ändert sich das Wetter nicht, gerade jetzt beim Heueinfahren.« Dann geleitete er uns durch eine Vorhalle, viel größer als unsere Danziger Diele, aber ein wenig ähnlich wie diese, in einen hellen Salon, dessen Türen auf die Terrasse und den Park hinausgingen.

Von draußen erschien eine ebenso schlanke Dame mit dunklem Haar, das im Licht an manchen Stellen schimmerte, als habe sie Lametta vom Weihnachtsbaum hineingeflochten. Sie kam uns liebenswürdig lächelnd entgegen und reichte mir ihre Hand, die sich bei aller Feinheit erstaunlich fest und sehnig anfühlte.

Hier war selbstverständlich äußerste Wohlerzogenheit am Platze. Kaum hatte ich mich artig zurechtgesetzt, da betrat ein junger Mann den Salon, der mir bekannt vorkam. Ich musterte ihn verstohlen, und dann fiel es mir ein: Er gehörte zu den Halbgöttern aus dem Schulolymp! Nun wußte ich nicht, wie ich mich verhalten sollte, höflich wie zu einem Erwachsenen oder kameradschaftlich wie zu einem Mitschüler. Das Problem löste sich von allein. Der Olympier beachtete mich gar nicht. Hingegen holte mein Vater sein Cello aus dem Auto, befreite es aus seiner Hülle, die Dame mit dem Lamettahaar setzte sich an den Flügel, und die beiden begannen zu musizieren. Vater lächelte mir zu, seine Überraschung war ihm gelungen. Die beiden spielten Beethovens F-Dur-Sonate, und mir gefiel ihr Spiel so gut, daß ich alles andere darüber vergaß.

Auf der Rückfahrt erklärte Vater mir, die Gutsleute seien tatsächlich ein Zweig jener alten Danziger Kaufmannsdynastie aus meinem Schullesebuch. Sie gehörten, wie auch Fräulein Specht, zu den deutschen Familien, die nach dem Gebietsabtritt an Polen von 1919 im Lande geblieben waren. Während ich bei unserem Aufbruch vor dem Hausherrn einen Knicks machte, mußte ich an die Lesebuchgeschichte denken und daran, wie die Angestellten des Kaufherrn sich mit dem Ruf: »Herr Hewelke, nu gone wi!« auf den Heimweg zu machen pflegten. Herrn Hewelkes Papagei in seinem Käfig hatte diesen Abschiedsgruß Jahr um Jahr an jedem Feierabend vernommen und ihn längst aufgeschnappt. Als Herrn Hewelkes Sarg aus dem Kontor getragen wurde, spreizte er sein Gefieder und krächzte vernehmlich und deutlich: »Herr Hewelke, nu gone wi!« Ich war versucht, mich ebenfalls auf diese Weise vom Hausherrn zu verabschieden, aber ich unterließ es. Es wäre auch nicht passend gewesen; denn der Papagei war nach diesem Satz selbst tot von der Stange gefallen!

Wieder einmal nahm Vater mich mit zum Besuch eines seiner Kunden, der zugleich auch sein Lieferant war. Alles schien wie immer zu sein, als unser Auto vor einer schönen geschwungenen Freitreppe hielt. Doch als wir ausstiegen, sah ich oben einen Mann stehen, der augenblicklich in mir ein beunruhigendes Gefühl weckte. Er sah aus wie ein Faß auf Beinen. Hätte auf dem Faß ein freundlicher oder lustiger Kopf gesessen, dann hätte ich ihn witzig und sogar sympathisch finden können, doch sein Kopf war nicht drollig, obwohl er komisch anzusehen war, denn er bestand aus zwei gänzlich verschiedenen Hälften. Die obere Hälfte war hart, sie wurde von einem scharf ausrasierten Kurzhaarschnitt fest umschlossen; die untere Hälfte hingegen quoll formlos über den steifen Hemdkragen. Seine dicken Wangen waren das einzige, was der Mann nicht bändigen konnte; denn alles andere hatte er in die braune SA-Uniform gezwängt, die ihn wie eine zweite Haut umgab.

Der Mann begrüßte uns mit Handschlag und »Heil Hitler«, und Vater stellte ihn mir als Kreisleiter für die Landwirtschaft vor, einen sehr verdienten Mann der Partei. Bewundernd sah ich, daß sein Parteiabzeichen von einem goldenen Rand umgeben war. Als er uns nach der Begrüßung in die Diele führte, hallten seine Schritte laut auf dem Steinfußboden. Dann rief er nach seiner Frau, und sie erschien. Sie trug das Haar im Zopf um den Kopf gelegt und ähnelte jenen Frauen, die ich von Abbildungen in der Zeitung und aus Wochenschauen kannte. Sie sahen alle ziemlich gleich aus und waren von etlichen Kindern umgeben. Es waren Führerinnen der NS-Frauenschaft. Auch hinter dieser Frau erschienen einige Kinder, sie waren alle viel jünger als ich.

Wir setzten uns gemeinsam an eine Kaffeetafel und aßen selbstgebackenen Kuchen. Es schmeckte nicht schlecht, und doch machte mir das Essen keinen Spaß. Die Kaffeerunde mit den Kindern war familiär, aber dennoch weder herzlich noch ungezwungen, nur einfach langweilig. Mir gefiel es hier ganz und gar nicht, und ich überlegte, wie ich entschlüpfen könnte, doch ich fand keinen plausiblen Grund.

Endlich war die Mahlzeit vorüber, und wir standen auf – da betrat der Gutsinspektor das Zimmer. Er gefiel mir sofort. Ich warf Vater einen flehentlichen Blick zu und erhielt die Erlaubnis, den Inspektor zu begleiten. Auch er trug Stiefel über seiner Reithose, aber an ihm wirkte alles weich und lässig, seine Kleidung, sein braunes Hemd, die Art, wie er ging und auch wie er redete, obwohl manche Worte einen harten Beiklang hatten, der darauf schließen ließ, daß Deutsch nicht seine Muttersprache war.

Der Inspektor zeigte mir den riesigen Kuhstall, in dem die Rinder Kopf an Kopf einander gegenüberstanden, so daß man meinen konnte, sie sollten sich miteinander unterhalten können. Zwischen ihren Köpfen hindurch verlief ein langer Futtergang. Wir spazierten darauf entlang. Die Kühe schnauften durch ihre feuchten Nüstern warme Luft auf meine Füße. In einer besonderen Reihe standen furchterregende Bullen mit dicken Lockenköpfen. Es kostete mich Überwindung, an ihnen vorbeizugehen, aber der Inspektor zeigte mir, wie fest sie an einem eisernen Ring, der durch ihre Nase ging, an der Steinmauer angebunden waren.

Nach der Besichtigung fragte der Inspektor, ob ich Lust hätte, mit ihm und seiner Mutter Tee zu trinken. Ich wollte gern alles tun, nur um nicht in das Gutshaus zurück zu müssen. Doch kaum hatte ich das Inspektorenhäuschen betreten, da wußte ich schon, daß ich gern hierbleiben wollte. Zwar war es viel kleiner als das Haupthaus und auch ein wenig eng, aber dafür wirkte es auf die gleiche selbstverständliche Art vornehm und gemütlich wie die Gutshäuser, die ich bisher kennengelernt hatte. Eine etwas rundliche Dame kam uns entgegen und lud mich ein, näherzutreten. Der Inspektor sprach polnisch mit ihr, und obwohl ich kein Wort davon verstand, hatte ich den Eindruck, daß er hier heiterer und jungenhafter und auch zu mir herzlicher war als eben auf unserem förmlichen Rundgang.

Im Zimmer nahm ein Flügel so viel Raum ein, daß es aussah, als hätten die Möbel Mühe, ihren Platz zu behaupten. Auf einem Tisch, der Mutters Teetisch ähnelte, standen ein Samowar und einige hauchdünne Täßchen und in silbernen Behältern einige Glasschalen mit Konfitüre. Während die Mutter des Inspektors den Tee eingoß, bewunderte ich ihre ruhigen gewandten Bewegungen, mit denen sie das Geschirr handhabte. Sie erklärte mir, daß man in Polen Konfitüre statt Zucker zum Tee nehme, und erlaubte mir, nachdem ich ausgetrunken hatte, die Konfitüre mit einem silbernen Löffelchen aus der Tasse zu essen. Mir gefiel es hier viel besser als vorhin an der Kaffeetafel, und ich gab mir große Mühe, die Harmonie dieser Teestunde durch keine Ungeschicklichkeit zu stören.

Darum erschrak ich, als die Dame mich fragte, ob ich Klavier spielen könne. Lügen wollte ich nicht, und ich war auch froh, »Ja« sagen zu können, doch wenn ich mich nun zierte, mußten der Inspektor und seine Mutter mich für eine alberne Gans halten. Vielleicht hatte die Mutter meinen Konflikt bemerkt; denn sie erhob sich, ging zum Flügel und sagte: »Ich möchte dir gern etwas vorspielen.« Ich hatte das Stück noch nie gehört, es klang sehr anders als Mozart, träumerisch und wehmütig, so als riefe jemand, der allein war und der doch wußte, daß er keine Antwort erhalten würde und sich mit seiner Musik selber trösten mußte. »Gefällt es dir?« fragte die Dame, und als ich ein wenig beklommen »Ja« sagte, belehrte sie mich, daß es Chopin gewesen sei.

Die Zeit verging, der Inspektor meinte, er müsse mich nun drüben abliefern. Es war so behaglich, hier zu sitzen, ich fühlte mich wie verzaubert und hatte keine Lust aufzustehen. Doch meine gute Erziehung gebot mir, mich zu erheben und mich für die Einladung zu bedanken. Darauf sagte die Dame: »Komm wieder, wenn du magst, ich weiß nicht, wie lange es noch möglich sein wird.« Der Satz hörte sich traurig an. Weil er mir rätselhaft blieb, maß ich ihm keine Bedeutung bei und dachte nicht weiter über ihn nach.

Auf dem Heimweg saßen Vater und ich im Auto eng beieinander, und Vater fuhr, ganz gegen seine Gewohnheit, langsam. Er fragte, wie ich mir die Zeit vertrieben hätte, und ich berichtete ihm von meinen Erlebnissen im Inspektorenhaus. Ein Weilchen schwieg Vater, dann sagte er zunächst stockend: »Ich glaube, du bist nun alt genug, um etwas für dich behalten zu können. Der Inspektor und seine Mutter sind die eigentlichen Besitzer des Gutes. Es wurde ihnen weggenommen und einem verdienten Parteigenossen übergeben. Sie können froh sein, als Angehörige der polnischen Oberschicht auf dem Gut wohnen und arbeiten zu dürfen. Mit etlichen wird noch viel härter verfahren.«

Frau Balzerowitsch und manche Anspielungen fielen mir ein, da schien mir ein Zusammenhang zu bestehen.

»Weißt du«, sagte Vater, »die Lateiner hatten einen Spruch für diese Situation, er lautet: Wehe den Besiegten.«

Wir hatten in der Schule mit dem Lateinunterricht begonnen, und ich erinnerte mich jetzt, wie uns der Lateinlehrer erzählt hatte, daß die alten Römer sich ihre Sklaven aus den eroberten Völkern genommen hatten. Die hochgebildeten Griechen beschäftigten sie als Lehrer. Somit war die Angelegenheit des Inspektors und seiner Mutter also in Ordnung, richtig erschien sie mir dennoch nicht, und ich vermutete, daß auch Vater seine Bedenken hatte.

In der Hitlerjugend und sogar in der Schule wurden die Polen so hingestellt, als wären sie den Deutschen in jeder Hinsicht weit unterlegen. Nun hatte ich mich selbst davon überzeugen können, daß das nicht stimmte. Die polnischen Sommergäste in Zoppot hatten fast alle sehr gut Deutsch gesprochen, und Mutter hatte mir schon damals erzählt, daß kleine Mädchen wie ich in Polen sogar Französisch und Englisch lernen mußten von einer eigens dafür angestellten Gouvernante. Gehörte die bewußte falsche Einschätzung auch zu der Mißachtung, die den Besiegten zuteil wird? Bevor Vater das Auto auf Touren brachte, sagte er noch: »Ich freue mich darüber, daß dir der Unterschied zwischen den beiden Häusern so klargeworden ist. Dennoch bitte ich dich, deine Bevorzugung für die Inspektorenwohnung nicht so deutlich zu zeigen. Es wäre unhöflich und auch unklug.« Das Auto fuhr nun wieder mit gewöhnlichem Tempo, und die Unterhaltung war beendet.

23

Der Sommer beanspruchte die volle Aufmerksamkeit für sich und seinen Zauber; die Empfindungen und Gedanken für alles andere schläferte er ein. Sogar die fordernde Wirklichkeit verschwamm mehr und mehr im flirrenden Licht der herannahenden großen Ferien. Eigentlich hätte ich wachsam sein sollen, denn wir waren von Feinden umgeben. Doch wo verbargen sie sich? Alles um mich herum war so schön. Das Land ließ die Horizonte sorglos im warmen Wind flattern. Nirgendwo sahen sie begrenzt oder gar bedroht aus. Der Feind hielt sich im Herzen des Krieges auf. Vielleicht war er nichts weiter als eine Vorstellung, denn wir wurden seiner ja nie gewahr. Die Engländer, auch Angelsachsen genannt, waren eigentlich unsere Vettern. In ihrer Verblendung hatten sie dem Führer den Krieg erklärt. Warum nur? David Copperfield und seine Leute und auch die Geschichten in den Englischbüchern für den

Schulunterricht ließen nicht auf den Gedanken kommen, die Engländer seien bösartig. Die Amerikaner lebten nun gar am anderen Ende der Welt. Sie liebten die Freiheit fast noch mehr als die Engländer, hatten weder König noch Adelsherrschaft gekannt. Wieso waren gerade sie gegen den Führer, der doch allen die Freiheit bringen wollte?

Mit Rußland war es schon anders. Nicht nur lag es sehr viel näher, es herrschten dort auch die Bolschewiki, die allerdings Furcht einjagen konnten. Von Plakaten glotzten sie uns mit bösen Schlitzaugen an, ein Messer quer in den breiten Mündern. Trotzdem wollten sie in meiner Vorstellung keine Realität gewinnen. Wenn meine Gedanken die Grenze überschritten, begegnete ihnen dort nichts Beängstigendes, sondern sie fanden die schönen, schlanken Offiziere in ihren Galauniformen, die reich verzierte, funkelnde Damen unter Kronleuchtern zum Tanz aufforderten. Durch die Alleen der ländlichen Adelssitze stoben leichtfüßig die jungen Mädchen, deren helle Haare sich im Geäst der Birken verfingen. Sie waren fein und vornehm, und ich wäre gern so gewesen wie sie und im wehenden Mousseline der Empirekleider auf weichen Schuhen über die gemütlich breite Holztreppe in den hellen Salon geschwebt, in dem die älteren Damen mit ihrer Stickarbeit wohlwollend lächelnd beim Samowar auf mich warteten.

Eines Morgens rief mir Paganini auf dem Schulweg zu, Russen biwakierten auf den Wiesen an der Drewenz. Gleich nach dem Mittagessen rannten wir beide zu ihnen hin. In ihren kittelartigen Hemden, die mit Gürteln in der Taille zusammengehalten wurden, sahen sie genauso aus, wie die russischen Bauern in den Büchern beschrieben wurden. Sie wirkten fremdartig, aber es gefiel mir, weil es malerisch aussah. Dennoch genierte ich mich, näher heranzugehen, da ich ihre Sprache nicht verstand, und betrachtete sie nur aus der Ferne. Paganini rannte zu ihnen hin, und ich konnte sehen, wie sie sich mit ihm beschäftigten. Schließlich durfte er sogar auf ihren merkwürdig gedrungenen Pferden reiten. Als mir das Zugucken langweilig wurde, zog ich meinen Badeanzug an und sprang in die Drewenz.

Hier gab es tiefe Stellen, an denen ich keinen Grund hatte, und die Strömung war ziemlich schnell. Das Wasser aber war klar und erfrischend. Während ich mich rücklings darauf treiben ließ, floß es über mein Gesicht. Ich hielt meine Augen auch unter Wasser geöffnet und sah wie durch eine flüssig gewordene Glasscheibe in den Sommerhimmel, dessen weiße Dunstschwaden der Wind zu Wolken gebauscht hatte, die nun über den lichtblauen Grund segelten. Dabei mußte ich an das tote Mädchen aus dem Buch von Gottfried Keller denken, dem der Grüne Heinrich in Augenhöhe ein Fensterchen in den Sarg eingesetzt hatte, damit es sich in der Dunkelheit nicht zu fürchten brauchte. Auch der Schubertsche Müllerbursche fiel mir ein, der sich und seinen Liebeskummer im Mühlbach ertränkt hatte. Anfangs war er dem glucksenden, kollernden Gewässer fröhlich gefolgt und hatte auf seinem Grund sogar tanzende Nixen vermutet. Nun lag er stumm und starr da unten, und die kalten Mondstrahlen betasteten sein Gesicht. Gern wäre ich Ophelia gewesen, die blumenhaft Schöne, die, von ihrem Gewand im Rhythmus der Strömung umflutet, den Bach hinuntertrieb.

Endlich entschloß ich mich, doch lieber ich selbst zu sein. Zwar mangelte es meiner Erscheinung an Lieblichkeit und meinem Leben an Romantik, aber ich war lebendig, auf mein gebräuntes Gesicht schien die Sonne, und ich war imstande, kraftvoll gegen die Strömung anzuschwimmen.

Mitten in der Nacht tönte eine seltsam fremdartige Melodie in meinen Schlaf, von dunklen Männerstimmen gesummt. Es war wie in einem Traum, und ich glaubte, die Nacht selbst hätte mir vorgesungen. Im Erwachen aber hörte ich Getrappel von Pferden und ein dumpfes Rollen auf der Drewenzbrücke vor meinem Fenster. Ich mochte nicht aufstehen, der tiefe melodische Singsang klang wunderschön, wiegend und einschläfernd. Doch nach und nach wurde ich mir der Schwermut bewußt, die aus dem Gesang aufstieg. Es hörte sich an, als wären die Sänger in der Fremde verloren und fänden den Weg nach Hause nicht mehr. Nun ging ich doch zum Fenster. Im Mondlicht sah ich die Russen von den Drewenzwiesen mit ihren Panjewagen und ihren Pferden über die Brücke ziehen. Mir wurde kalt, und ich kuschelte mich fest in mein Bett. Gott sei Dank, Vater und Mutter schliefen nicht weit von mir entfernt, und ich war bei ihnen zu Hause.

Als ich eines Morgens davon erwachte, daß die Sonne mir auf ungewohnte, aber bekannte Weise ins Gesicht schien, lag ich tatsächlich in dem Bett unter dem Elfenbild. Ich befand mich in Zoppot, und es war, als wäre ich niemals fortgewesen. Am Tag davor hatte Mutter mich zum Einkaufen nach Danzig mitgenommen. In meiner Wiedersehensfreude hatte ich der dikken Marienkirche einen Kuß zugeworfen und mir bestätigt, daß ich sie doch sehr liebhatte, obwohl ich es augenblicklich in Strasburg besser und lustiger fand. Eines Tages würden wir nach Danzig in das alte Haus zu Temere und Timide zurückkehren, hatten die Eltern beteuert; denn hier war unsere Heimat.

Das Eiscafé des Italieners sah allerdings verwandelt aus, es glitzerte fast gar nicht mehr. Statt der vielen verführerischen Eissorten gab es nun Mittagessen auf Marken, statt nach Vanille roch es nach Kartoffelsuppe, und der italienische Kellner war auch viel weniger zuvorkommend als früher. Nervös rannte er herum und schrie seine Befehle in die Küche: »Einmal Kollrollad, zweimal Stamm!« Wir wählten das Stammgericht, weil es am wenigsten Essensmarken kostete, und Mutter behauptete, daß in den Klopsteig der Kohlrouladen oft Sachen unbekannter Herkunft verarbeitet würden. Gretes Gruselgeschichte vom Massenmörder Harmann kam mir in den Sinn, der Menschenfleisch auf dem Markt verkauft hatte. Nun fiel es mir leichter, auf die Kohlrouladen zu verzichten, obwohl sie sehr appetitlich in den Schüsseln lagen und sie zu meinen Leibgerichten gehörten.

Wir verspeisten unser Stammgericht an einem der Marmortischchen, die für die silbernen Eisschälchen gedacht und für die großen Teller viel zu klein waren. Der Kuchen in den Zoppoter Cons schmeckte pappiger als früher, aber er ließ sich essen, und es wurde sogar Eis serviert, man mußte nur außer

Geld auch noch Marken von der Lebensmittelkarte dafür hergeben.

Obwohl das spritzig Internationale aus Zoppot verschwunden war, machte es auf mich doch immer noch einen weltmännischen Eindruck. Die großen Strandhotels standen wie eh und je vornehm und selbstbewußt da. Auch unser eigener Strandkorb wartete auf uns an seinem alten Platz am Kurstrand. Mich interessierte vor allem die Ostsee. Nachdem ich mein Hoheitsgebiet abgeschwommen und ausgekundschaftet hatte, ob auch die Sandbänke an der alten Stelle zu finden waren, tauchte ich, um mir die Blumenquallen von der Unterseite anzugucken. Als mein Kopf wieder auf der Oberfläche erschien, waren meine Haare voll Wasser. Ich schüttelte sie, so daß die Tropfen nach allen Seiten sprangen, und war wieder eine Nixe. Damit hatte ich Strasburg und die Jungmädelschar aus meinem Bewußtsein getilgt oder sie zumindest daraus verbannt.

Paganini hatte offenbar etwas Ähnliches getan; denn als ich ihn unverhofft auf der Promenade traf, tat er so, als liefe ich ihm zum ersten Mal in seinem Leben über den Weg, und er ignorierte die Begegnung. Mir fiel ein, daß auch er in Danzig zu Hause war. Aber ich war selbst erleichtert, an der Begrüßung vorbeigekommen zu sein; denn ich hätte hier nichts mit ihm anzufangen gewußt.

Als wir uns nach den großen Ferien wiedersahen, erwähnten wir das Zusammentreffen nicht, und es war, als hätte es nie stattgefunden. Überhaupt spielte sich meine Freundschaft mit Paganini vorwiegend im Verborgenen ab, und es gab einige stillschweigende Übereinkünfte zwischen uns. In der Schule schenkte er mir nicht mehr Aufmerksamkeit als den übrigen Mädchen, und wenn er mir in seiner Uniform auf der Straße begegnete, kehrte er den strammen Hitlerjungen hervor. Sobald er jedoch zu uns kam, verhielt er sich ganz anders, so daß ich vermutete, sein linientreues Auftreten sei nur eine Fassade, die er seiner Umwelt vorzeigte, damit er dahinter seine Ruhe haben konnte. Ich hatte schnell herausgefunden, daß er genau wie ich in seinen Vorstellungen und in seinen Büchern lebte. Sein Lieblingsdichter war Karl May. Er hatte mir den »Schut« geliehen, und ich fand das Buch sehr aufregend. Weil ich vor Spannung mit dem Lesen nicht aufhören konnte, las ich es heimlich nachts im Bett. Paganini befand sich zeitweilig so ausschließlich in der Welt von Karl May, daß er, wie er mir gestand, seine Mutter einen räudigen Kojoten genannt hatte, als sie ihn einmal bei der Lektüre störte. Dafür hatte er von seinem Vater eine Tracht Prügel bezogen. Nun wäre es mir nicht einmal im Traum eingefallen, meiner Mutter Namen aus dem Tierreich zu geben. Zwar hatte ich einmal, als ich unmäßig wütend auf sie war, hinter ihrem Rücken »dumme Gans« gezischelt, aber fast unhörbar und mit angehaltenem Atem. Eigentlich hatte ich es mehr gedacht als gesprochen. Trotzdem war ich entsetzt über meine Kühnheit und erwartete, daß augenblicklich das Verhängnis über mich hereinbrechen würde.

Mir war klar, daß die Verhältnisse, aus denen Paganini stammte, von den meinen sehr verschieden waren. Mich störte es nicht, und meinen Eltern machte es offensichtlich ebenfalls nichts aus; denn es war auffällig, daß sie Paganini besonders gern mochten. Sie ermunterten ihn geradezu, uns zu besuchen, wann immer er wolle. Da ich es nicht gewohnt war, zu anderen Leuten zu gehen, kannte ich Paganinis Familie nur flüchtig. Grete erklärte kurz und bündig, sie benötigten mich da auch nicht, sie hätten mit ihren eigenen fünf Gören genug um die Ohren. Woher wußte aber Paganinis Mutter, daß ich für mein Leben gern Leberwurstbrötchen aß, zu Hause jedoch kaum jemals eins erhielt? Als ich einmal Paganini, weil er krank zu Bett lag, die Schulaufgaben überbrachte, steckte mir seine Mutter ein großes, dick belegtes Brötchen zu, und manchmal hatte Paganini eines zuviel in seiner Pausenbrotration. Auch Paganinis Vater trug SA-Uniform, und wie der eingezwängte Herr auf dem Gut des polnischen Inspektors war er dick, doch ich konnte mir nicht vorstellen, daß irgend jemand Angst vor ihm haben mußte, dafür wirkte er zu gutmütig und zu freundlich.

Paganini war für mich genau der richtige Spielkamerad; denn ich konnte ihn für alles begeistern, was mir selbst Spaß machte. Meine Schwester führte ihr eigenes Leben, und das lag nicht nur am Altersunterschied. Ich liebte sie gewiß, aber sie blieb mir fremd. Als wir noch in Danzig wohnten, war sie einmal sehr krank geworden, während Vater und Mutter sich gerade auf Reisen befanden. Grete erlaubte mir nicht, das Krankenzimmer zu betreten. Weil ich hoffte, meine Schwester könne meine Gegenwart fühlen, legte ich mich auf die Schwelle vor ihre Tür. Die Eltern brachen ihren Urlaub ab, und als sie wieder da waren, genas meine Schwester schnell. Doch selbst als ich mich ihr wieder nähern durfte, gelang es mir nicht, sie zu erreichen, es war, als befände die Tür sich immer noch zwischen uns. Äußerlich wurde meine Schwester immer lieblicher, und diese Lieblichkeit erstreckte sich auch auf ihre Art, mit Mutter und Grete umzugehen, was ihr das Leben sehr erleichterte. Sich mit mir zu verbrüdern, hätte sie in die Gefahr gebracht, an meinen Schwierigkeiten teilzuhaben. Gerade das aber lag ihr fern. Somit entwickelte sich zwischen uns kaum Gemeinsamkeit, und infolgedessen hatten wir auch kaum Geheimnisse miteinander. Paganini aber gelang es, selbst meine Schwester ab und zu für unsere Aktionen zu gewinnen.

Die pommersche Großmutter hatte mir zu meinem Geburtstag einen umfangreichen Klavierband mit Studentenliedern, vor allem Trinkliedern, geschenkt. Am besten gefielen Paganini und mir die wilden Gesänge vom Fürsten Bibescu, der so gern Slibowitz trank, und von Kunz von Kaufungen, der mit seinen Rittern die Wände zum Zittern brachte und so lange soff, bis auch der letzte mit unterm Tisch lag. Wir grölten gemeinsam aus voller Kehle, und ich begleitete uns auf dem Klavier. Eine Freundin meiner Mutter, die von meiner Liebe zu Mozart wußte, schickte mir mit der Post einen Klavierauszug von »Don Giovanni«. Obgleich ich einsehen mußte, daß vieles für mich zu schwer war, sowohl zum Singen als auch zum Spielen, war ich begeistert und fand auch einiges, das sich bewältigen ließ, das Duett »Reich mir die Hand, mein Leben« zum Beispiel. Es hörte sich bezaubernd an und war gewiß auch zur Bezauberung gedacht. Daß nicht allein Don

Giovanni die Zerlina verlocken wollte, sondern auch Zerlina sich sehr wohl darin gefiel, dem großen Herrn zu gefallen, war klar.

Klar war mir aber auch, daß das Singen eines Duetts einen Partner benötigte. Paganini die Rolle des Don Giovanni anzubieten, traute ich mich denn doch nicht. Aber als er mich einmal beim Üben antraf, sah er mir neugierig über die Schulter, summte interessiert mit und übernahm ganz von allein den Part. Alles was ich ihm alsdann von Mozart zeigte oder ihn von Vaters Schallplatten hören ließ, gefiel ihm so sehr, daß er beschloß, soviel wie möglich von der gesamten Oper mit mir aufzuführen. Mozart hatte ihn erobert. Die Vorstellung, was wohl Paganinis Kameraden sagen würden, könnten sie ihn beim Ariensingen beobachten, löste einen Lachanfall bei mir aus. Aber ich verriet Paganini den Grund für mein Lachen nicht. Vielleicht wäre er davon aufgewacht, und ich hätte ihn verloren. Lieber behandelte ich ihn behutsam wie einen Schlafwandler.

Selbstverständlich endete der Sommer nicht zusammen mit den großen Ferien. Er zögerte immer ziemlich lange, bevor er dem Herbst das Feld überließ. Ich mochte den Herbst sehr gern und dachte ihn mir tatsächlich so, wie er auf alten Gemälden dargestellt wird, heiter und mit buntem Weinlaub bekränzt, als einen schönen großen dunkelhaarigen Mann mit kühnem Gesicht und hellen wachsamen Augen. Er roch nicht betörend wie der Sommer und erdrückte einen nicht mit seiner Hitze. Seine frischen, herben Düfte schärften die Sinne, die durchsichtige Luft gestattete den Augen einen weiten Blick, und ich konnte mir vorstellen, daß, wenn ich ihn in einem ganz besonders konzentrierten Augenblick erwischte, er mir sogar Flügel verleihen würde. Doch dann begann es trübe zu werden.

Aus der Drewenz stieg kalte Feuchtigkeit und zog in unseren Garten. Wenn ich die Tür im Lattenzaun öffnete, schlug sie mir aus der modrigen Wildnis entgegen. Unter den Füßen glitschten die abgefallenen Blätter, und es roch scharf nach nassem Holz. Es war ein anheimelnd düsterer Ort, gut geeignet für Verschwörungen, stellte Paganini fest. So luden wir ein paar verläßliche Klassenkameraden dorthin ein. Paganini brachte Zigaretten mit, die er seinem Vater entwendet hatte, zündete sie mit klammen Fingern an und ließ sie reihum gehen. Der Tabak biß in die Zungenspitze, und der Rauch schmeckte bitter, aber das Gefühl zu rauchen war aufregend. Jemand gab zu bedenken, daß mit den Dunstschwaden aus dem Fluß möglicherweise die Seele des ertrunkenen Jungen zu uns aufsteigen und uns umschleichen könne. Mir lief es kalt den Rücken hinunter, und ich rückte näher an die anderen heran.

Immer hatten die Eltern darauf bestanden, daß ich Gespenster nicht zu fürchten brauchte, weil sie nicht existierten, sie seien lediglich ein Produkt der Phantasie. Im Bücherschrank stand ein Band mit Gespenstergeschichten aus der Zeit der Romantik, den ich mir schon einige Male zum Lesen herausgenommen hatte. Selbst wenn es sich nur um Phantasiegebilde handelte, so waren manche von ihnen doch so beeindruckend schrecklich, daß ich mich nicht getraut hatte, mich ihnen auszuliefern. Gemeinsam müßten wir ihnen aber standhalten können.

Mein Vorschlag, uns zum Lesen zusammenzutun, wurde begeistert aufgenommen, und wir beschlossen, uns, mit Taschenlampen ausgerüstet, wieder im Garten einzufinden. Wie zum Zeichen, daß alles schließlich nur ein Spiel sei und wir das Grauen gemeinsam bestehen würden, hingen knackig und rotbackig die letzten Äpfel im fauligen Blattwerk der Bäume, und es war nicht schwer, sie zu erreichen. Jemand brauchte sich nur als Räuberleiter zur Verfügung zu stellen, damit ein anderer den Fuß in die untere Astgabel setzen konnte; denn von dort ließen die Äpfel sich mühelos abpflücken. Als jeder einen Apfel in der Hand hielt, bissen wir auf Kommando zu. Der Saft spritzte aus dem Fruchtfleisch und reinigte mit frischsäuerlichem Aroma unsere verräucherten Mundhöhlen. Damit glaubten wir uns vor Entdeckung gefeit. Niemand sollte etwas von unserem gemeinsamen Vorhaben ahnen.

Als der Termin für die Lesung der Gruselgeschichten herangekommen war, stellte sich heraus, daß die Eltern zum Abendessen auf dem Lande eingeladen waren. Sie würden erst spät heimkehren. Grete hatte sich ebenfalls auf ihr Zimmer zurückgezogen. Es lag hinter der Küche auf der anderen Seite der Holztreppe und besaß einen separaten Eingang. Sie würde uns gewiß nicht stören. Den anderen war es gelungen, sich die Möglichkeit zum unbemerkten Verlassen und Betreten ihrer Wohnungen zu verschaffen, und nun lud ich sie ins Herrenzimmer ein. Wir machten es uns in den großen Sesseln bequem, und Götz mit der eisernen Faust als einer der redegewandtesten und gebildetsten Schüler begann mit dem Vorlesen.

Es war sehr gemütlich, im Kachelofen bullerte und knackte es, draußen war es bereits finster, wir aber saßen im Warmen, wenn auch nicht im Hellen; denn aus Vorsicht wagten wir lediglich für den Vorleser eine kleine Tischlampe anzuzünden. Ihr Schein reichte nicht sehr weit, und nach und nach füllte sich das Zimmer mit beängstigenden Schattengestalten, von denen man nicht wußte, ob sie nur in der Phantasie oder tatsächlich existierten. Meine Vernunft wehrte sich gegen die Phantasiegebilde, aber schließlich unterlag sie ihnen. Sie zwangen mich, ihnen auf ihren geheimen, unheilvollen Wegen zu folgen, und ich spürte, wie sich die Haare in meinem Nacken sträubten. Meine Schwester hatte sich fest an mich gedrückt. Wie gut, daß wir nicht allein waren!

Plötzlich stellten wir erschrocken fest, daß es viel später geworden war, als wir vereinbart hatten. Die anderen mußten sich unverzüglich auf den Heimweg machen. Ich beneidete sie nicht; denn es stand ihnen bevor, sich unbemerkt in ihre Betten schleichen zu müssen. Nachdem wir uns vergewissert hatten, daß im Treppenhaus alles still war und niemand ihr Fortgehen bemerken konnte, schlossen meine Schwester und ich die Haustür so geräuschlos wie möglich hinter den Klassenkameraden. Dann begleitete ich meine Schwester zu ihrem Bett. Aber nun mußte ich die Wohnung von einem bis zum anderen Ende durchqueren, und dabei bemerkte ich, daß die Dunkelheit mich nicht eintönig und ruhig umgab. Ich sah, wie sie sich bewegte und zuckte, wie Lichtflecke in ihr aufsprangen und Schleier wogten.

Es war ein entsetzlicher Weg bis zu meinem Bett. Doch selbst als ich dort angelangt war, fand ich keinen Frieden. Sobald ich die Augen schloß, spukte E.T.A. Hoffmanns grausiger Mechanikus herum. Er floh erst, als ich den Schlüssel klicken und die Eltern flüstern hörte.

24

Diesmal machte Weihnachten sich weit mehr bemerkbar als im vorigen Jahr, wo ich den Eindruck gewonnen hatte, daß es im Verborgenen stattfand. Vielleicht lag der Unterschied lediglich darin, daß ich nun dazugehörte und mit allem vertraut war. Es stimmte, daß weniger Glanz nach außen drang als früher in Danzig. Das mochte am Krieg liegen und am strikten Verdunkelungsgebot. Trotzdem waren auf dem Marktplatz einige Buden aufgestellt, und ein Tannenbaum prangte in ihrer Mitte. Buden und Tannenbaum durften nur in aller Heimlichkeit für eine Weile am frühen Abend spärlich beleuchtet werden.

Für die Gruselclique war die Abenddämmerung genau die richtige Zeit, um auf Abwege zu gehen und Schrecken zu verbreiten. Wir trafen uns und umschlichen die Buden. Die Leute nahmen keine Notiz von uns, doch das sollte sich ändern. Max war ein Junge, vor dem ich immer irgendwie auf der Hut war. Ich brauchte mir nicht einmal Mühe zu geben; die Vorsicht ihm gegenüber stellte sich von selbst ein. Er konnte den größten Unsinn provozieren, ohne daß die Lehrer je auf ihn gekommen wären, und manchmal steckte in seinen Aktionen etwas Tückisches. Ich wunderte mich darüber, wie es ihm gelang, niemals verdächtigt zu werden, sondern im Gegenteil fast als unangreifbar dazustehen. Max hatte am Tannenbaum die Zündkerze entdeckt. Drehte man sie aus, verloschen auch die übrigen Kerzen, und der ganze Markt lag im Dunkeln. Beim ersten Mal glaubten die Leute noch an einen Defekt und warteten gelassen, bis jemand die Beleuchtung wieder eingeschaltet hatte.

Als das gleiche wiederum geschah, wurden sie schon unmutig, und beim dritten Mal vermuteten sie, daß System dahintersteckte. Nun wurden sie zornig und forschten nach den Übeltätern. Das aber brachte uns erst richtig in Schwung. Wir benahmen uns jedoch so schlau, daß es nicht gelang, uns zu erwischen. Kaum, daß wir die Dunkelheit herbeigeführt hatten, stoben wir, jeder für sich, in alle Richtungen davon. Schließlich wurden die Leute so wütend, daß sie den Polizisten riefen. Selbst der wußte nicht, wohin er sich bei der Verfolgung wenden sollte, zumal die Täter ja ständig wechselten. Am Ende gewannen aber doch die Marktleute. Sie postierten den Schupo vor dem Tannenbaum. Da stand er und machte jede Annäherung an die Wunderkerze unmöglich.

Max erfand ein neues Spiel: Das Zeichen der weißen Hand. Dafür mußte jeder zu Hause etwas Mehl in ein Taschentuch streuen, damit er seine Hand immer aufs neue gebrauchsfertig machen konnte. Das Spiel bestand darin, sich im Schutze der Dunkelheit unbemerkt an Passanten heranzumachen und ihnen blitzschnell von hinten mit der bemehlten Hand auf den Rücken zu schlagen. Mir war bei der Sache nicht geheuer. Wenn der Beklopfte mich nun packte und verprügelte? Drükken wollte ich mich aber auch nicht, und es hatte mich bereits eine wilde Begeisterung erfaßt. Doch als ich einem schlanken, großen Herrn, der eilig an mir vorbeihastete, zwischen die Schulterblätter haute und »Fürchte die weiße Hand, Schurke!« durch die Zähne stieß, spürte ich, daß etwas nicht stimmte. Und dann sah ich trotz Dunkelheit und schwarzer Winterkleidung, es war der Direktor, den ich geschlagen hatte. Mir erging es wie dem Herrn Sauerbrot beim Anblick seiner totgeglaubten Gattin: Ich wurde starr vor Schreck und konnte mich nicht mehr rühren. Seltsamerweise ging der Direktor weiter, als wäre nichts geschehen. Zu Hause verzog ich mich klammheimlich in mein Zimmer. Ich wagte nicht, an morgen zu denken. Es war mir furchtbar heiß, und ich riß alle meine Fenster auf. Nun fing ich vor Kälte zu bibbern an, und meine Zähne klapperten. Dennoch wurde ich nicht krank und mußte zur Schule gehen. Der Direktor trat ein, der Unterricht begann, es war wie gewöhnlich. Nichts geschah. Das konnte ich nicht fassen. Es war undenkbar, daß der Direktor mich nicht erkannt haben sollte. Ich hatte ihn doch auch gesehen. Warum sagte er nichts? Sollte ich mich tatsächlich getäuscht haben, oder war ein Wunder geschehen?

Die Schule plante für den letzten Schultag vor den Weihnachtsferien eine festliche Aufführung in der Aula, zu der jede Klasse etwas beitragen sollte. Meine Klasse hatte sich für »Max und Moritz« entschieden. Ich mochte Wilhelm Busch sehr gern. Mir gefielen nicht nur die drolligen Zeichnungen, sondern vor allem die Verse. Sie steckten voll Schabernack und Ironie, die schon durch die witzig-ungewöhnliche Anordnung der Worte zum Ausdruck kam. Sie zielten auf Bosheit, Selbstgefälligkeit und Heuchelei, spießten sie auf und gaben sie der Lächerlichkeit preis.

Den »Max und Moritz« konnte ich seit langem auswendig. Aber als mir die Rolle der Witwe Bolte angetragen wurde, war ich nicht gerade begeistert. Die Gefahr, daß mir die betuliche Art der einfältigen Alten, das alberne »tiep, tiep, tiep«, mit dem sie ihre Hühner herbeilockte, ewig anhängen und mich zumindest bei den Jungen zum Gespött machen könne, lag sehr nahe. Wie einfach war es dagegen, einen der Engel zu mimen, die, weißgewandet und mit goldenen Flügeln geschmückt, würdevoll über die Bühne schritten, die verbindenden Worte sprachen und der Welt die große Freude verkündeten.

Wieder geschah ein Wunder. Ich durfte die Rolle der Witwe Bolte abgeben und einer der drei Engel sein. Doch bereits während der Aufführung wurde mir klar, daß ich einen Fehler gemacht hatte. Paganini riß als Witwe Bolte die Zuschauer zu Gelächter und Beifallsstürmen hin, während die drei Engel nur als selbstverständliches und daher unauffälliges Attribut des Weihnachtsfestes Beachtung fanden. Eigentlich waren sie langweilig.

Darüber hinaus fragte ich mich, was für eine Freude sie verhießen. Mutter las am Heiligen Abend seit eh und je die Weihnachtsgeschichte vor. Sie kleidete sich eigens dafür in ein schönes Abendkleid aus schwarzem Samt und sah aus, als habe sie den Zauberkreis des weihnachtlichen Geheimnisses betreten. Auch Grete trug ein langes Kleid, und meiner Schwester und mir waren ebenfalls die besten Sachen herausgelegt worden. Wenn der Tannenbaum im dunklen Zimmer sein Licht aufstrahlen ließ und in all seiner ehrfurchtgebietenden Schönheit dastand, bekam ich jedesmal einen Kloß im Hals und hatte Mühe, meine Tränen zurückzuhalten. Ich war dann einer der Hirten, die das wunderbare Licht vom Himmel überwältigte.

Das meiste von dem, was ich in der Sonntagsschule gelernt hatte, hatte ich vergessen. Die Eltern sprachen kaum mehr von diesen Dingen. Ich vermutete, daß sie das Buch, auf dem ich damals, als die schwarz Uniformierten gekommen waren, vor dem Klavier gesessen hatte, irgendwo versteckt hielten, aber ich erachtete es für besser, nicht danach zu fragen. Im Grunde interessierte es mich auch nicht. Wenn schon, dann wollte ich protestantisch sein wie die meisten meiner Klassenkameraden. Paganini war es auch, und dennoch hatte er in der Schule lauthals verkündet, Jesus sei ein armseliger Knierutscher gewesen, der dem Feind auch noch die zweite Backe dargeboten habe, weil er zu feige gewesen sei, sich zu verteidigen. Nicht einmal Elsabe, die Tochter des Pastors, hatte ihm widersprochen. Ich erzählte es Mutter weiter, in der Absicht, sie zu kränken, und bemerkte mit Genugtuung, daß es mir sogar gelungen war. Trotzdem antwortete sie, ich solle überlegen, ob es nicht viel mehr Mut erfordere, die andere Wange ebenfalls hinzuhalten in der Gewißheit, daß der andere es nicht wagen werde, ein zweites Mal zuzuschlagen, weil er die Überlegenheit der Liebe und der geistigen Macht spüren werde, die ihm Einhalt gebiete. Dieser Gedanke beeindruckte mich, und ich war versucht, Mutter zu bitten, mehr darüber zu sagen, so wie sie es früher getan hatte. Schließlich machte ich es doch nicht. Es paßte nicht zu dem, was ich sonst zu hören bekam.

Überhaupt war es besser, über diese Dinge nicht zuviel nachzudenken, es war alles so verwirrend. Max, von dem ich angenommen hatte, daß er sich problemlos in die neue Zeit fügte, hatte ich zu meinem Erstaunen aus der katholischen Kirche kommen sehen, in die ich mich nie hineingetraut hätte, und von der ich glaubte, sie sei für Polen reserviert. Am Ende der Schulfeier sangen wir »O du fröhliche«. Ich fragte mich, worüber die Christenheit sich freuen solle, wenn doch ihr Held als ein würdeloser Feigling galt.

Auf den Heimabenden für Jungmädelführerinnen hatte die Leiterin uns klargemacht, daß die neue Zeit auch neue Gesänge erfordere. Im Mittelpunkt des Festes stehe nun nicht mehr eine umstrittene Märchenfigur aus dem Morgenland, sondern die deutsche Mutter. Ursprünglich sei es ohnehin ein germanisches Fest gewesen, der Sonne und ihrem Wiederaufstieg geweiht. Deshalb würden wir nun das Lied »Hohe Nacht der klaren Sterne« singen, in dem es heißt: »Mütter, euch sind alle Feuer, alle Sterne aufgestellt, Mütter, tief in euren Herzen schlägt das Herz der weiten Welt.«

Wir sangen es auch zum Abschluß der Schulfeier. Im Grunde klang es nicht schlecht, nur blieb mir der Text unverständlich, und es machte längst nicht so ›froh‹ wie das »In dulce jubilo«. Mir schien, daß Kälte aus der hohen Nacht der klaren Sterne drang, und ich fragte mich, wohin die Brücken führten, über welche unsere Herzen gehen sollten. Ich fürchtete, es sei das Nirgendwo.

Obwohl Weihnachten zu Hause schön war und es wie immer Geschenke und Gebäck und einen Gänsebraten mit viel röscher Haut gab, war es doch nicht mehr wie ehedem. Ich konnte nicht genau benennen, was fehlte. Vielleicht war es das: Früher hatte die Zeit sich zu Weihnachten zurückgezogen. Die Ewigkeit war gekommen, um die Erde an ihr Herz zu nehmen, und hatte uns für einen heiligen Augenblick in die himmlische Harmonie erhoben. In dem hellsten der Sterne des Winterhimmels hatte ich immer den von Bethlehem gesehen, der auf das einmalige Kind im jüdischen Lande und seine wunderbare Botschaft aufmerksam gemacht hatte. Nun machte die Zeit viel Getöse und war zu keinem Rückzug mehr bereit.

Ich war nicht allzu traurig, als die Schule wieder anfing. Zwar mußte ich jetzt lateinische Konjugationen und Deklinationen üben, aber da Vater mich fast jeden Abend abfragte, beherrschte ich sie so gut, daß ich mich im Unterricht sicher und geradezu behaglich fühlen konnte. Kaum war ich jedoch ein paar Tage zur Schule gegangen, da griff das Nirgendwo aus der kalten Sternennacht nach mir. Als ich mittags heimkehrte, erwartete mich ein merkwürdig amtlich aussehender Brief. Er war von der HJ abgeschickt. Panik erfaßte mich. Sollte mein Betrug mit den Heimabenden aufgeflogen sein? Nein, es handelte sich um die Einberufung in ein Schulungslager. Vater bemerkte mein Entsetzen und versprach, sich an die Schulleitung zu wenden, die geltend machen sollte, daß es nicht ratsam sei, mich im letzten Quartal des Schuljahres Unterrichtsstunden versäumen zu lassen. Da meine Versetzung nicht gefährdet war, nützte es nichts.

Der Zug rollte mit mir durch verschneite Ebenen, wohin, war mir gleichgültig. Ingrid fuhr mit, aber das bedeutete durchaus keine Hilfe. Sie war keine Freundin, geschweige denn eine Leidensgenossin, sondern mir übergeordnet und in ihrem Element.

Das Lager sah öde aus. Die Baracken waren spärlich möbliert und noch spärlicher beheizt, doch die Lagerleiterin fand das gut. Lachend meinte sie: »Wärme macht nur müde. Hier könnt ihr euch die notwendige Abhärtung verschaffen. Der Führer liebt keine Weichlinge.«

Geschlafen wurde in Leiterbetten auf Strohsäcken, Bettwäsche hatte ich von zu Hause mitgebracht, aber die kratzigen, braungrauen Militärdecken paßten nicht richtig hinein. Sie verkrumpelten sich zu einem Kloß, so daß ich mich nachts nicht richtig einrollen konnte und fror. Außerdem hatten die Decken den Geruch von altem, mit Staub vermengtem Terpentinöl, der dem rissigen Holzfußboden entströmte, in sich aufgesogen und stanken ekelhaft. Die Kartoffeln, die zu Mittag auf den Tisch kamen und zu Kohlsuppe oder Rüben gegessen wurden, sahen ebenso blaugefroren aus wie ich. Grete hätte das Essen mit Sicherheit als Schweinefraß bezeichnet.

Wir saßen auf langen Bänken an einem Holztisch mit Wachstuchdecke. Bevor wir mit dem Essen beginnen durften, las die Lagerleiterin etwas vor, was der Führer oder einer seiner Vertrauten gesagt hatte. Es lief immer darauf hinaus, daß Deutschsein zum Heldentum verpflichtete. Meist sangen wir danach das Lied von der vollen deutschen Kumme, die viel besser schmeckt als die französischen Froschschenkel, oder wir schrien einfach nur »Zicke-zacke, hoi, hoi, hoi« oder etwas Ähnliches, was lustig sein sollte. Dann endlich durften wir loslegen.

Wenn wir nicht draußen herummarschierten, mußten wir etwas in Hefte schreiben, was uns zu noch besseren Deutschen und zu fähigeren Jungmädelführerinnen machen sollte. Die Treue zum Führer hatte absolut zu sein und der Gehorsam bedingungslos. Schließlich waren wir die Generation der Zukunft, der Führer benötigte uns zur Ausführung seiner großartigen Pläne. Jeden Tag bestätigten wir einander mit dem »Lied der Jugend«, daß wir keine Gefahren scheuten und untergehen wollten, damit Deutschland leuchtend dastehen konnte. Ich liebte Deutschland, es war ja das einzige Land, das ich kannte, wie sollte ich da ein anderes lieber mögen? Warum aber mußte ich es so über alle Maßen lieben? Den Führer liebte ich auch, aber meine Eltern liebte ich selbstverständlich mehr. Untergehen wollte ich auf keinen Fall, ich wollte nach Hause.

Eines Morgens standen wir wieder einmal draußen in der Kälte im Karree angetreten, um die Fahne zu hissen. Zwei Mädchen hielten das Tuch, eine dritte zog auf das Kommando der Leiterin: »Hißt Flagge!« an den Schnüren. Während alle Mädchen mit todernsten Mienen und erhobenem Arm den Weg der Fahne zur Spitze des Mastes verfolgten, überkam mich eine wilde Lachlust. Wenn nun die heilige Fahne, der wir immer folgen und die uns immer voranwehen sollte, oben nicht haltmachen, sondern wie ein Luftballon entschweben würde? Schon sah ich die verdutzten, entgeisterten Gesichter der Führerin und der angetretenen Mädchen und spürte, wie das Lachen aus mir herausquellen wollte. Je mehr ich mich bemühte, es zu unterdrücken, desto unbezähmbarer wurde es, bis ich es nicht mehr bändigen konnte und losprustete. Ich lachte und lachte, bis mir die Tränen über die Wangen liefen.

Um mich herum war es totenstill geworden. In das atemlose Entsetzen schrillte die Stimme der Leiterin mit dem Befehl zum Vortreten. Sie gab mir eine schallende Backpfeife und schickte mich auf meine Stube. Später ließ sie mich wissen, daß die Angelegenheit nicht ohne Folgen bleiben werde. Bislang hatte ich geglaubt, niemand sei stärker als Vater. Gegen den Führer, das war mir nun klargeworden, konnte auch Vater nicht ankommen. Sollte das Verhängnis über mich hereinbrechen, vermochten auch die Eltern nicht, mir zu helfen. Ich wunderte mich, wie die Heldinnen in den Büchern es schafften, immer wenn es brenzlig wurde, in Ohnmacht zu fallen oder vor Schreck krank zu werden. Manchen gelang es sogar, vor Kummer zu sterben. Mir war dieser Weg versperrt, ich blieb kerngesund.

Diesmal aber geschah das Ungewöhnliche, ich kam aus dem Frieren nicht heraus. Ich fror so erbärmlich, daß ich vor Zähneklappern nicht essen konnte, und als wir endlich heimfahren durften, war ich vom Frieren so erschöpft, daß ich mich im Zug kaum noch auf den Beinen zu halten vermochte. Zu Hause im Bett aber begann ich zu glühen. Selbst Grete betrachtete mich mitleidsvoll, strich mir über die Stirn und murmelte: »Du siehst ja aus wie Braunbier und Spucke.« Mutter, die Krankheiten nicht sonderlich ernst zu nehmen pflegte, entschied ohne Zögern, es habe keinen Sinn, mich zur Schule zu schicken, obgleich ich, weiß der Himmel, genug versäumt hätte. Also schloß ich die Tür zur Wirklichkeit und überließ mich dem Nichts. Ich lag ganz still, schlief oder döste und genoß die warmen, weichen Kissen. Die Zeit beachtete ich nicht mehr, bis ich meine Klassenkameraden auf der Straße unter meinem Fenster lachen und reden hörte. Da ergriff mich Sehnsucht nach der Schule. Am nächsten Morgen stand ich auf und war gesund. Ein paar Tage lang kümmerte ich mich noch um die Post, doch da kein amtlicher Brief eintraf, vergaß ich die Drohung der Führerin.

25

Das winterliche Land hatte die Horizonte, die es im Sommer so sorglos hatte flattern lassen, nun eng um sich gezogen, wie um sich gegen die Kälte zu schützen. Nur selten gab es die Sicht frei, eigentlich nur um die Mittagszeit, wenn die Sonne auf dem Schnee glitzerte. Doch die Dämmerung schob schnell alles wieder zusammen, bis schließlich nur noch die berühmte Hand vor Augen zu sehen war.

Grete hatte das Auto mit warmen Fußsäcken ausstaffiert. Vater war der einzige, dessen Beine frei bleiben mußten, damit er Kupplung, Gas und Bremse bedienen konnte. Er tat mir leid, aber er beteuerte, daß es ihm nichts ausmache. Diesmal kam auch meine Schwester mit, denn Vater hatte uns beide eine Überraschung versprochen. Als wir an ein Waldstück kamen, erzählte uns Vater, was ihm passiert war, als er diesen Weg zum ersten Mal befuhr. Als hätte die Landschaft sich einen Spaß daraus gemacht, ihm Rätsel aufzugeben, hätte sie ihm zunächst dies Waldstück gezeigt, das ihm in seiner Lage bekannt vorkam, dann eine Ansammlung von Bäumen auf freiem Feld, an die er sich ebenfalls erinnern konnte. Nach einer vertrauten Wegbiegung hatte Vater zu sich selbst gesagt: »Wenn jetzt noch nahe beieinander zwei kleine Gehöfte auftauchen, dann bin ich behext.« Tatsächlich, kaum, daß er es gedacht hatte, lagen sie schon in Sichtweite. Auf dem Gutshof eingetroffen, habe er genau bezeichnen können, wo sich was in den Ställen und Wirtschaftsgebäuden befand. Da kam ihm die Lösung. Plötzlich, als habe ihm jemand ein Foto hingehalten, erkannte sich Vater im Kreise gleichaltriger Jungen, ein Kochgeschirr randvoll mit kräftiger Eintopfsuppe zwischen den Knien, auf dem Hof sitzen und löffeln – und er erinnerte sich.

Auch damals war Krieg, die Männer befanden sich an der Front, und Arbeitskräfte fehlten. So wurden ganze Schulklassen in die Kartoffelernte geschickt. Die Arbeit war ungewohnt, aber sie machte Vergnügen, und belohnt wurde sie mit einem

Essen, von dem man daheim in Danzig nur noch träumen konnte. Doch nicht nur deswegen hatte es Vater und seinen Klassenkameraden auf dem Gut gefallen, es hatte dort ein ungewöhnlicher, fast heiterer Geist geherrscht. »Und wißt ihr was, Kinder, der ist merkwürdigerweise dort geblieben, obwohl die Gutsverwaltung seitdem längst in andere Hände übergegangen ist. Ihr werdet es schon selbst feststellen.«

Kaum hatte das Auto gehalten und wir unsere Füße aufs Trittbrett gestellt, da sauste uns ein kläffendes Etwas entgegen, das wie eine Wurst auf vier Beinen aussah. Zwei Mädchen rannten hinterher und schrien: »Halt die Klappe, Lolosch!« Unmittelbar vor uns kamen alle drei zum Stillstand, musterten uns, lachten und gaben uns die Hand. Lolosch reichte zur Begrüßung seine Pfote und setzte sich auf die Hinterbeine.

So als kennten sie uns längst, forderten die Mädchen uns auf, sie ins Haus zu begleiten. Von drinnen gab eine dröhnende Männerstimme den Befehl zum Schließen der Tür: »Macht die Höhle dicht, es weht saukalt rein.« Zur Antwort zeterte die kläffende Wurst derart schrill, daß sich ihre Stimme überschlug. Aber sie verstummte augenblicklich, als ein Herr in Reithosen und hohen Stiefeln erschien. Meine Hand versank in der seinen, meinem Knicks schenkte er keine Beachtung, sondern zog uns, als wäre er die goldene Gans, alle hinter sich her ins Wohnzimmer. Dort erhob sich eine Frau aus einem Korbsessel. Der enorme Herr brüllte sie an: »Xena, hast du Kaffee und Kuchen für die Bagage?« Xena lachte, ließ sich von Vater umarmen, und während er ihr in Abwandlung des Namens den Schlager »Wenn ich glücklich sein will, muß ich zu Elfriede gehn« vorsang, wußte ich, daß ich hier noch öfter und immer gern sein würde.

Eins der Mädchen war ein Jahr jünger als meine Schwester und besuchte wie sie noch die Grundschule. Die andere Tochter, das merkte ich erst jetzt, war mir von der Oberschule bekannt. Sie gehörte zu den Kindern, die ich glühend beneidete, weil sie mit Pferd und Wagen von ihrem Kutscher zur Schule gefahren und auch wieder abgeholt wurden. Weil sie sich jedoch eine Klasse unter mir befand, hatte ich sie bis dahin nicht weiter beachtet.

Nachdem wir gegessen hatten, zogen die Mädchen meine Schwester und mich nach draußen, um uns den Gutshof zu zeigen. Eigentlich war es wie überall, und doch bildete ich mir ein, es wäre selbst in den Stallungen und Wirtschaftsgebäuden behaglicher als anderswo. Im Pferdestall war ein junger Mann gerade dabei, mit einer großen über die Hand gezogenen Bürste das Fell der Tiere zu striegeln. Sein blonder Schopf stand ihm wuschelig und völlig ungleichmäßig geschnitten um den Kopf, und Strohhalme steckten darin. Trine, das ältere Mädchen, stellte ihn vor: »Das ist Janek, unser Pferdeknecht.« Ich mochte ihn sofort; denn er hatte in der Art, wie er uns anstrahlte, eine gewisse Ähnlichkeit mit Mutter Gretchens sonnenhaftem Enkel.

Janeks Rede hörte sich komisch an. Sie bestand aus vielen unverständlichen polnischen Lauten, aus denen ab und zu ein deutscher aufklang. Setzte man sie zusammen, ergab sich häufig ein begreiflicher Sinn. Nachdem Trine Janek unsere Namen genannt hatte, hängte er sofort an jeden ein A an. Dann hob er uns einzeln hoch, setzte uns auf die Futterkiste und befahl uns, ihm vorzusingen. Am liebsten hörte er »Ein Schifflein sah ich fahren, Kapitän und Leutenant«. Immer wieder mußten wir damit von vorn beginnen, Janek konnte nicht genug bekommen. Auf dem Rückweg zum Haus gestand Trine mir, daß ihr Vater nicht der Besitzer des Gutes sei, es würde von ihrem Vater nur bewirtschaftet. Das Gut sei Staatseigentum.

Beim Abendessen forderte der gewaltige Herr meine Schwester und mich auf, ihn der Einfachheit halber Onkel Gert und seine Frau Tante Xena zu nennen und vor allem ohne viel Federlesens und ohne viel Umstände tüchtig zuzulangen. »Als ich noch Landwirtschaftseleve war, ging es, müßt ihr wissen, streng hierarchisch zu. Obenan saß der Gutsherr mit seiner Frau. Ihnen wurde zuerst serviert. Wenn die Schüsseln unten am Tisch ankamen, waren sie meist schon ziemlich leer. Am untersten Ende des Tisches saß ich, und ich häufte mir in Windeseile die Reste auf meinen Teller. Eile war geboten; denn sobald oben der Hausherr sein Besteck niederlegte, hatten alle übrigen ebenfalls mit dem Essen aufzuhören. Da mir ja als letztem serviert worden war, könnt ihr euch vorstellen, wie ich mich sputen mußte, um wenigstens so viele Bissen reinzuschlingen, daß ich annähernd satt wurde. Richtig rundum satt wurde ich nie. Wie ich die ewige Hungerei überstanden hab', weiß ich heut noch nicht. Mein Magen war jedenfalls zu jener Zeit ein wütend knurrender Köter.« Wenn ich mir den Onkel Gert ansah, konnte ich mir das nicht mehr vorstellen; denn er wirkte gutgelaunt und zufrieden und rundum wohlgenährt.

Zum Abendbrot hab es Makkaroni mit Tomatensoße und Parmesankäse. Tante Xena entschuldigte sich bei meiner Schwester und mir für den Fall, daß wir das nicht mochten. Sie habe es ihren Töchtern für heute abend versprochen. »Und was man verspricht, das hält man auch.« Ich haßte Makkaroni und Parmesankäse zu Tomatensoße. Es roch so ekelhaft. Aber ich würgte meine Portion, ohne mit der Wimper zu zucken, herunter, nur um den Bann des Wohlbehagens nicht zu brechen, der uns umschloß. Es war so gemütlich, so lustig, aber auch ein bißchen verzaubert wie im Hause einer guten Fee.

Gerade als Vater mit dem Hinweis, daß es spät sei, heimfahren wollte, fragte Xena, ob er ihr nicht seine Töchter dalassen wolle, sie würden am nächsten Morgen von Janek zur Schule gebracht. So könnten wir alle noch ein Weilchen beisammen bleiben. Ich kniff die Augen zusammen und wagte kaum zu atmen, bis ich Vater antworten hörte. Wir durften dableiben, welch Wunder! Im Grunde war ich über mich selbst erstaunt; denn gewöhnlich gefiel es mir nicht, bei fremden Leuten zu nächtigen, noch dazu ohne die Eltern.

Die beiden Mädchen erhielten die Erlaubnis, noch einmal mit uns hinauszugehen, und führten uns zum Gutsteich. Der Schnee lag nicht sehr hoch und war zu beiden Seiten weggefegt worden. Zwischen den Schneeumrandungen erstreckte sich die längste Glitsche, die ich je gesehen hatte. Oben beleuchtete sie der Mond, von unten wölbte dunkles Tintenblau zur gläsernen Oberfläche hin. Die Lauffläche war abgeschliffen und scharf wie eine Klinge. Nach kräftigem Anlauf brauchte ich nur stillzustehen und mein Gleichgewicht auszubalancieren, dann beförderte mich der Schwung ans andere Ende, während der feine Schneestaub unter meinen Füßen zur Seite wirbelte. Bei jedem neuen Anlauf wurde die Glitsche länger, und ich fragte mich, wohin sie mich bringen würde, wenn ich immer weiter so dahinflog. Der Rausch der Geschwindigkeit und der Schwerelosigkeit hatte mich erfaßt und schon tief in die Nacht entführt.

Da schallte wie die weckende Posaune hinter uns Onkel Gerts Stimme: »Kommt rein, Jungs, es reicht jetzt, sonst geht ihr uns noch in der Nacht verloren.« Die kläffende Wurst schickte ein paar hohe aufgebrachte Beller hinterher, die Tür tat sich auf, und eine goldene Flut aus Licht und Wärme drängte sich uns entgegen. Sie blendete meine von der Nacht geschärften Augen und ließ meine eisgehärtete Haut brennen. Nach kurzer Zeit hatte die Wärme mich ganz in ihrer Gewalt, und in ihrer wohligen Weichheit erschlaffte ich. Meine Hände und Füße und mein Gesicht wurden wieder geschmeidig. Aber nun war es, als besäße ich weder Rückgrat noch Muskeln, ja, gar keinen Widerstand mehr, und ich drohte in der weichen Wolle zu versinken. Ich wunderte mich noch, daß wir jede eine dickbauchige Wärmekruke und Trine und ihre Schwester jede eine Karbidlampe in die Hand gedrückt bekamen, bevor wir die Treppen hinauf in die Schlafzimmer geschickt wurden.

Benommen, wie ich war, glaubte ich zuerst, wir wären durch das Dach in den Himmel aufgestiegen und die Betten ständen auf Wolken. Es war klirrend kalt, und die dicken Federbetten fühlten sich an, als wären sie mit Schnee gefüllt. Trine stellte eine der Karbidlampen auf den Nachttisch zwischen meine Schwester und mich und verstaute die Wärmekruken am Fußende der Betten. Sie gab uns jeder ein langes, angerauhtes Nachthemd. Doch ich traute mich nicht, mich ganz auszuziehen, weil ich mir nicht vorstellen konnte, wie ich dies ganze klamme Zeug um mich herum je warmkriegen sollte. Im Bett tippte ich immer wieder mit den Zehen an die glühend heiße Kruke, bis ich gar nichts mehr fühlte.

Als ich am nächsten Morgen aufwachte, war nur noch meine Nasenspitze kalt, alles andere lag von wohliger Wärme umhüllt in den molligen Kissen. Xena stand bereits in der Tür und trieb uns zur Eile an. In der Schüssel dampfte heißes Wasser. Nein, waschen würden meine Schwester und ich uns nicht, darin waren wir uns einig. Es war schlimm genug, aus den kuscheligen Betten hinaus und sich anziehen zu müssen. Von unten stieg der Duft heißer Milch, frischen Brotes und warmer Stuben zu uns hoch. Lolosch führte einen wilden Freudentanz auf, als wir das Eßzimmer betraten, indem er sich wie ein Kreisel um sich selbst drehte. Während wir aßen, ließen wir Brokken von Honigbrot unterm Tisch verschwinden. Sie wurden Lolosch heimlich zugesteckt. Xena mahnte: »Beeilt euch, Kinder, der Schlitten wartet.« Oh, das hatte ich ganz vergessen, es gab ja noch die Schlittenfahrt!

Auf dem Kutschbock saß Janek im zottigen Pelz. Mit ebenso kälteundurchlässigen Pelzen war der ganze Schlitten ausgelegt. Wir setzten uns hinein, Xena mummelte uns mit Felldekken ein, knöpfte die Lederplane darüber, und los ging es. Die Schlittenkufen flitzten über den Schnee, die Pferde liefen, als hätten sie keine Last mit dem Gefährt – es fehlten nur der schöne Gösta Berling und die Wölfe. Meine Phantasie konnte sie herbeirufen, aber ich fand, daß auch die Realität nicht zu verachten war.

Die Fahrten zu Onkel Gert und Tante Xena und ihren Töchtern wurden für uns zu einer lieben Gewohnheit. Anfangs holte uns noch der Schlitten ab, und wir glitten durch taubenblaue Winternachmittage. Manchmal hätte ich, wäre es nicht so kalt gewesen, glauben mögen, der Sommer wäre unbemerkt gekommen. Die Sonne badete in goldzerstäubter Luft, und auch am Abend gelang es der schwarzen Dunkelheit nicht, in den Himmel einzuströmen und die Farben fortzuschwemmen. Hoch und duftig wölbte er sich in sattem Veilchenlila über uns, und seine Ränder schimmerten seegrün. Es schien, als schwämme die Erde in einem Meer aus phosphoreszierendem Licht. Woher kam es? Mir fielen die Worte aus der Weihnachtsgeschichte ein: »...und die Klarheit des Herrn umleuchtete sie.« Bäume und Sträucher standen in dieser Klarheit scharf umrissen da, so als wären sie von dem Augenblick für alle Ewigkeiten in ihrer ureigenen Form festgehalten. In den Sternen konzentrierte sich die Klarheit zu blendend reinem Leuchten. Ich fragte mich, ob auch ich ebenso deutlich wie alles andere in diesen Augenblick der Ewigkeit mit eingeschlossen war.

Mitten in der Nacht erwachte ich von der Helligkeit in meinem Zimmer und trat an eins meiner Fenster. Die Veilchenfarbe hatte sich verflüchtigt, das grüne Leuchten den Himmel durchdrungen und ihn ganz durchsichtig gemacht. Dort, wo es am lichtesten war, stand der Morgenstern. Er befand sich allein am Himmel, es gab nichts außer ihm. Obwohl ehrfurchtgebietend und erhaben, war er es doch nicht in der Art eines Königs; denn er funkelte nicht und blinkte nicht, er stand in seiner Helle und Reinheit vollkommen ruhig da wie ein wachsamer Hirte oder wie ein Denker, der die Wahrheit kennt und sie bewahrt. Während ich ihn in seiner atemberaubenden Schönheit und Einsamkeit betrachtete, hatte ich, ohne daß ich mir erklären konnte, woher es kam, das sichere Gefühl, daß etwas von dem Glanz des Sterns auch in mir war, ja, daß dort, wo meine Gedanken mich bislang nie zu finden vermochten, etwas Unbeugsames und Klares verborgen war und daß dies mein Wesenskern sei. Egal, wie weit ich mich von ihm entfernen mochte, ich würde ihn immer unverändert dort wieder entdecken können. Als ich im Bett lag, wußte ich nicht, was das Erlebnis zu bedeuten hatte. Ich fühlte nur, daß etwas sehr Wichtiges, sehr Intimes geschehen war und daß es mich mit Freude erfüllte.

Eines Tages waren die Wirtschaftswege so aufgeweicht, daß sich auch das letzte Restchen Schnee in den Wagenspuren vom Vorjahr nicht mehr halten konnte, und als es nach heftigem Regen zum ersten Mal nach feuchter, warmer Erde roch, war endgültig Frühling. Mutter hatte ein Rad im Tausch gegen eine elektrische Kochplatte bekommen und es mir zum Geburtstag geschenkt. Nun konnte ich mit meinem Rad zu Xena und ihrer Familie fahren und sogar Paganini mitnehmen. Meine

Schwester machte den Weg auf Paganinis Gepäckträger, bis sich die nächste Gelegenheit zu einem Tausch fand.

Bald wurde Grünfutter eingefahren, und Janek freute sich, daß wir ihm dabei Gesellschaft leisteten. Er plazierte uns oben auf die Kleefuhre, wo wir das obligate »Kapitän und Leutenant« singen mußten und uns vorstellten, der Kleewagen sei das weiße Ausflugsschiff, das mit bunten Wimpeln geschmückt in See stach. Es war schön, auf dem duftenden Klee zu sitzen und auf der schaukelnden Fuhre übers Feld zu fahren, aber meine Sehnsucht nach der Ostsee steigerte sich dennoch Tag für Tag, und ich sah immer öfter auf dem Kalender nach, wie weit es noch bis zu den Sommerferien war.

Das ewige »Kapitän und Leutenant« fing an, uns fürchterlich zu langweilen, und wir beschlossen, Janek mit etwas Neuem vertraut zu machen, den hübschen Madeln zum Beispiel oder den Nachtigallen, die so gut zum Frühsommer paßten. Paganini sang sogar von der heißen Äquatorsonne, die dem Owambo-Häuptling auf den Schädel brennt, oder das San Antonio-Lied, in welchem der verlassene Cowboy sein untreues Mädel niederknallt. Es nützte nichts. Zwar hörte Janek höflich zu, aber sobald eine Gesangspause eintrat, forderte Janek den »Kapitän – Leutenant«.

»Sing du doch auch mal was vor, Janek«, baten wir ihn. Janek tat, als verstünde er kein Wort, er starrte uns nur mit weit aufgerissenen Augen an. Schließlich erklärten wir ihm Wort für Wort, pantomimisch dargestellt, was wir meinten, damit er sich nicht aufs Nichtverstehen rausreden konnte. Nun beteuerte Janek, er könne nicht singen, es sei nichts zu machen. Da setzten wir ihn unter Druck: »Na gut, wenn du nicht singst, dann singen wir auch nicht mehr.« Dies Argument saß. Janek machte noch einen letzten Versuch zu entkommen, indem er zu verstehen gab, daß er nur polnische Lieder kenne. »Na, das macht doch nichts, die Melodie ist sowieso die Hauptsache.« Einen Augenblick zierte Janek sich noch, dann legte er los: »Koto dupy jest ciemno, potrzeba latarnie...« Kaum war er zu Ende, da ließ er sich nach hinten fallen, warf die Beine hoch und lachte. Er lachte, bis er keine Luft mehr bekam und husten mußte. Warum er von dem kleinen Lied derart vergnügt wurde, begriff ich nicht. Nach langem Zureden willigte Janek ein, es uns beizubringen.

Ich war sehr stolz darauf, etwas Polnisches singen zu können und sang es, wo ich ging und stand. Eines Tages bekam Tiburek, unser Hausmeister, mich im Durchgang zum Hof zu fassen, als ich gerade über die hintere Holztreppe in die Küche laufen wollte. Er packte mich am Arm und fragte: »Weißt du eigentlich, was du da immer singst?« Ungern gab ich zu, daß ich es nicht wußte. »Na gut, dann will ich's dir mal sagen, es heißt: Am Arsch ist es dunkel, da braucht man 'ne Laterne.« Tiburek grinste und kniff dabei ein Auge zu. Mir hätte es peinlich sein müssen, aber ich fand es bloß furchtbar komisch, und endlich begriff ich nun auch, warum Janek so wild gelacht hatte, als er uns das Lied beibrachte.

Kurz darauf begannen wir in der Schule mit der Lektüre von »Kleider machen Leute«. Ich glaubte, meinen Ohren nicht zu trauen, als der Direktor vorlas, wie der als polnischer Graf verkleidetete Schneider gebeten wird, auf einer feinen und reichen Abendgesellschaft ein polnisches Lied zum besten zu geben. »Der Wein überwand seine Schüchternheit endlich«, hieß es da. »Er hatte einst einige Wochen im Polnischen gearbeitet und wußte einige polnische Worte, sogar ein Volksliedchen auswendig, ohne ihres Inhalts bewußt zu sein, gleich einem Papagei. Also sang er mit edlem Wesen, mehr zaghaft als laut und mit einer Stimme, welche wie von einem geheimen Kummer leise zitterte, auf polnisch:

> Hunderttausend Schweine pferchen
> Von der Desna bis zur Weichsel,
> Und Kathinka, dieses Saumensch,
> Geht im Schmutz bis an die Knöchel!
> Hunderttausend Ochsen brüllen
> Auf Wolhyniens grünen Weiden,
> Und Kathinka, ja Kathinka,
> Glaubt, ich sei in sie verliebt!

Bravo! Bravo! riefen alle Herren, mit den Händen klatschend, und Nettchen sagte gerührt: ›Ach, das Nationale ist immer so schön!‹« Niemand ahnte, wie verständlich mir die Komik dieser Szene war und wie gut ich die Situation nachempfinden konnte.

Vielleicht würde auch ich einmal Gelegenheit haben, mein unanständiges Liedchen einem feinen und höchst wohlerzogenen Publikum so seelenvoll vorzutragen, daß es vor Entzükken schier verging. Es durfte nur gewiß kein Polnisch verstehen.

26

Anfangs wollte und wollte die Zeit bis zum Beginn der großen Ferien nicht vorrücken. Aber dann ging es wider Erwarten schnell. Alle Klassenarbeiten waren geschrieben, die Zeugnisse verteilt, und eines Morgens standen tatsächlich alle Schüler zur Entlassung angetreten im Schulhof.

Gemeinsam sangen wir das Lied von der hellen Flöte, die zuerst den Frühling und dann den Sommer weckt. Der Direktor hielt eine Ansprache, aber ich war sicher nicht die einzige, die auf seine Ermahnungen schon nicht mehr hörte. Die meisten traten unruhig von einem Bein aufs andere und stützten wie ich mit der linken Hand den erhobenen rechten Arm, der beim Absingen der beiden offiziellen Hymnen, des Deutschland- und des Horst-Wessel-Liedes, jedesmal zu erlahmen drohte. Kaum hatte der Pedell die Fahne eingeholt und weggesteckt, da preschten sämtliche Schüler los, wie um sich kopfüber in die Freiheit zu stürzen. Noch eben war der Schulhof voller Leben gewesen. Nur eine kleine Weile später lag er wie ausgestorben da.

Zu Hause war alles bereits geregelt. Meine Schwester fuhr mit Grete zu Vater und Mutter Thiel, meine Mutter allein nach

Bad Wildungen, Vater und ich nach Pommern. In Zoppot würden wir uns alle zur gemeinsamen Heimreise treffen. Nicht einmal die Trennung von Mutter konnte meine Freude beeinträchtigen.

Vater tat alles, um mir das Gefühl zu geben, er reise mit der Dame seines Herzens. Wir kletterten die hohen steilen Stufen zum Abteil hinauf und setzten uns auf die Plüschbänke der ersten Klasse. Ein vornehmes Rot umgab uns, und ich fühlte mich wie ein lässiger Globetrotter im Orient-Express. Vater erklärte mir, wie sich eine Dame in solch einem Fall zu verhalten hätte, und umgab mich mit höflicher Aufmerksamkeit wie ein echter Kavalier. Das Spiel schien auch ihm Spaß zu machen, die Unterhaltung floß angenehm dahin. Ich verriet Vater die Streiche, die wir in letzter Zeit in der Schule getrieben hatten. Am besten gefiel Vater die Sache mit Paganinis unerklärlichem Verschwinden.

Die Fenster unseres Klassenzimmers sahen auf den Schulgarten hinunter. Ihre äußeren Simse waren so breit, daß man gefahrlos und bequem darauf stehen konnte. Kurz bevor der Unterricht begann, kletterte Paganini hinaus und stellte sich zwischen zwei Fenstern auf den Mauersims. Der diensthabende Lehrer war einer von denen, die leicht zu verärgern waren und die sehr schnell in unkontrollierte Wut gerieten. Als er die Klasse aufgerufen hatte und merkte, daß Paganini fehlte, sagte er: »Wieso ist der Junge nicht da, ich habe ihn doch eben noch in der Pause gesehen? Sollte er unerlaubt das Schulgelände verlassen haben?« Da Paganini nach einer Weile immer noch nicht erschien und alles Fragen ergebnislos geblieben war, wollte der Lehrer ein Exempel statuieren und den Direktor von dem Vorfall unterrichten. Kaum hatte er jedoch die Klasse verlassen, öffnete Paganinis Banknachbar schnell das Fenster und ließ Paganini hereinspringen. Weil nun der Lehrer unerlaubten Lärm hinter sich in der Klasse vernahm, kehrte er schnurstracks um – und fand Paganini ruhig auf seinem Platz sitzen. Zwar war der Lehrer völlig perplex und weiß vor Wut, weil er nicht begriff, wie Paganini sein Wiedererscheinen sowie sein unerklärliches Verschwinden inszenieren konnte, aber er hielt seinen Tobsuchtsanfall zurück, was, wie auch Vater bestätigte, in dieser Situation wohl das einzig Richtige war.

Als Gegenleistung verriet Vater mir, daß er einmal zufällig mit unserem Bannführer von der HJ im selben Abteil gesessen habe. Um zu erfahren, was der für ein Mensch sei und was in seinem Kopf vorging, habe Vater ihn gefragt, ob die intensive Beschäftigung mit jungen Menschen ihn glücklich mache und sein Leben bereichere. Auf diese Frage hin hatte der Bannführer Vater nur völlig entgeistert angeblickt. Vater ließ jedoch nicht locker und fragte weiter, inwiefern ihn die Seele der jungen Menschen interessiere. »Seele«, hatte der Bannführer gesagt und Vater einen verächtlichen Blick zugeworfen, »Seele ist Scheiße«. Diese Erklärung hatte das Gespräch beendet. Vater und ich lachten wie zwei Verschwörer. Das Wort »Scheiße« aus dem Munde meines Vaters zu hören bewies mir, daß wir uns völlig außerhalb des Gewohnten bewegten.

Der Zug begab sich ohne Hektik von einem Städtchen zum anderen. Die Bahnhöfe standen zum Gähnen gelangweilt in der Sonne und erzählten alle das gleiche. Sie priesen auf verblichenen Plakaten die Vorzüge von Persil und Nomotta-Wolle. Manchmal war auch ein keckes Mädchen im Badeanzug abgebildet, das von Niveacreme samtig-braune Haut bekommen hatte, oder ein Schokoladenmohr mit golddurchwirktem, buntem Turban, dessen Haut schon von Natur aus braun war. Unerwartet sprang mir aus der Mitte der verstaubten, friedlichen Bilderwelt »Kohlenklau« mit Glühaugen und über die Schulter geworfenem Sack entgegen. Es wirkte komisch, ihn hier zu sehen; denn nicht weit von dem Plakat entfernt stand ein Kohlenwagen unbeachtet wie vergessen in der Sonne. Auch der dramatische Hinweis, daß die Räder für den Sieg zu rollen hätten, nahm sich auf diesen schläfrigen Kleinbahnhöfen seltsam widersprüchlich aus.

Gerade, als ich selber dösig zu werden begann, lief der Zug in Schlawe ein, und Vater und ich stiegen aus. Wir durchquerten eine kühle Bahnunterführung und standen gleich darauf unter hellen, sonnengesprenkelten grünen Bäumen einer rundlichen Tante gegenüber, die uns an ihr Herz drückte und in ihre Wohnung mitnahm. Dort warteten schon ein ebenso freundlicher Onkel und eine bezopfte Cousine, keine ganz echte, nur eine zweiten Grades, doch das spielte keine Rolle. Der legendäre Urahn schien in einer höheren Dimension immer mit anwesend zu sein, sobald Mitglieder der Sippe einander begegneten. Seine Autorität einte die Sippe mit besitzergreifender Selbstverständlichkeit und löschte Unterschiede in Erziehung und Lebensweise sofort aus.

Obgleich die Wohnung von der unsrigen sehr verschieden war, fühlte ich mich nicht fremd. Das wäre auch unmöglich gewesen; denn Vater und die mollige Tante begannen in Erinnerungen zu kramen. Sie erzählten so witzige Geschichten aus ihrer Kinderzeit, daß ich vor lauter Spannung vergaß, meinen Kuchen zu kauen. Immer wieder fragten sie einander »Weißt du noch?« und lachten schon los, bevor sie überhaupt zu erzählen begonnen hatten.

Einmal war Vater, genau wie jetzt ich, in die Sommerferien entlassen worden, aber da hatte er gerade jene Kopfbedeckung erworben, von der alle Schüler träumten: die goldbetreßte Samtmütze der Oberprimaner. Im Bewußtsein ihrer ungeheuren Wirkung stolzierte er durch Schlawe hinter zwei jungen Mädchen her, die ihre Schultaschen schwenkten, auf den Hakken wippten und ab und zu verstohlen einen amüsierten Blick auf den Oberprimaner warfen, der sie so auffällig verfolgte. Mit sorgfältig einstudierter Nonchalance nahm er eine Zigarette aus dem Etui, klopfte sie an und rauchte mit dem hochmütigen Gesichtsausdruck des passionierten Verführers. Als die Mädchen vor einem Schaufenster stehenblieben, meinte er, sie inzwischen ausreichend verwirrt zu haben, um seinen endgültigen Coup landen zu können. Er stürzte auf die eine der beiden zu, packte sie und küßte sie auf den Mund. Doch statt des erwarteten empörten Aufschreis traf ihn ein Gegenkuß, sogar ein zweiter, und die erfreute Begrüßung: »Hallo, da bist du ja!« Längst hatte die Cousine, aus der nun die mollige Tante geworden war, Vater erkannt und mit ihrer Freundin den Lauf der Dinge abgewartet.

Am Abend fuhren Vater und ich weiter. Müde, wie ich mich fühlte, nahm ich bei der Ankunft auf dem Lande die Begrüßung der Ostsee nur schlaftrunken wahr. Diese Ferien versprachen herrlich zu werden. Es gab keinerlei Zeremoniell, weder Grete noch Mutter bewachten mich, nur zu den Mahlzeiten brauchte ich zu erscheinen, im übrigen war ich frei. Ich rannte durchs Dorf an den Bauern- und Fischerhäusern vorbei, in deren Gärten wieder Frau Holles Schneeballsträucher blühten, bis zur Steilküste und fand auch gleich die Stelle, von der ein Abstieg zum Strand hinunterführte. Da lag die Ostsee! Sie hatte das Licht in lauter kleine Funken explodieren lassen, die wie in quirliger Freude auf dem Wasser tanzten. Ich wagte nicht hineinzugehen, ich betrachtete sie nur. Es eilte nicht. Viele Wochen lang würde die Ostsee mir gehören. Wir konnten zusammensein, wann immer ich wollte. Badeverbot erteilte Vater nicht. Während ich noch vor Bewunderung festgebannt im Sand hockte, erschien er mit zwei geschulterten Spaten auf der Steilküste. Gemeinsam schaufelten wir auf dem menschenleeren Strand eine Burg mit einem dicken Sandwall. Zur See hin ließen wir einen Eintritt offen. Dann glätteten wir den noch feuchten Sand und setzten uns in die geräumige Kuhle, die für die Dauer der Ferien unser Treffpunkt sein würde. Um uns glitzerte der Morgen. Vater pfiff das Thema des Rondos aus dem Violinkonzert von Beethoven. Noch nie hatte ich die Aufführung einer Sinfonie erlebt, aber ich kannte das Violinkonzert von der Schallplatte her. Während ich in Gedanken Vaters gepfiffene Violintöne mit der Orchestermusik umgab, floß die Stimmung dieses Morgens in die Melodie ein und blieb darin festgebannt wie die anmutige Prinzessin im Ring des Zauberers, und so, wie der Prinz, wenn er an dem Ring drehte, das liebliche Gesicht der Prinzessin vom Grund des Diamanten auftauchen sah, konnte nun ich die Erinnerung an diesen Morgen immer wieder mit jener Melodie zurückrufen.

Später kamen die Cousinen und staffierten die Burg mit Kissen, Decken, Badetüchern, Büchern, Bonbons und Niveacreme aus. Sie besuchten inzwischen die Universität und interessierten sich kaum noch für mich. Wie die schönen jungen Damen aus »Gösta Berling«, so schritten sie durchs Leben. Auch ein »Gösta« tauchte auf. Er trug eine äußerst kleidsame Marineuniform. Ich wagte kaum, meinen Blick zu ihm zu erheben, und war überzeugt, daß es mir nie gelingen würde, die Aufmerksamkeit eines solch traumhaften männlichen Wesens je auf mich zu lenken. Die Cousinen aber taten, als wäre es eine Selbstverständlichkeit. Mich betrachteten die jungen Männer als mögliche Brücke zu meinen Cousinen und behandelten mich freundlich, obwohl ihre Bemühungen vergeblich waren, da ich als Brücke nicht in Frage kam. In der Welt meiner Cousinen existierte ich nur am Rande. Das störte mich jedoch nicht.

Meine Freiheit bedeutete mir mehr als alles andere. Allein schlenderte ich durch das Dorf und dachte an die kleine Gräfin Rantzau, über deren trauriges Schicksal ich in einem Buch gelesen hatte, das von den Schrecken des Dreißigjährigen Krieges handelte. Barfuß und im bloßen Hemde war sie mit ihrem struppigen, halbverhungerten Hund durch das verwüstete Pommerland geirrt. Den Bauern hatten die streunenden schwedischen Soldaten jenen ekligen Jauchetrunk eingeflößt, der seitdem als Schwedenpunsch bekannt ist. Sie taten das, um die Ärmsten zur Herausgabe ihrer letzten Habe zu zwingen. Aus dieser Zeit stammte der Singsang, mit dem ich, als ich noch klein war, die Maikäfer beschworen hatte, ihre Flügel auszubreiten und abzuschwirren:

Maikäfer flieg!
Dein Vater ist im Krieg,
Deine Mutter ist in Pommerland,
Pommerland ist abgebrannt.
Maikäfer flieg!

Auch jetzt war Krieg, doch nicht im Pommerlande. Im Pommerlande herrschte eitel Friede. Über die Gartenzäune quollen die schneeigen Blütenbälle, von denen ich noch jetzt meinte, Frau Holle züchte sie für den Winter, um dann mit ihnen zu werfen. Aus den Kaminen stiegen bläuliche Schwaden empor, die den Duft von Geräuchertem verbreiteten. Ein Fischer hatte mir einmal erlaubt, mir die Flundern und Aale anzusehen, wie sie aufgefädelt über der Glut hingen. Ab und zu tropfte Fett aus ihrer braungoldenen Haut auf das Räucherholz.

Am Sonntag läuteten die Glocken, und wie auf ihr Kommando gingen die Haustüren auf, und die Dorfleute traten auf die Straße. Sie sahen alle einander ähnlich. Die Frauen und Mädchen trugen dunkle Kleider und Kopftücher, die kleinen Jungen Anzüge, in die sie erst noch hineinwachsen mußten. Fast alle hatten ganz helle Haare, nicht nur auf dem Kopf, sondern auch an Wimpern und Augenbrauen. Nur bei den Kindern sahen sie etwas dunkler aus, noch feucht vom Wasser, mit dem sie fest an den Kopf gebürstet worden waren. Sogar vor mir versteckten die Dorfkinder sich hinter ihren Müttern aus lauter Schüchternheit. Sie sprachen immer nur plattdeutsch. Wenn ich sehr aufmerksam zuhörte, konnte ich es verstehen, aber sprechen konnte ich es nicht, und die Kinder fanden mein Hochdeutsch wahrscheinlich aufgesetzt und komisch. Sie kicherten meist nur, wenn ich sie ansprach, oder streckten mir die Zunge raus und rannten weg. Auf mich machte es den Eindruck, als hätten sie von nichts Ahnung. Wußten sie überhaupt, daß Krieg war? Doch während ich ihren Kirchgang beobachtete, fiel mir auf, daß kaum Männer dabei waren, nur entweder ältere oder ganz junge. Die Tante bestätigte mir, daß die Väter sich an der Front befanden. Um die Landwirtschaft kümmerten sich die Frauen weitgehend allein, den Fischfang besorgten die älteren Männer.

Tante Mühle wohnte auf einer der wenigen Erhebungen des Landes, und das mußte sie auch, damit ihre Mühle Wind bekam. Ich war sehr beeindruckt, als ich zum ersten Mal vor den schwingenden Mühlenflügeln stand, und hatte Angst, sie könnten mir den Kopf abschlagen. Sie ragten unheimlich hoch auf, und hinter ihnen knurrte böse das Mühlenwerk. Es kostete mich stets von neuem Überwindung, an der Mühle vorbeizugehen, wenn sie in Betrieb war. Die Überwindung lohnte sich aber; denn bei Tante Mühle war alles anders als sonst wo auf dem Lande. Sie war fast immer schwarz gekleidet und trug eine grauschwarz gestreifte Schürze. Ihre Füße steckten in bequemen Filzpantoffeln. Sie war klein und zierlich und bereits ein wenig hutzelig, und sie sprach mit freundlicher Großmutterstimme, doch man merkte ihr an, daß sie eine Fee war, denn es gingen Autorität und Kraft von ihr aus.

Das Zentrum in Tante Mühles Haus war die Küche und deren Mittelpunkt der riesenhafte Herd. Bei Tante Mühle drehte sich alles ums Essen. So machte es ihr keine Mühe, sie schob die schweren Eisenpfannen und -töpfe auf dem Herd hin und her, nahm sie vom Feuer, holte mit dem Eisenhaken die klappernden Herdringe heran und legte einen nach dem anderen über die Öffnung, bis sich das Rund geschlossen hatte. Dann schöpfte sie Kartoffeln und Gemüse auf Teller und Platten, tat Würste und Bratenstücke hinzu und krönte das Ganze mit Kompott.

Grete schüttelte sich jedesmal in Erinnerung an Tante Mühles Küche und versicherte, daß sie nie imstande sein würde, eine süße Blutwurst runterzuwürgen. An die süße Blutwurst wagte auch ich mich nicht heran, aber das Kompott gefiel mir zu dem Braten sehr gut, besonders das säuerliche, ein wenig bittere Preißelbeerkompott. Es setzte einen verwegenen Akzent zur Sahnesoße, zog den Gaumen zusammen und ließ einem die Spucke im Mund zusammenlaufen.

Vater zuliebe hatte Grete die Zubereitung der süßsauren Eiersoße erlernt, die ich ebenfalls sehr gern aß. Dazu gab es Kartoffelbrei, der als ein Kranz mit einer genügend großen Kuhle in der Mitte serviert wurde, in welche man die Soße schüttete. Bei Tante Mühle war die Soße viel gelber als die von Grete und schmeckte auch viel kräftiger süßsauer. Ich bohrte mit der Gabel den Wall aus Kartoffelbrei an. Die Soße konnte nun ungehindert bis an den Tellerrand fließen. Bevor sie aber versickerte, tunkte ich sie mit Kartoffelbrei auf und verspeiste das Ganze mit großem Appetit. Hier störte es keinen, wie ich aß.

Um Tante Mühles Tisch waren immer viele Leute versammelt, die alle durcheinanderredeten. Oben am Tisch saß Pinske, Tante Mühles Müllermeister. Pinske sah aus wie ein Quadrat und war weiß von Kopf bis Fuß. Das einzig Dunkle an ihm war seine Zigarre, aus der er manchmal Rauch paffte, die er aber oft auch erloschen zwischen den Lippen hielt.

Pinske redete selten, wenn er jedoch etwas sagte, hörte es sich bedeutend an. Sprach Tante Mühle zu ihm, antwortete er fast immer auf die gleiche Weise, er brummte: »Mintwäche.«

Pinske mußte Tante Mühle gehorchen; denn die Mühle gehörte ihr. Aber am Arbeitsplatz, in der Mühle selbst, war Pinske der Herr; denn er war der Müller, ohne den die Mühle nicht betrieben werden durfte. Der Müllergeselle und der Müllerknecht, ja, die Mühle selbst führten seine Befehle aus. Die Mühlenflügel interessierten ihn überhaupt nicht. Er ging an ihnen vorbei, als ob es nichts wäre. Breitbeinig und gewichtig betrat er das Mühleninnere und den Aufzug, um sich mit ihm in die oberen Etagen hinaufzuseilen. Ich hielt mich dicht hinter Pinske, denn in seiner Nähe war ich vor den Mühlensteinen sicher.

Als ich den Aufzug zum ersten Mal sah, traute ich meinen Augen nicht. Dieser Aufzug stellte die Erfüllung meiner Träume dar. Er war keiner jener langweiligen Dinger, in die man eingesperrt wird und die auf Knopfdruck leise surrend mit kaum wahrnehmbarer Bewegung hinauf- und hinuntergleiten. O nein! Eigentlich bestand er nur aus einem großen quadratischen Brett, das an einem dicken Tau hing, welches über einen Flaschenzug lief. Das Brett war ziemlich genau in die Fußbodenöffnung eingepaßt. Pinske befahl mir, mich neben ihn zu stellen, dann faßte er das Tau und zog uns, immer mit der einen Hand über die andere greifend, bis auf die nächste Etage und von dort auf die darüberliegende. Beim Hinunterfahren ließ er das Tau durch seine Hand laufen und fing es unten, kurz vor dem Aufsetzen auf den Boden, geschickt ab. Wir landeten weich im Parterre. Dies war viel, viel aufregender als alles, was ich bisher erlebt hatte, und viel interessanter als die Besichtigung der gewaltigen Mühlsteine und des eifrigen Mühlwerks und der vielen Korn- und Mehlsäcke, die von den Bauern auf Leiterwagen zur Laderampe gebracht und von dort auch abgeholt wurden. Würde Pinske mir erlauben, mich selbst auf- und abzuseilen, allein und ohne ihn? Zu meinem

Erstaunen tat er es, nachdem er mich sorgfältig in die Bedienung des Aufzugs eingewiesen hatte. Endlich durfte ich das machen, wovon ich zu Hause in Danzig geträumt hatte.

Beim ersten Mal gelang es mir nicht, das Brett unten eindeutig abzufangen, und ich landete unsanft auf meinen Füßen. Doch nach und nach gewann ich an Sicherheit. Ich hangelte mich durch die Stockwerke und schlüpfte dabei in viele verschiedene Rollen, vom Räuberhauptmann, der zwecks Inspektion seiner Schätze durch die Etagen seiner unterirdischen Höhle fährt, bis zur Prinzessin, die von ihrem Zauberschloß aus die ganze Erde kontrolliert. Aus der obersten Luke im Mühlendach konnte ich die Ostsee erblicken. Sie schien weit fort zu sein, und nur der Wind wehte vom Wasser zu mir herauf. Reue erfaßte mich. In meiner Begeisterung für die Mühle hatte ich beinahe vergessen, daß ich doch immer noch eine Nixe war.

Pinske interessierte die Ostsee kaum. Sie war da, das genügte ihm. Gebadet hatte er noch nie in ihr. Das erklärte er als unnötigen Schnickschnack für Leute aus der Stadt. Ich aber liebte von allem, was es gab, die Ostsee doch am meisten. Wenn es sein mußte, würde ich sogar die Mühle für sie opfern. Am liebsten mochte ich die Ostsee, wenn sie, in Windstille, faul dalag und sich von der Sonne bescheinen ließ. Dann gestattete ich mir, mich ebenso faul auf ihre glatte, warme Oberfläche zu legen. Sie ermutigte mich auch hinauszuschwimmen und hütete mich, indem sie mich fürsorglich mit lauem Wasser umgab. Manchmal wiegte sie mich auf runden Wellen, die mich sanft an den Strand zurücktrugen.

Wenn sie grau und mürrisch war und kurze unmutige Brecher an den Strand warf, gefiel sie mir weniger gut. Es kam auch vor, daß sie drohte und tobte, Gischt verspritzte und wütend schrie, und dann hatte ich Angst vor ihr. Doch geschah das glücklicherweise nur selten, und wenn sie am nächsten Morgen wieder still und verträumt dalag, so als ob nichts geschehen wäre, vergab ich ihr ihren Zorn.

Die Bauern und Fischer dachten wie Pinske. Sie kamen nicht auf den Gedanken, den Tag am Strand zu verbringen und spotteten über die verrückten Feriengäste, die tatenlos in der Sonne herumlagen. Früher waren die Cousinen immer unbesorgt splitternackt ins Wasser gelaufen. Nun erzählten sie, daß sie bemerkt hätten, wie die Dorfbewohner, vor allem die männlichen, sich versteckten, um die Leute am Strand beim An- und Ausziehen zu beobachten, und seitdem gingen sie in ein großes Badetuch gehüllt zum Wasser und tauchten, sobald sie es abgelegt hatten, schnell unter. Glücklicherweise gab es nur wenige Sommerfrischler, im Grunde nur zwei Künstlerfamilien aus Berlin, die die Einsamkeit dem mondänen Badebetrieb vorzogen, und die hielten sich in diskretem Abstand zu uns. Ich fühlte mich ihnen ohnehin überlegen, weil ich, selbst wenn ich hier nicht zu Hause war, mich dennoch nicht fremd zu fühlen brauchte.

Über dem Gemeinschaftsbackofen des Dorfes flimmerte die Hitze, und ich rannte hin, um nachzusehen, warum. Schon von weitem roch es nach Holzfeuer. Als ich ankam, wurde das Brennholz gerade mit dem Reisigbesen aus dem Ofen gekehrt. Auf einer Schubkarre lagen die großen Brotlaibe nackt und weißlich nebeneinander und rochen fade. Wie anders waren sie, wenn sie knusprig braun aus dem Ofen kamen. Der Wind fächelte ihnen Kühlung zu und wehte mir ihren köstlichen Duft direkt in die Nase. Leider wurden die Brote, sobald sie ausgedampft hatten, zum Ablagern weggebracht. Nie erhielt ich den frischen knusprigen Kanten. Ich konnte nur davon träumen, wie die Butter in das warme Brot einsickern, es weicher und saftiger machen und mir den Mund mit der Essenz der sonnenwarmen Felder und Wiesen füllen würde. Die Erwachsenen erklärten den Genuß des frischgebackenen Brotes für unbekömmlich und ließen es liegen, bis es langweilig kalt und gleichmäßig schlapp geworden war.

Den Schlaf vor Mitternacht hingegen hielten sie, besonders bei einem Kinde, für äußerst bekömmlich. Trotz aller Freiheit, die sie mir einräumten, gab es in dieser Hinsicht kein Pardon, und ich mußte ins Bett, ob ich wollte oder nicht. Weil ich die anderen, vor allem die Cousinen, darum beneidete, wie sie sich draußen die Nacht erobern durften, fiel mir das Einschlafen schwer. Da lag ich, und während ich mich um den Schlaf bemühte, wuselte im Niemandsland zwischen Traum und Wirklichkeit all das, was ich aus dem bewußten Gedankenreich ausgeschlossen hatte. Viel bekömmlicher wäre es für mich gewesen, dem Leuchtturm zuzusehen, wie er mit seinem langen, steif ausgestreckten Lichtfinger böse Träume und Bedrohung von der Ostsee wegwischte. Dafür liebte ich ihn. Glücklicherweise verspätete sich die Familie manchmal bei der Rückkehr vom Sonnenuntergang auf der Steilküste, und ich sah sein Licht sich zur Landseite hinwenden und mich begrüßen, bevor es aufs Meer zurückglitt. Dann meinte ich, daß unter seiner Obhut auch mir nichts geschehen konnte.

27

Bislang war es in der Schule beschaulich zugegangen. Wäre ich nicht von Mathematik, Chemie und Physik beunruhigt worden, dann hätte ich es geradezu behaglich gefunden. Im Deutschunterricht hatten wir »Pole Poppenspäler« und den »Schimmelreiter« von Storm hinter uns gelassen und waren bei Eichendorff angelangt. Ich mochte ihn schon deshalb, weil er Danzig in einem Gedicht sehr schön als eine Märchenwelt besungen hatte. Mit dem »Taugenichts«, den wir nun lasen, traf er genau die Stimmung, in die mich meine Begegnung mit Mozart versetzt hatte. Vieles, was mir im Sommer durch den Kopf gegangen war, fand ich darin wieder: die fließenden, verträumten Gedanken und die ziehenden, schwebenden Gefühle von Freude, Wohlbehagen und Freiheit und dennoch auch Sehnsucht, so als befände sich hinter allem noch etwas, zu dem ich nicht durchdringen konnte. In Namen wie Heliotrop und Verbene schien es mir verborgen, und ich glaubte, es seien diese Pflanzen, die die Sommernächte mit dem süßen, lockenden Duft erfüllten, der die Sehnsucht nach dem Unbekannten erweckte. Aber auch der feuchte Geruch der unter der heißen Sonne schwitzenden Wiesen, der in der Nase kitzelte und Nies- und Lachreiz erzeugte, stieg aus der Erzählung auf, und alles dies nährte den Wunsch, etwas ganz und gar Ungewöhnliches, eigentlich Unerfüllbares zu erleben, etwas, das immerfort das Glück des ersten Augenblicks beibehielt und das nie zur Gewohnheit werden konnte. Diese Welt war so träumerisch und duftig, so märchenhaft, daß ich mich, während der Direktor vorlas, fragte, wie sie zu der heroischen Art des Führers passen sollte. Es quälte mich jedoch weiter nicht; denn wir lernten ja im Einverständnis mit dem Führer; es hatte sicher seine Richtigkeit, und ich vergaß, weiter darüber nachzudenken.

Auf einmal schien es mir nicht mehr so selbstverständlich. In den Gleichklang war unversehens ein Ton geraten, der, wenn schon nicht gerade eine Dissonanz, so doch eine verwegene Klangfärbung hereinbrachte. Er kam von einem Mädchen, das mit seiner Mutter aus Berlin zu uns evakuiert worden war. Dora war aufmüpfig, trat selbstbewußt auf und betrachtete uns und unser Tun, wie mir schien, mit amüsiertem Spott, sogar unsere Aktivitäten bei der HJ. Mir imponierte ihre Unabhängigkeit sehr, und ich erinnerte mich an die Reisen zu den Verwandten in Berlin, die ich mit den Eltern unternommen hatte, und welchen Eindruck von überlegener Lässigkeit die Großstadt in ihrer Vielfalt auf mich gemacht hatte. Zugleich spürte ich aber, daß etwas Gefährliches von Dora ausging. Dabei benahm sie sich so unbekümmert, als merkte sie von ihrer Wirkung nichts. Ich mußte an eine Seiltänzerin denken, die in schwindelnder Höhe balanciert und auf die Zuschauer hinunterlächelt. Eines Tages erzählte mir das Berliner Mädchen einen Witz, der mir die Haare zu Berge stehen ließ; denn er gab den Führer der Lächerlichkeit preis, ja, viel schlimmer, er ließ vermuten, daß der Tod des Führers für die Menschen von Vorteil sein könne. Er endete mit dem zweideutigen Ausruf: »Heil Hitler, der Hund ist tot«, wobei die Betonung klarmachte, daß mit dem Hund nicht irgendein Vierbeiner, sondern der Führer selbst gemeint war. Von da an hielt ich mich viel in Doras Nähe auf, nicht nur, weil mich ihre Kühnheit faszinierte. In erster

Linie wollte ich sie gegen die Klassenkameraden abschirmen. Ich wagte nicht darüber nachzudenken, was eine Konfrontation mit Ingrid bringen mochte, und war heilfroh, als Dora nach Hause zurückfuhr, weil ihre Mutter eine neue Unterkunft hatte finden können und die Erlaubnis zur Rückkehr nach Berlin erhielt. Zu meinem fassungslosen Erstaunen erzählte Paganini mir kurz darauf die Geschichte vom toten Hund ebenso sorglos, als wäre sie ein gewöhnlicher Witz, und dazu sogar noch einige ähnliche, die des Führers Getreue mit einbezogen.

Mit dem Berliner Mädchen war ein Luftzug in die Schule geweht, dessen beißende Frische sich nie wieder ganz verlor; denn nach den großen Ferien erhielten wir einige neue Lehrer, und die fielen, so schien es mir, in ähnlicher Weise aus dem Rahmen wie jenes Mädchen. Da es sich um eine Oberschule für Jungen handelte, in der Mädchen nur zu Gast waren, unterrichteten keine weiblichen Lehrkräfte an der Schule, und das, obgleich immer mehr Männer an die Front mußten. Der Mangel wurde dadurch ausgeglichen, daß Lehrer beschäftigt wurden, die wegen einer Verwundung für den Fronteinsatz untauglich waren. Doch als eines Morgens ein Soldat in voller Uniform mit knallenden Absätzen die Klasse betrat und sich mit militärischem Gruß und Kommandostimme als Unteroffizier Benedikt vorstellte, war nicht nur ich vor Überraschung starr. In der großen Pause gaben auch die Jungen zu, daß sie sich gefragt hätten, was nun los sei, und daß sie vor Verblüffung nicht gewußt hätten, wie sie sich verhalten sollten.

Diese Unsicherheit beseitigte der Unteroffizier Benedikt sehr schnell. Mitten in die Spannung hinein verkündete er, im Zivilberuf sei er Lehrer für alte Sprachen und aus diesem Grund abkommandiert, uns in Latein zu unterrichten. Doch wünschte er nicht mit »Herr Doktor« oder »Herr Oberstudienrat« angesprochen zu werden, sondern wir hätten ihn »Herr Unteroffizier« zu titulieren, weil er dies nun einmal sei und er außerdem militärischen Gehorsam von uns fordere.

Mir sah es so aus, als weidete der Herr Unteroffizier sich an unserer Verwunderung. Anfangs kam es mir komisch und für eine Schule unpassend vor, wenn ich auf eine Frage entweder mit »Jawohl, Herr Unteroffizier« oder »Nein, Herr Unteroffizier« antworten mußte. Schließlich gewöhnte ich mich daran. Den Jungen bereitete es offenbar Vergnügen, aus der Bank zu springen, die Hacken zusammenzuknallen und »Hier handelt es sich um einen Infinitiv, Herr Unteroffizier« oder ähnliches zu brüllen. Warum Dr. Benedikt sich so martialisch verhielt, blieb mir unergründlich. Ich hegte den Verdacht, daß er es vielleicht als einen Jux auffaßte, aber sicher war ich mir dessen nicht.

Eines aber lag sehr bald auf der Hand: Es machte Spaß, bei Dr. Benedikt zu lernen, und wir kamen mit dem Pensum schneller voran, als es im Buch vorgesehen war. Die verzwickten grammatikalischen Zusammenhänge ließen sich unter seiner Anleitung leichter durchschauen, und die komplizierten Schachtelsätze offenbarten ihren logischen Zusammenhang viel rascher. Selbst die frechsten und faulsten Jungen benahmen sich willig, wenn er sie zum Rapport über lateinische Verben aufrief. Der Herr Unteroffizier stellte es so dar, als begingen wir Verrat an den Soldaten im Feld, wenn wir uns an der »Lernfront« nicht ebenfalls tapfer schlugen. Indem er den Schulfleiß als Dienst am Vaterland deklarierte, rückte er uns in die Nähe der Frontkämpfer, und das machte uns stolz.

Sein Soldatenstatus legitimierte ihn sogar gegenüber der fanatischen Ingrid. Sie wagte es nicht mehr, sich wegen nicht gemachten Hausaufgaben mit ihren enorm wichtigen Jungmädelpflichten zu entschuldigen. Der Unteroffizier ließ durchblicken, daß er den HJ-Dienst, verglichen mit dem Ernst des Krieges, für eine überflüssige Spielerei hielt, und dagegen hatte Ingrid kein stichhaltiges Argument. Drohend scharrte er mit seinen Knobelbechern auf dem Holzfußboden, wenn jemand eine falsche Antwort gab. »Die Unwissenheit ist euer Feind, und ihn gilt es zu besiegen«, befahl er. Sein guter Einfluß reichte bis zu uns nach Hause; denn selbstverständlich waren die Eltern äußerst zufrieden, als ich ihnen meine guten Zensuren in Latein präsentieren konnte.

Wenn der Herr Unteroffizier die Klasse betrat, hob er niemals den Arm zum »deutschen Gruß«, sondern legte militärisch grüßend die Hand an die Mütze. Niemand konnte das bei einem Soldaten verwunderlich finden, aber ich fragte mich, ob Dr. Benedikt sich vielleicht hinter seinem militärischen Gehabe versteckte; denn außerhalb des Unterrichts hielt er alle Schüler auf Distanz. Niemand wußte etwas über ihn, nicht einmal, wo er lebte und wie er seine Nachmittage verbrachte.

Kurz nach Dr. Benedikt erschien Herr Greßler. Er war eher klein, aber sehr drahtig, und er machte sofort klar, daß er unerbittlich sei und gegen Mädchentränen geradezu allergisch. Er schrieb seinen Namen in der ersten Stunde an die Wandtafel, löschte ihn aber mit der Bemerkung: »Etwas Köstliches erscheint nur einmal und verschwindet dann gleich wieder«, sofort aus und gestattete auch nur ein kurzes Lachen über diesen Scherz. Er unterrichtete Geschichte, nicht gerade mein Lieblingsfach, denn ich fand es entsetzlich langweilig, die vielen Daten und Namen auswendig zu lernen. Ich dachte schon daran, wie ich lediglich kurz vor der Klassenarbeit mir den notwendigen Stoff einpauken, im übrigen aber nur so tun würde, als hörte ich zu. Für die Mathematikstunden hatte ich nämlich eine Methode entwickelt, die darin bestand, den Lehrer fest im Auge zu behalten und dabei an etwas anderes zu denken. Sie funktionierte sehr gut. Der Mathematiklehrer drückte bei den Zensuren meist ein Auge zu, weil er meine vorbildliche Aufmerksamkeit belohnen wollte. Es erwies sich jedoch schnell, daß dies bei Herrn Greßler nicht nötig war. Er konnte vom alten Rom so anschaulich erzählen, daß ich es vor mir zu sehen glaubte: den blauen, sonnenüberfluteten Himmel, unter dem sich alles überschaubar ordnete, die würdigen Regierungsbeamten, die Philosophen, Freunde der Weisheit, die ihre Schüler über die Freiheit des Geistes belehrten, und die Künstler, die die schönen Säulen der Tempel entwarfen.

Mir gefiel diese Welt sehr. Sie entsprach dem, was mich die Eltern über die Gleichwertigkeit der Menschen gelehrt hatten, und kam auch meinen eigenen Bedürfnissen entgegen. Ich wollte gern frei sein und einen unabhängigen Geist entfalten. Vor allem wollte ich keine Ingrid mit dienstlichen Befehlen vor der Nase haben. Sicher würde es immer Vorgesetzte geben müssen, doch ich wollte ihnen freiwillig aus Einsicht und in Anerkennung ihres größeren Wissens gehorchen.

Weil mir die Geschichtsstunden Spaß machten, lernte ich ebenso freudig und mühelos wie für Latein und erhielt auch dementsprechend gute Noten. Trotz allem argwöhnte ich, daß Herr Greßler mich nicht besonders mochte. Höchstwahrscheinlich hielt er von Frauen insgesamt nicht viel. Ihre Fähigkeiten schätzte er jedenfalls nicht hoch ein, und offensichtlich ärgerte es ihn, daß Elizabeth I. von England so bedeutende staatsmännische Leistungen vollbracht hatte. Er erzählte uns nämlich, daß sie in Wirklichkeit ein Mann gewesen sei. Neueste Forschungen hätten ergeben, daß eine Verschwörergruppe, zu welcher der königliche Hofarzt gehörte, das Baby unmittelbar nach der Geburt gegen ein männliches ausgetauscht habe. »Das liegt für mich auf der Hand«, bestätigte Herr Greßler, »denn eine Frau wäre außerstande gewesen, eine so kluge und weitsichtige Politik zu betreiben.« Diese Behauptung ärgerte mich zwar, aber ich glaubte Herrn Greßler nicht. Mein Gefühl für den Wert und die Bedeutung der Frauen saß zu tief. Gewiß gab es dumme Weiber, aber ebenso gewiß gab es auch viele dumme Männer.

28

Während meiner Abwesenheit in den großen Ferien war ein Kriegslazarett in unsere Stadt verlegt worden, was Vater zu der Bemerkung veranlaßte, nun rücke die Front zu uns heran. Für uns Kinder machte das Lazarett das Hauptthema in der Schule aus. Sogar die Lehrer baten uns, uns um die Verwundeten zu kümmern; und die HJ ließ die Besuche dort als offizielle Abmeldung von den Heimabenden gelten. Aus diesem Grund ging ich besonders fröhlich ins Lazarett.

Doch ich konnte unmöglich froh bleiben. Schon auf den Gängen der ehemaligen Kaserne roch es befremdlich. Die Luft war bedrückend und übersättigt von einem zugleich scharfen und süßen Dunst. Normalerweise konnte ich ganz leicht atmen. Nun aber spürte ich jeden Atemzug und auch, wie mein Herz klopfte.

In einem großen Saal standen viele Betten nebeneinander, so daß ich beim Betreten gar nicht wußte, zu welchem Bett ich mich wenden sollte, und es gab noch mehrere solcher Säle. Bisher hatten mich die Eltern – dessen wurde ich mir augenblicklich dankbar bewußt – vor der Begegnung mit Schmerz und Schrecken bewahrt. Jetzt sah ich das alles unbeschönigt vor mir.

In jedem Bett lag ein Soldat, und es schien mir, als wunderten sie sich alle darüber, wie sie hierhergekommen waren. Obwohl ihre Gesichter bleich und abgezehrt aussahen, konnte ich doch erkennen, daß es kraftvolle Männer waren. Aber ihre Körper lagen so auf den Betten ausgebreitet, als gehörten sie ihnen gar nicht. Es war, als suchten sie sich zu erinnern, wie sie sich gekannt hatten, bevor sie sich in diesen Betten wiederfanden. Ich wagte nicht, sie anzusprechen. Auf der Suche nach sich selbst schienen sie mir weit fortgerückt und außer Hörweite geraten. Was hätte ich ihnen auch sagen sollen?

Schließlich fiel mir in einem der Betten ein Soldat mit Kopfverband auf, der unentwegt schrie. Seine Rufe: »Sani, Sani« klangen so beschwörend und klagend, daß ich zuerst meinte, es sei der Kosename für jemanden, den er besonders liebte und der ihn nun trösten und ihm zu Hilfe eilen solle. Ich raffte all meinen Mut zusammen und trat an das Bett, um zu fragen, ob ich etwas zun könne. Da bemerkte ich, daß der Verwundete mich gar nicht wahrnahm. Während er den Kopf unentwegt von der einen auf die andere Seite warf, rollten seine Augen wie Murmeln in den Höhlen hin und her. Sein Mund stieß die Schreie automatisch hervor. Panik ergriff mich. Ich konnte mich nicht mehr bewegen. Immer würde ich hier stehen und in die wilden blicklosen Augen starren müssen, vom Rhythmus der qualvollen Schreie gebannt, bis auch mein Atem sich ihnen angepaßt hatte.

O Gott! Dies also war jene Seite des Krieges, von der nicht gesprochen wurde. Gerade heute war ich mit dem Wochenspruch dran gewesen. Mit erhobenem Arm hatte ich verkündet: »Deutschland soll leben, und wenn wir sterben müssen!« und hatte mir nichts dabei gedacht. Der Heldentod war im Grunde etwas Schönes, Edles, er war die Kugel im tapferen Herzen. Auf einem Kriegerdenkmal hatte ich einen sterbenden Soldaten friedlich an der Brust eines Engels ruhen sehen, der einen Lorbeerkranz über seinem Kopf hielt. Der Engel war eine liebliche und zugleich starke Frau, und das Ganze wirkte sehr romantisch, so daß mir Schillers kampfesmutiges Freiheitslied »Wohlauf, Kameraden, aufs Pferd, aufs Pferd« einfiel, mit dem er gegen die Tyrannei angesungen hatte. Es stand im Liederbuch der pommerschen Großmutter, und ich hatte es oft mit Paganini zusammen geschmettert. Doch das war offensichtlich nicht die Realität des Krieges. Die hielt jetzt ihre kalten, bösen Augen auf mich gerichtet. Aus dem Nebenbett sagte jemand: »Laß man, Mädchen, für den kann keiner mehr was tun, der stirbt. Er schreit nach dem Sanitäter, aber der kann ihm auch nicht mehr helfen.« Ich wollte weinen, aber die Tränen blieben mir im Halse stecken.

Da hörte ich eine freundliche, ruhige Stimme fragen, ob ich nicht kommen und behilflich sein könne. »Würdest du mir freundlicherweise meinen Stock reichen? Weißt du, ich möchte gern ein bißchen spazierengehen, und es wäre schön, wenn du mich begleiten könntest. Hast du Lust?« Ja, ich wollte gern, sehr gern – und dann waren wir heraus aus dem Saal und an der frischen Luft. Während wir gingen, beruhigte mich der Soldat über seinen Zustand. »Man hat mich so glücklich durchs Bein geschossen, daß nichts Schlimmes passiert ist. Du brauchst dich nicht zu sorgen. Eigentlich hab ich nur jemanden nötig, mit dem ich plaudern kann.« Nun gut, ich plauderte ja sehr gern, und jetzt wollte ich die Beängstigung fortreden, so weit fort wie möglich. Die Luft und alles um mich herum wollte ich so mit Geplauder erfüllen, daß kein Platz mehr übrigblieb, den der Schrecken einnehmen konnte.

Ich sah mir den Soldaten von der Seite an. Er war groß und

schmal, hatte ein ausdrucksvolles Gesicht, dunkle Augen und Brauen und dunkelwelliges Haar. Kurz entschlossen fragte ich: »Lieben Sie Musik?« Er blieb stehen und sah mich verdutzt und amüsiert an, aber ich war sicher, daß die Frage ihn freute. Also hakte ich nach: »Lieben Sie denn auch Mozart?« Nun schien es mir, als sei er wirklich froh, mich getroffen zu haben, und da fiel es mir leicht, ihm von zu Hause und von Fräulein Specht und von Bascha zu erzählen, sogar von Danzig und wie ich bei Vaters Streichquartetten als kleines Kind heimlich vor der Tür gelegen und zugehört hatte.

Bevor er sich verabschiedete, schlug der Soldat vor, sich mit mir am nächsten Tag draußen vor dem Lazarett zu treffen: »Und dann bitte ich dich, laß das idiotische Sie. Ich bin doch gar nicht viel älter als du.« Doch, älter war er schon, selbst wenn er gerade erst sein Abitur gemacht hatte.

Gleich beim nächsten Mal nahm ich den Soldaten mit zu uns nach Hause. Schon während er sich vor Mutter verbeugte, war mir klar, daß er ihr gefiel und daß sie in ihm eine willkommene Alternative zu Ingrid sah, deren Einfluß auf mich sie immer noch fürchtete. Als der Soldat unseren Flügel erblickte, bat er, darauf spielen zu dürfen. Kaum hatte er die ersten Töne hervorgebracht, staunten wir alle. Solch einen Pianisten im Kreise von Hausmusikanten zu finden, war schier unmöglich. Ich hatte noch niemanden so auf unserem Flügel spielen hören. Nicht einmal Fräulein Specht und Bascha waren damit zu vergleichen. Der Soldat genoß unsere Überraschung offensichtlich auch. Er spielte beinah übermütig. Die Töne flogen aus dem Instrument und tanzten im Raum, kehrten unter seine Finger zurück und reihten sich zu Läufen und Akkorden. Nachdem er sich auf diese fröhliche Weise mit dem Flügel unterhalten hatte, schloß er den Deckel und sagte, daß er diese Bekanntschaft gern vertiefen würde, sofern es ihm erlaubt sei, und erklärte, daß er Musik studiere, Klavier und Dirigieren, und daß er von der Hochschule weg in den Krieg gemußt hätte. Hier sei er nun gelandet an einem Zipfel der Erde, von dessen Existenz er nicht einmal eine Ahnung gehabt hätte, und gleich sei ihm eine gute Fee erschienen, die ihn aus dem tristen Krankensaal heraus und an ein fabelhaftes Instrument geführt hätte.

Ich war ungeheuer stolz; denn daß Vater vor Begeisterung über meinen Fang in die Luft springen würde, lag auf der Hand. Welche Bereicherung bedeutete dies für sein Musizieren, zumal der Soldat, wie sich herausstellte, auch Bratsche spielen konnte. Vater selbst war für einen Dilettanten ein recht guter Cellist, und einige seiner Freunde spielten ebenfalls nicht schlecht, die schöne Dame auf dem Gutshof zum Beispiel. Dennoch war es nicht einfach, einen Kammermusikabend zu arrangieren; denn es gab in dieser kleinen Stadt nicht genügend Fachkräfte. Nun erzählte mein Soldat, im Lazarett liege ein Konzertmeister aus Dresden, ein hervorragender Geiger, der nur darauf warte, dem Krankensaal auf einige Stunden zu entkommen, und unter den Stabsärzten befänden sich gewiß auch gute Musikanten.

Der Konzertmeister stellte sich bei uns vor und gewann sofort unser aller Herzen, sogar das von Grete. Alles, was er tat und sagte, wirkte so drollig, daß niemand ihm etwas übelnehmen mochte. Sogar wenn wir »Mensch ärgere dich nicht« spielten und es hoch herging und ich mich gewöhnlich fürchterlich getroffen fühlte und wütend war, wenn ich kurz vor dem Ziel rausgeschmissen wurde und von vorn beginnen mußte, war es unmöglich, sich zu ärgern, wenn der Herr Konzertmeister mit von der Partie war. Bald waren er und mein Soldat so häufig bei uns, daß sie fast zur Familie zählten, und seit sie da waren, wurde so viel geübt und musiziert, daß Mutter meinte, sie lebe in dem Gefühl, in einem Konservatorium zu hausen.

Als Fräulein Specht davon erfuhr, daß kompetente Musiker bei uns ein- und ausgingen, lud sie sich kurz entschlossen selber ein, setzte sich ans Klavier, verbannte meinen Soldaten an die Bratsche und beschloß, das Forellenquintett von Schubert für ein öffentliches Konzert im Kinosaal einzuüben. Fräulein Specht war die einzige, die sich mit dem liebenswürdigen Konzertmeister in die Haare geriet, und dann gleich so, daß der seine Geige unsanft in den Kasten schmiß und schwor, keinen Ton mehr zu spielen. Jede Unterwerfung, hauptsächlich einem

Mann gegenüber, wertete Fräulein Specht als persönliche Feigheit, weswegen es ihr unmöglich war, sich der Auffassung des Konzertmeisters hinsichtlich der Interpretation des Quintetts zu beugen. Glücklicherweise stellte Mutter den Frieden wieder her.

Die zweite Geige spielte übrigens mein Direktor, und das war so gekommen: Einmal hatte Vater, wie er mir später gestand, auf dem Heimweg von seinem Büro in meiner Schule jemanden Geige üben hören, hatte sich ein Herz gefaßt, an der Tür geklingelt und gefragt, ob der Geiger schon einmal Kammermusik gemacht habe, Streichtrio oder Streichquartett oder so. Als er verneinte, hatte Vater ausgerufen: »Aber, mein Lieber, da haben Sie ja das Beste verpaßt!« und ihn auf die nächstbeste Möglichkeit dafür zu uns eingeladen.

Wenn ich abends in meinem Bett lag, konnte ich die Musik aus dem Nebenzimmer deutlich hören. Es war ja fast noch Sommer und warm. Meine Zimmerfenster standen offen. Der Mond begab sich von Baum zu Baum, und es schien mir, als nähme er die Schwingungen der Töne auf, verwandele sie in Licht und hielte mit melodischem Schein die Welt in Harmonie. Der Krieg war vielleicht doch nur ein böser Traum. Ich mußte an den »Taugenichts« denken und wie er mit den Musikanten im seidigen Mondlicht durch die duftende Nacht gezogen war. Nun saß der Direktor drüben im anderen Zimmer und musizierte. Mir fiel ein, wie merkwürdig verkleidet er mir vorgekommen war, als ich ihn zum ersten Mal in seiner SA-Uniform gesehen hatte, und wieviel besser er mir gefiel, wenn er in Zivil lässig auf der Ecke eines Schultisches saß, die Beine baumeln ließ und vorlas. Dann schwang in seiner Stimme etwas Sehnsuchtsvolles mit wie Heimweh nach der verzauberten Welt der Romantik, und ich bekam große Lust, ihn dorthin zu begleiten. Das war das Gute an Büchern: Wenn man sich ihnen überließ, konnte es fast so sein, als befände man sich selbst im Mittelpunkt dessen, was sie schilderten. Vater wagte es, den Direktor das Klaviertrio mit dem Choral von Mendelssohn spielen zu lassen. Sollte es auf der Straße gehört werden, so bestand wenig Gefahr, daß der Komponist erkannt würde. Es klang so feierlich, und im übrigen zeugten die Variationen des Kaiserquartetts draußen von unserer patriotischen Gesinnung.

29

Ich wurde damit betraut, die Kammermusikabende zu organisieren. Dafür habe er keine Zeit, sagte Vater, zum Musizieren am Abend hingegen fast immer. Die Vorfreude besiegte meine Faulheit, und schließlich machte mir die Sache sogar Spaß. Im Lazarett waren alle nett zu mir, nannten mich »kleines Frollein« und behandelten mich so zuvorkommend, als wäre ich erwachsen. Die Stabsärzte zückten ernsthaft ihre Kalender und sprachen die Termine mit mir ab. Als Ingrid neugierig wurde, weil ich mich kaum noch um sie kümmerte, lud ich sie ein, mich zu begleiten. Diesmal hatte ich die Trümpfe in der Hand; denn alles, was ich tat, geschah zur Betreuung der Soldaten. Das machte ihr ganz offensichtlich Eindruck, es konnte gut sein, daß sie sogar neidisch war.

Das Lazarett hatte mittlerweile einen Zahnarzt erhalten, der ebenfalls den Rang eines Stabsarztes bekleidetete und Cello spielte. Ärzte waren, obwohl sie Uniform trugen, in meinen Augen keine richtigen Soldaten. Ihnen mangelte die glanzvolle Aura der Tapferkeit. Vater hatte mir beteuert, daß sie doch Helden sein konnten; denn oft genug mußten sie in vorderster Linie unter Kugelhagel die Verwundeten versorgen, wobei es ihnen leicht passieren konnte, selber getroffen zu werden. Nun aber Zahnärzte! Im Felde waren sie doch sicher ganz unangebracht. Wer mochte da schon ans Plombieren denken!

Ich erinnerte mich an Mutters Freundin in Danzig. Sie hieß »Tante Sparta«. Jedesmal wenn sie mich auf ihrem Folterstuhl verstaut hatte, murmelte sie sofort »Keine Sorge, Kindchen« wie eine Beschwörungsformel. Aber die nützte rein gar nichts. Ich konnte kaum meinen Mund offen halten, so sehr klapperten mir die Zähne vor Angst. Mutter gab, wenn wir in die Stadt gingen, nie vorher Bescheid, ob wir nicht einen Abstecher zu Tante Sparta machten. Wahrscheinlich wollte sie mich nicht unnötig aufregen. Deshalb enthielten die Einkaufsbummel mit Mutter, die ich im Grunde sehr liebte, einen fürchterlichen, verborgenen Stachel, zumindest bis zu dem Augenblick, in dem Mutter mich in die Con einlud; denn mit Kuchenresten im Mund hätte sie mich Tante Sparta niemals vorgeführt. Waren wir aber bei Tante Sparta gelandet und hatte diese den Bohrer zur Hand genommen, säuselte sie, noch bevor sie den Bohrer angesetzt hatte, bereits vorbeugend: »Gleich gutchen.« Ich wußte, daß ihr »gleich gutchen« verlogen war und überhaupt nichts bedeuten sollte, und daß der Bohrer noch viele Male von neuem angesetzt werden konnte, wobei es jedesmal ein bißchen mehr weh tat, weil er dem Nerv immer näher kam. Warum mußten die Zähne so säuberlich in Ordnung gebracht werden, wo sie doch sowieso ausfielen und ganz frische nachwuchsen? Tante Sparta roch, als wäre sie aus Zahnpasta gemacht, und wenn sie mir in ihrem blütenweißen, knisternd gestärkten Kittel entgegenkam, fand ich, daß sie wie ein gut gepflegter Zahn aussah.

Seit wir in Strasburg lebten, wurde nicht mehr über sie gesprochen. Als ich Mutter einmal über Tante Sparta befragte, sagte sie, sie sei verschollen und vielleicht gar tot. Zufällig hörte ich kurz darauf, daß es eine kommunistische Vereinigung gegeben hatte, die Spartakusbund hieß. Seitdem ich auf den Heimabenden gelernt hatte, daß die Kommunisten den Hitlerjungen Schlageter meuchlings erstochen hatten, und daß dessen blutiger Handabdruck an einer Wand in Berlin-Moabit noch heutigentags zu sehen war (so wie der standhafte Blutfleck des Geistes auf dem Fußboden des Schlosses von Canterville), war mir klar, daß sie zu den ärgsten Feinden des Führers gehörten. Sparta war nur ein Spitzname gewesen, und ich meinte zu wissen, warum Mutters Freundin ihn erhalten hatte.

Es war also nicht die Erinnerung an Tante Sparta, die mich zum Lachen brachte, sondern die Vorstellung, wie der neue

Herr Stabszahnarzt draußen im Schützengraben, und während ihm die Schrapnells um die Ohren flogen, den Soldaten den Befehl zubrüllte, den Mund schön weit aufzureißen und ja keine Angst aufkommen zu lassen, wenn er gleich das Foltergerät zum Ausbohren der Zahnlöcher ansetzen würde. Ich hatte den albernen Lachreiz noch nicht bezwungen, als ich mit Ingrid vor der Tür des Herrn Stabszahnarztes angekommen war. Im Moment, da die Tür sich auftat, erstarb er sofort von allein, und mein Mund öffnete sich vor Staunen. So also konnte ein Zahnarzt aussehen! Vor mir stand der schönste Mann, den ich je gesehen hatte.

Er bat Ingrid und mich zu sich herein. Wir nahmen beide Platz, Ingrid beherzt, ich noch unter dem ersten Eindruck und deshalb befangener als gewöhnlich. Meine Aufgabe, um derentwillen ich hergekommen war und mit der ich Ingrid beeindrucken wollte, verlieh mir wieder Sicherheit, und ich fragte sachlich, aber liebenswürdig, ob ich den Herrn Stabszahnarzt für Schuberts C-dur-Quintett gewinnen könnte. Er antwortete nicht darauf, sondern lächelte nur versonnen und so, als wäre er noch unschlüssig, ging zum Schrank und holte eine rosenberankte Schachtel hervor, aus der er Ingrid und mir anbot. Wir brauchten in Strasburg niemals mehr zu hungern, es gab ausreichend zu essen, aber Schokolade war doch selten geworden, und so langte ich freudig zu.

Die Pralinen schmeckten anders, als ich sie von früher in Erinnerung hatte. Gerade als ich mich fragte, was ich von ihnen halten sollte, gestand der Herr Stabszahnarzt, daß sie mit Alkohol gefüllt seien: »Aber es ist so wenig, daß es nicht schadet, und genau die richtige Menge für zwei reizende, aber sehr junge Damen.« Nun erschien mir die rosenbemalte Schachtel dämonisch und ihr Inhalt verrucht, und ich traute mich nicht mehr, weiter zuzulangen.

Es kam mir so vor, als lächelte der Herr Stabszahnarzt ironisch, als er zum Cello ging und es mit wirbelndem Schwung zwischen seine Knie klemmte. Er spielte etwas, das sich nicht schlecht, aber doch ziemlich süßlich anhörte und gut zu den Pralinen paßte. Am Ende fragte er: »Hat es euch gefallen? Es war die Nina-Arie. Mögt ihr noch ein bißchen bleiben, oder ruft euch die Schulpflicht mit den Hausaufgaben?«

Der Gedanke an die Schule war weit fort gewesen. Nun erst fiel mir ein, daß ich mich in unmittelbarer Nähe, nämlich auf dem Schulgelände und in dem Haus befand, das dem Direktor als Dienstwohnung zur Verfügung stand. Ich hatte es noch nie zuvor betreten. Die Bannmeile des Respekts umgab es. Beklommen entschied ich mich für den Aufbruch. Der Herr Stabszahnarzt fügte seinem »Auf Wiedersehen« wie beiläufig den Nachsatz bei: »Gut, ich werde kommen und versuchen, pünktlich zu sein, wenngleich es nicht meine Art ist, Versprechen unbedingt zu halten.«

Als er die Tür hinter Ingrid und mir schloß, hörte ich eine andere Tür klappen und gewahrte im Dämmerlicht des Flurs die Frau des Direktors, die ich nur flüchtig kannte. Auch jetzt verschwand sie so schnell wieder, daß ich sie nicht grüßen konnte. In merkwürdiger Stimmung ging ich heim. Einerseits war ich froh, mich wieder draußen und in gewohnter Umgebung zu befinden, andererseits bedauerte ich es. Vielleicht hatte ich doch etwas Aufregendes und Ungewöhnliches versäumt. Ingrid tänzelte neben mir her. Mich hatte der Besuch unzufrieden gemacht, sie hatte er beschwingt.

Zum festgesetzten Termin erschien der Herr Stabszahnarzt tatsächlich mit seinem Cello. Ich durfte zur Begrüßung und beim ersten Satz des Quintetts dabeisein. Danach mußte ich zu Bett. Die Musik klang zart und sehnsüchtig zu mir herein. Im Einschlafen träumte ich, einer der melodischen Strahlen hätte sich vom Mond losgerissen. Er fand nicht mehr zurück und irrte traurig umher.

Auch zum nächsten Quintettabend kam er wieder pünktlich, brachte aber eine junge Dame mit, die er als Lehrerin an der Grundschule vorstellte. Sie entsprach der Vorstellung von einer Lehrerin ebensowenig wie ihr Begleiter der von einem Zahnarzt. Die Nina-Arie hätte für sie geschrieben sein können. Ihre langen, dunklen Locken waren von Haarspangen festgehalten, auf denen wie Schmetterlinge rote Samtschleifen saßen, und ihre klitzekleinen Füße steckten in winzigen Schuhen mit sehr hohen Absätzen. Während die beiden nebeneinander saßen, bemerkte ich, wie der Herr Stabszahnarzt dann und wann seine Hand auf ihrem Knie ruhen ließ. Ich sah mir die Hand genauer an, als sie sich auf dem Griffbrett des Cellos betätigte. Sie war ebenso fein gestaltet wie das Instrument, das sie zum Tönen brachte, und auch fast so dunkel. König David fiel mir ein, von dem ich einstmals in der Sonntagsschule gelernt hatte, daß er schön war, bräunlich und von edler Gestalt.

Mutter war erstaunt, als ich sie um die Bibel bat, das merkte ich wohl, aber sie fragte nicht weiter. Beim Lesen der König-David-Geschichte traf ich auf die verführerische Bathseba. In der Sonntagsschule war nie von ihr die Rede gewesen, und ich begriff nun auch, wieso nicht. Für Kinder war die Liebesgeschichte der beiden ungeeignet; denn sie handelte von Verführung, Ehebruch und Mord. Die Samtschleifchendame hingegen konnte ich mir sehr gut als Bathseba vorstellen. Während der Herr Stabszahnarzt spielte, ertappte ich mich dabei, wie ich mit ihm durch den goldfleckigen Spätsommerwald ging, allerdings ohne kratzige Kniestrümpfe und Kopftuch, sondern mit Samtschleifchen geschmückt und von seinem Arm zärtlich festgehalten.

Heimlich fertigte ich mir Samtschleifchen an, öffnete meine Zöpfe, so daß meine Haare über die Schultern wallten. Aber meine Haare waren zu voll und zu lang, sie lockten sich nicht, die Samtschleifchen gingen in ihnen unter und sahen überhaupt idiotisch an mir aus. Glücklicherweise war das Samtband, für meinen Mozartzopf zu gebrauchen, den ich damit im Nacken zusammenhielt.

Unvermutet legte der Herr Stabszahnarzt eines Abends während einer Spielpause tatsächlich den Arm um mich, drückte mich an seine Brust und sagte: »Weißt du, wie du auf mich wirkst? Wie ein tapsiger Neufundländer.« Als er mich losließ, entfernte er eins meiner langen Haare von seiner Uniform und bemerkte lachend dazu: »Und haaren tust du auch wie ein solcher.«

Was sollte ich davon halten? Es war alles so verwirrend, und da ich feststellte, daß die reizende Lehrerin so häufig in der Nähe des Stabszahnarztes weilte, daß er fast immer mit Beschlag belegt war, beschloß ich, mich wieder verstärkt Paganini zuzuwenden.

Wir schnappten uns unsere Räder und fuhren hinaus aufs Land zu Onkel Gert und Tante Xena und ihren Kindern und Janek. Die Scheunen waren voll vom Heu des Sommers, es reichte fast bis unters Dach. So war es ganz ungefährlich, hoch droben auf den obersten Balken zu balancieren und sich von dort hinunterfallen zu lassen. Durch den Aufprall wirbelte das Heu hoch und sprühte nach allen Seiten. Die kratzigen, duftenden Stengel rieselten auf mein Gesicht. Ich lag eine Weile mit geschlossenen Augen ganz still da und wartete ab, bis das Heu zur Ruhe gekommen war. Es war, als läge ich in einer großen Hand, die mich durch den Äther trug. Bei dieser Vorstellung wurde mir angenehm schwindelig. Der Abend löste den Tag nun schon wieder früher ab, und Paganini und ich fuhren auf die Dunkelheit zu, immer der Lichtspur nach, die die Scheinwerfer an unseren Rädern auf den Weg zeichneten.

Als ich eines Abends so nach Hause kam, war es dort beängstigend still. Die Eltern begrüßten uns freundlich, aber sie musterten mich sehr genau. Mir wurde unbehaglich zumute. Alle meine möglichen Schandtaten stiegen vor mir auf. Hatte ich eine Mathefünf zu viel geschrieben, war meine Versetzung deshalb gefährdet; hatte ich meine Schwester geprügelt, jemanden beleidigt, oder war ich zu frech gewesen? In Windeseile überschlug ich mein Debet. Mir fiel nichts Besonderes ein, aber ich spürte an der eigenartigen Atmosphäre, daß etwas Ungewöhnliches geschehen sein mußte. Trotz ihrer forschenden Blicke gingen die Eltern eher besorgt als streng mit mir um. Angst packte mich. Dies hatte offensichtlich nichts mit meinen gewöhnlichen Verfehlungen zu tun. Die unterschlagenen Heimabende! Ja, sie mußten es sein! Sollte ich ihretwegen in ein Straflager?

Die Eltern geleiteten mich in Mutters kleinen blauen Salon,

schlossen die Tür und setzten sich mir gegenüber. Dann eröffneten sie mir, daß ich nicht mehr zur Schule zu gehen brauche. Von der Schule verwiesen zu werden stellte – das lag auf der Hand – die allerärgste Strafe für ein Schulkind dar, eine unausdenkbare Schande. Zwar wußte jeder, daß es diese Art der Bestrafung gab, aber noch nie hatte ich von jemandem gehört, an dem sie vollzogen worden war. Warum, um Himmels willen, denn nun an mir? Ich war fassungslos.

Statt mir zu antworten, fragten die Eltern, was an jenem Tag geschehen sei, als ich mit Ingrid den Stabszahnarzt zum Musizieren eingeladen hatte. Erstaunt über diese Frage, erzählte ich es. Die Eltern sahen einander an, als hätte ich nur bestätigt, was sie bereits wußten. Ich begriff überhaupt nichts mehr, ich verstand auch nicht, worüber sie sich nun unterhielten. Es war vom Direktor, seiner Frau und üblem Klatsch die Rede. Daß ich, ein Schulkind, Gegenstand bösen Klatsches sein sollte, war mir unfaßlich.

Mutter schlug Aufklärung und Verständigung vor, Vater antwortete darauf, daß man in seinem Kinde auch ihn entehre und es mit seiner Auffassung von Gradlinigkeit nicht vereinbar sei, ein Wort zu meiner Verteidigung hervorzubringen. Die Leute, um die es ging, wüßten genau, daß seine Familie über einen derartigen Verdacht erhaben sei. Wenn man es gewagt hätte, sein Kind in eine so üble Geschichte hineinzuziehen, so sei dies keine Beleidigung, kein Affront, sondern wissentliche Verleumdung, und gegen Verleumdung gebe es nur ein Verhalten: Schweigen. Worüber geschwiegen werden sollte, wollte sich mir nicht offenbaren, aber das Schweigen ergriff von uns allen Besitz.

Ich saß in meinem Zimmer und las, doch es gelang mir nicht, mich auf die Lektüre zu konzentrieren. Eine graue, öde Einsamkeit breitete sich vor mir aus. Grete schlich um mich herum und wollte nicht reden, Mutter hatte verweinte Augen. Dem allem zum Trotz erfaßte mich ein Gefühl des Jubels; denn aus all dieser unverständlichen Trostlosigkeit gewann ich die Erkenntnis, daß meine Eltern auf meiner Seite standen und zu mir hielten. Jetzt konnte ich nachempfinden, was die Seeleute verspürten, wenn sie den Leuchtturm an der Küste erspähten und wußten, daß sie sich in Sicherheit befanden.

Plötzlich, ganz unerwartet, stürmte eines Morgens Mutter zu mir ins Zimmer, leuchtend und duftend wie immer. Sie nahm mich in ihre Arme und sagte: »Morgen gehst du wieder zur Schule, es ist alles in Ordnung. Weißt du, manchmal muß man sich verteidigen, muß man sprechen und die Dinge aufklären, selbst dann, wenn die Art der Anschuldigung ein Sich-zur-Wehr-Setzen als unter der Würde erscheinen läßt. Es kommt halt immer darauf an, wie und aus welchen Motiven man es tut.« Was in Unordnung gewesen war, erfuhr ich nicht. In der Schule war alles wie immer. Der Direktor verhielt sich mir gegenüber nicht anders als vorher. Er klärte mich aber auch nicht darüber auf, warum er mich hatte von der Schule verweisen wollen.

Nach einer Weile stellte ich fest, daß der Direktor nicht mehr bei uns zum Musizieren erschien, und fragte Grete nach dem Grund. Sie antwortete: »Eigentlich sollst du's ja nicht wissen, ich sag's dir auch bloß im Vertrauen, und wehe, du quasselst zu jemand darüber. Das hat mit dem Besuch zu tun, den du und deine Ingrid beim Zahnklempner von den Soldaten gemacht habt. Die Frau von eurem Direktor hat schlimme Dinge rumplachandert. Wahrscheinlich war sie eifersüchtig, die alte Schachtel. Aber Schluß jetzt, ich hab' sowieso schon viel zuviel gesagt.«

Nun interessierte es mich im Grunde bereits nicht mehr. Der Herr Stabszahnarzt war abkommandiert worden, und der Samtschleifchendame begegnete ich nur noch sehr selten und sah sie meist nur von weitem auf der Straße. Wir nickten einander höflich zu. Die Frau des Direktors sah ich einmal auf der Schwelle ihres Hauses stehen. Ich fand, daß sie aufs Haar einem Mitglied der NS-Frauenschaft glich. Als sie mich gewahrte, ging sie schnell ins Haus zurück. Den Direktor hörte ich manchmal üben, wenn ich nach der letzten Unterrichtsstunde über das Schulgelände heimging. Seine Geige klang verlassen, so als sehnte sie sich nach Gefährten. Paganini berichtete, der Direktor spiele jetzt ab und zu einfache Geigenduos mit ihm, damit er das Zusammenspiel erlerne. Er hatte ihm versichert, daß nichts über das gemeinsame Musizieren in einem Streichquartett gehe.

Meine Klassenkameraden hatten von der mysteriösen Geschichte nichts erfahren, alles hatte sich ganz im geheimen abgespielt. Auch ich vergaß sie sehr schnell, nur als ich die Kindheitserinnerungen von Hans Carossa las, kam mir die ganze seltsame, verworrene Angelegenheit noch einmal in den Sinn; denn darin geschah etwas ähnlich Unverständliches, Geheimnisvolles, um dessentwillen der junge Carossa von der Internatsschule verwiesen werden sollte. Ich bemühte mich, hinter die unbegreiflichen Geschehnisse zu blicken und die Zusammenhänge zu erkennen, es gelang mir nicht. Doch ich fand, daß dies schattenhafte, ein wenig gespenstische Ereignis viel zu der träumerischen Atmosphäre des Buches beitrug. Und auch dort verlief, genau wie bei mir, alles im Sande und löste sich in Vergessenheit auf.

Paganini war da und mein Soldat, sie waren vertraut und gaben keine Rätsel auf. Immerhin begann ich mich zu fragen, ob ich jemals einen Mann beeindrucken könnte. Wenn ich mein Gesicht im Spiegel betrachtete, fand ich darin nicht die geringste Ähnlichkeit mit den Kinodamen, und es glich auch nicht den Gesichtern der jungen Mädchen aus der Jugendfilmstunde, die keck und selbstbewußt ihre Zöpfe herumwarfen, deren strahlende Augen aber sofort ernst und entschlossen blickten, wenn es darum ging, eine Aufgabe zu erfüllen. Eigentlich glich es niemandem. Im Winter würden die gestrickten Wollunterhosen wieder drankommen, auf denen Mutter bestand. In der Kälte draußen waren sie ganz angenehm, aber leider machten sie jede Grazie unmöglich. Mutter zu fragen, wie ich hübscher werden konnte, hatte keinen Sinn. Sie hatte, als ich es einmal versuchte, nur unmutig erwidert: »Laß die Selbstbespiegelung, das gehört sich nicht.«

Da steckte Ingrid mir eines Tages in der Schule einen Zeitungsartikel zu. Der Titel lautete: »Ist die häßliche Frau interessanter?« Beim Lesen erkannte ich augenblicklich, daß der Artikel mein Leben verändern würde. Es hieß darin nämlich, daß die schöne Frau, die ja von vornherein jedem gefalle und sich aus diesem Grunde keine Mühe zu geben brauche, um Menschen, vor allem selbstverständlich die Männer, für sich einzunehmen, mit der Zeit fad würde. Wenn gar die Jahre ihr den Schmelz der Jugend raubten, bliebe nicht mehr viel übrig, und sie würde bald zu einem Gegenstand der Langeweile. Nicht so die häßliche Frau. Wolle sie nicht zum Mauerblümchen verdammt sein, müsse sie sich auf andere Mittel der Bezauberung besinnen, nämlich auf Geist und Charme. Diese Gaben zu kultivieren sei freilich mühevoller, aber auch lohnender, zumal keine verstreichende Zeit ihnen etwas anhaben könne. Im Gegenteil, sie würden der häßlichen Frau einen ständig wachsenden Reiz verleihen, bis sie schließlich die schöne Frau in den Schatten stellte.

Das leuchtete mir ein. Ich fühlte mich sehr ermutigt und beschloß, den Weg von Geist und Charme zu gehen. Mit dem Geist konnte es hapern, aber Charme zu entfalten war mir gewiß möglich. In Gedanken sah ich mich bereits als eine Großmutter, von der nicht nur die Familie und die Enkel hingerissen waren, sondern alle, die das Glück hatten, mit ihr in Berührung zu kommen. Als ich meinen Soldaten ins Vertrauen zog und ihm mein Vorhaben erläuterte, lachte er nur und riet mir: »Bleib am besten, wie du bist.« Doch mein Entschluß stand fest. Für einmal hatte ich Grund, Ingrid dankbar zu sein.

30

Die Tage wurden nicht nur kürzer, sondern auch kühler, und als ich am frühen Morgen auf dem Schulweg meinen Atem als hauchige Wolke entschweben sah, konnte kein Zweifel mehr darüber bestehen, daß der Sommer sich endgültig davongemacht hatte. Bald darauf begannen die Herbstferien. Die Lehrer gaben bekannt, daß sie nicht der Erholung, sondern dem Arbeitseinsatz dienen sollten. Das hörte sich bedeutungsvoll an, fand ich. Bislang hatte ich noch niemals gearbeitet. Was ich in der Schule tat, bezeichnete keiner als Arbeit, und meine Hilfe in Gretes Küche erst recht nicht. Grete warf mich ohnehin, sobald es interessanter wurde, mit der Bemerkung raus: »Hau du man ab, du mit deinen unegalen Fingern. Du machst sowieso bloß alles kaputt.« Sie hatte ein polnisches Mädchen zur Hilfe bekommen, das, wie Grete befand, »auch nicht grad hell wie'n Talglicht, sondern eher 'ne Funzel« war, aber immerhin geschickter und vernünftiger als ich. Ich erklärte Grete, daß die ganze Schule klassenweise auf verschiedene Güter zum Einbringen der Kartoffelernte beordert würde. Grete erwiderte nur lakonisch: »Ja, grabbel du man in der Erde rum, das tut dir gut, daß du mal siehst, was arbeiten heißt, und es hilft uns bestimmt den Krieg gewinnen.« Trotz ihrer brummeligen Kommentare hielt sie mir jeden Abend ein heißes Bad bereit. Nie hätte ich gedacht, daß ich es so nötig brauchen würde.

Die Leiterwagen der verschiedenen Güter standen schon da, wenn die Schüler sich auf dem Schulhof versammelten. Dann stemmten sich die Pferde in die Deichsel, der Wagen ruckte an, und los ging es. Meist erwachte die Natur mürrisch und unausgeschlafen. Die Nebel hoben sich nur zögernd aus den Feldern, die Erde blies die nächtliche Kälte als feuchten, beißenden Atem zurück und hüllte uns darin ein. Meine Glieder waren klamm, wenn wir vom Leiterwagen stiegen, und ich war froh, daß wir vor der Arbeit heißen Malzkaffee zu trinken bekamen.

Nach kurzer Zeit schon sah ich ein, daß diese Arbeit kein Spiel war. In der Schule hatte ich immer einmal die Möglichkeit, mich zu drücken, nicht aufzupassen und zu träumen. Hier ging das nicht. Die Maschine warf mit gleichbleibender Geschwindigkeit die Kartoffeln aus dem Boden. Feuchtglänzend, dünnhäutig und hell und gesprenkelt von den Erdklumpen, die noch an ihnen klebten, lagen sie in den Furchen. Ich fand, daß sie erschrocken aussahen, weil man sie so unsanft aus ihrer molligen Erdwohnung ans Licht befördert hatte, aber ich hatte keine Zeit, diesen Gedanken nachzuhängen. Wollte ich nicht hoffnungslos zurückfallen, mußte ich mit meinem Korb hinterher. Sobald er voll war, leerte ich ihn in einen Kastenwagen und machte weiter. Die Kälte spürte ich längst nicht mehr, dafür aber meinen Rücken, und ich war heilfroh, als vom Gutshof die großen Kessel mit heißer Suppe aufs Feld transportiert wurden und wir mit unseren Kochgeschirren Essen fassen durften.

Einen Augenblick lang dachte ich daran, wie höflich und zuvorkommend ich behandelt worden war, wenn ich mit meinem Vater auf einem Gut Besuch machte. Dann wurde mir das Essen auf feinem Porzellan serviert. Nun saß ich erdverschmiert und schwitzend am Feldrain, weniger geachtet als der jüngste Kleinknecht. Trotzdem war ich vergnügt und hätte nicht tauschen mögen. Wir hockten alle im Kreis, die Klassenkameraden machten dumme Witze und lachten, und wir schlürften alle miteinander so vernehmlich, wie wir es zu Hause nie gedurft hätten, die dicke, kräftige Suppe. Gleich nach dem ersten Löffel entschied ich, daß sie ungleich viel besser schmeckte als am gedeckten Tisch, wo es nicht gestattet war, sich so ungezwungen zu benehmen. Ich war erstaunt, daß jedesmal ein äußerst leckerer Nachtisch ebenso großzügig ausgegeben wurde wie die Suppe: Milchreis mit Zucker und Zimt oder Pudding mit Früchten oder Kompott mit Vanillesoße. Danach fühlte ich mich wohlig satt und müde.

Müdigkeit war jedoch absolut fehl am Platze; denn kaum hatten wir die Mahlzeit beendet, fingen die Maschinen an zu klappern und deckten viele neue Kartoffeln auf, die alle aufgesammelt werden wollten. Nun tat mir der Rücken bereits hundsgemein weh, und mein voller Bauch zog mich zu Boden. Am liebsten hätte ich mich zu den ausgebuddelten Kartoffeln gelegt, doch daran durfte ich nicht einmal denken, wollte ich mich nicht blamieren. Zur Vesperzeit erhielten wir alle noch einmal heißen Kaffee und Marmeladenbrote. Anschließend brauchten wir nur noch die angefangene Reihe zu beenden und das Werkzeug abzugeben, bevor wir Schüler auf die Leiterwagen verladen und heimgefahren wurden.

Es war offenkundig, daß es allen ähnlich erging. Alle waren müde, allen taten die Glieder weh, und plötzlich gab es keine guten und schlechten Schüler mehr, keine Streber, keine Faulen, keine Schüchternen und keine Selbstbewußten. Die gemeinsame Arbeit hatte uns zu gleichwertigen Kameraden gemacht. In der Abendkälte kuschelten wir uns eng aneinander und redeten lauter blödsinniges Zeug. Die Pferde trotteten gemächlich und schnaubten feuchtwarmen Atem in die kalte Abenddämmerung. Zufriedenheit hüllte uns ein. Gemeinsam hatten wir eine Arbeit verrichtet, von der wir wußten, daß sie nützlich war und bei der niemand unter dem Zwang leiden konnte, sich besonders hervortun zu müssen.

Zu Hause empfing Grete mich mit der spöttischen Bemerkung: »Na, Linkspot, ahnst du jetzt, was arbeiten heißt?« Doch aus dem Badezimmer strömte warmer Wrasen, und Grete befahl: »Zieh dich aus und leg dich in die Wanne, sie ist voll.« Ich überließ meine Glieder der angenehm temperierten Seifenlauge. Nur mein Kopf schwebte noch über dem Wasser. Mir war so wohlig warm, und ich gelangte zu dem Schluß, daß zwischen der Badewanne und einem Bett kaum ein Unterschied besteht. Beide sind zum Kuscheln da. Und dann verlor sich mein Kopf im Dampf und Nebel und drohte, im Badewasser zu versinken. Plötzlich hörte ich Grete schreien: »Mach kein'n Quatsch, Mensch! Willst du ersaufen?« Sie riß mich hoch, rubbelte mich trocken und steckte mich ins Bett. Als ich sie wieder erblickte, war es bereits Morgen und Zeit zum Aufstehen.

Manchmal blies der Wind dem Herbst den Trübsinn vom Gesicht. Dann folgten Wolkenfetzen über den Himmel, die immerfort ihre Form veränderten, sich ausdehnten und wieder zusammenballten, bis sie endlich rund und bauschig um den Horizont lagerten. Ihre Ränder schimmerten im Sonnenlicht. Die knallroten Beeren der Eberesche wippten im Winde und schmückten den blitzblauen Himmel. An manchen Tagen kuschelte sich der Herbst noch weich und versonnen an den Waldrand, umgab sich mit Regenschleiern, die nach welkenden Rosen dufteten und überließ sich seinen Träumen. Nach und nach aber wurde er immer grämiger und zorniger und wirkte wie eine böse alte Hexe, die ihre wirren, grauen Haare im Winde wehen läßt und mit spröden, kalten Fingern die letzten Blätter von den Sträuchern zupft. Als endlich unter gläsern starrem Himmel der Winter einzog, majestätisch und ohne Widerspruch zu dulden, von Schnee und Eiseskälte umgeben, war die Kartoffelernte längst eingebracht. Andere Ereignisse hatten stattgefunden und die Erinnerung an sie verdrängt.

Für gewöhnlich machte ich mir nicht viel aus dem Kino und fand die Filme, die wir in der Jugendfilmstunde anschauen mußten, albern. Nun aber kam ein Film über Mozart nach Strasburg, und den wollte ich natürlich unbedingt sehen. Die Eltern erlaubten den Besuch gern; der Direktor ordnete ihn sogar an und ließ einen Aufsatz darüber schreiben. Sie hätten es nicht tun sollen. Tagelang war es mir unmöglich, meine Gedanken auf irgend etwas anderes als auf Mozart zu lenken. Im Unterricht paßte ich nicht auf, die Hausaufgaben vernachlässigte ich, mir war alles egal. Ich mußte immerfort an Mozart denken, wie bezaubernd er gewesen war und wie die blasierten, dummen Leute seine unbegreiflich schöne Musik nicht gewürdigt hatten und Mozart sterben ließen.

In den Abendstunden sah ich überall den geheimnisvollen grauen Boten herumlungern, der Mozart den Gruß des Todes überbracht hatte, und ich fürchtete, ihm zu begegnen. Er erschien mir wie der düster-ernste Kontrapunkt zu Mozarts beschwingter Heiterkeit, wie eine Bedrohung, die latent vorhanden ist und die sich plötzlich zeigt.

Ich bemühte mich, alles zu ergattern, was über Mozart geschrieben worden war, und verschlang es. Grete, die sich den Film ebenfalls angesehen hatte, äußerte sich dazu wieder einmal sehr lakonisch: »Bild dir bloß nicht ein, daß Mozart so schön ausgesehen hat wie der im Film. Das ist ja doch'n Schauspieler. In Wirklichkeit war Mozart 'n Gnom und hatte 'nen enormen Zinken im Gesicht.« Leider hatte sie nicht ganz unrecht, obgleich ich ihren Kommentar gehässig fand. Ich hatte selbst bereits festgestellt, daß Mozart auf Bildern, die ich von ihm kannte, nicht gerade wie ein griechischer Gott aussah.

Eine Weile trug ich die Enttäuschung darüber mit mir herum, dann vertraute ich mich Fräulein Specht an. Sie beruhigte mich mit den Worten: »Ach, weißt du, das ist doch Nebensache!

Hör dir Mozarts Musik an. Die ist überdimensional, zu der reicht keiner hin, nicht? Na, und wer solche Musik schreiben kann, die nicht nur Gedankentiefe, sondern auch so viel Charme und Liebreiz enthält, der muß ja wohl eine Persönlichkeit sein, und da hat er es, weiß der Himmel, nicht nötig, auch noch schön zu sein. Er bezaubert auch so.« Das leuchtete mir ein, zumal ich mich an den Zeitungsartikel über die häßliche Frau erinnerte.

Eine von Mutters Freundinnen aus Danzig schickte mir eine gerahmte Federzeichnung, die Mozart viel ansehnlicher darstellte, als es sonst der Fall war. Ich hängte sie so auf, daß mein Blick darauf fallen konnte, wenn ich des Morgens erwachte.

Wie aber sollte ich all meine Begeisterung für Mozart, all meine Gefühle in einem Hausaufsatz unterbringen? Sie gehörten mir allein und gingen die Schule nichts an. So schrieb ich den Aufsatz ziemlich lustlos und trocken, erhielt vom Direktor einen erstaunten Blick mit der Bemerkung: »Ich bin von deiner Leistung zutiefst enttäuscht« und nur eine mäßige Zensur.

Fräulein Specht bestand darauf, daß sie wegen der vielen rasanten Passagen in Schuberts Forellenquintett einen Umblätterer benötige, und erkor mich dazu. Nun hatte ich das Recht, allen Proben beizuwohnen. Niemand durfte mich fortschicken. Ich bewunderte Fräulein Specht über die Maßen, wenn ihre Finger über die Tasten eilten und einen musikalischen Wasserfall erzeugten. Er war so hell und spritzig, daß kein noch so gerissener Fischer die Chance gehabt hätte, ihn zu trüben und die Forelle zu überlisten. Flink und anmutig bewegte sie sich in ihrem Element und konnte sich bis zum Ende unbeschwert darin tummeln. Der Dresdner Konzertmeister spielte die erste Geige, mein Soldat die Bratsche, und da kein Bassist aufzutreiben war, übernahm Vater diesen Part auf dem Cello. Ich war stolz auf ihn, wie er sich neben den Musikern behauptete.

Als Umblätterer hatte ich den besten Part. Ohne viel leisten zu müssen, konnte ich doch dabeisein. Grete hatte das sofort spitz und stichelte: »Das paßt zu dir, nüscht tun und trotzdem vorne an.«

Normalerweise umsorgte Grete meine Schwester mit Hingabe, pflegte ihre Garderobe und kämmte ihr die Haare. Für mich tat sie nur das Allernotwendigste, und oftmals sah meine Kleidung ziemlich speckig und fleckig aus. Am Abend vor der Aufführung änderte sie ihr Verhalten mir gegenüber total. Sie putzte mich blitzblank, legte ein gereinigtes Kleid auf mein Bett und schlang, nachdem sie sich abgemüht hatte, meine frisch gewaschenen Haare zu bändigen, ein breites Samtband um meinem Mozartkopf mit den Worten: »Wenn du soviel Grips besäßest wie Haare, dann wärste ein Genie, und wir hätten noch was von dir!«

Die Kälte im sparsam geheizten Kinosaal, in dem die öffentliche Vorführung stattfand, spürte ich kaum, so sehr war ich darauf bedacht, kein Blatt zu früh oder zu spät umzuwenden, und als der Beifall losbrach, freute ich mich mit den Musikanten – besonders mit Vater. Mein Soldat nahm mich hinter der Bühne in den Arm und sagte: »Du solltest tatsächlich immer so bleiben, wie du jetzt bist.«

Aber wie war ich denn? Ich war mir selbst unbekannt. Die anderen wußten es gewiß ebensowenig, und es interessierte sie wahrscheinlich auch gar nicht, ich existierte, und damit hatte es sich. Mutter liebte mich sicherlich, aber sie behauptete, die Menschen insgesamt zu lieben. Also nahm ich auch in ihrer Zuneigung keine besondere Position ein. Um meine Empfindungen kümmerte sich niemand, daher war ich es nicht gewohnt, sie zu äußern.

An jenem Tag, an dem ich Blut in meiner Unterhose entdeckte, fiel mir meine Unfähigkeit, bei Mutter Verständnis zu finden, besonders schwer aufs Herz. Ich hatte schon eine Zeitlang unter Bauchweh und einem unangenehmen Ziehen im Unterleib gelitten, aber als ich es Mutter erzählte, meinte sie nur, ich solle es vergessen, es sei unbedeutend. Mutter beharrte auf dem Standpunkt, daß wir unseren Körper besäßen, um uns wahrnehmbar zu machen und uns ausdrücken zu können. Daher sei er als Diener zu betrachten und nicht als unser Herr. Wir stellten ihm die Bedingungen und nicht er uns. Weil ich kaum jemals krank war, hatte mein Körper mich kaum je beschwert. Nun aber unternahm er selbständig etwas, das ich nicht wollte.

Ingrid hatte mir vor einiger Zeit anvertraut, sie könne nicht am Sportunterricht teilnehmen, weil sie ihre Regel bekommen habe. Sie erklärte mir, was das bedeute, daß meine Bauchschmerzen damit in Zusammenhang stehen könnten, daß mein Körper sich auf die gleiche Veränderung vorbereite. Ich war schockiert. Mir sollte so etwas nicht passieren, ich wollte nichts damit zu tun haben. Als ich nun offensichtlich doch davon betroffen war, mochte ich es nicht wahrhaben. Ich wollte zu Mutter; sie sollte mich auf ihren Schoß nehmen und das Ungewollte, das mir widerfuhr, abwehren.

Aber sie händigte mir lediglich Utensilien aus, die ich, wie sie sagte, von nun an während einiger Tage im Monat benötigen würde. Dabei sah sie mich kaum an und berührte mich auch nicht. Wäre Ingrid nicht gewesen, die mir die ganze Angelegenheit als etwas völlig Natürliches erklärte, ich hätte mich aus der Menschheit ausgestoßen gefühlt. Dennoch, meiner Schwester würden derart eklige Dinge nicht passieren. Sie stand weit über ihnen. Deshalb hatten Mutter und Grete auch so viel Freude daran, sich mit ihr zu beschäftigen. Nichts vermochte ihre natürliche Lieblichkeit zu überschatten.

Ein Gutes hatte die Sache glücklicherweise. Nicht der Kummer der Isolation lastete zusätzlich auf mir, sondern die Gewißheit, nicht abgesondert zu sein, half mir, mich in das Unvermeidliche zu schicken. Immer mehr Mädchen in meiner Klasse wurden regelmäßig vom Turnunterricht befreit und gaben den gleichen Grund dafür an wie ich. Ich war eine unter vielen.

Nie konnte ich begreifen, warum so viele Leute über den Winter klagten, dem Sommer nachweinten und dies auch in vielen traurigen Liedern besangen. Sommer und Winter waren zwei völlig verschiedene Aspekte des Jahres, aber jeder war auf seine Weise schön. Düfte besaß der Winter nicht, seine diamentene Luft war geruchlos wie Wasser, und seine Farben waren gläsern. Die Atmosphäre war splitterig vor Kälte, aber in den Splittern brach sich das Licht in vielen Facetten. Die Schönheit des Winters trat dann deutlich zutage, wenn Schnee fiel. Der Schnee brachte den Himmel näher. Und im Dunkel seiner langen Nächte erwartete uns das herrlichste Fest des Jahres: Weihnachten. Das Licht und die Wärme der Kerzen konnten den ganzen winterlichen Eispalast zum Schmelzen bringen. Alles andere verblaßte davor.

Fräulein Specht befand sich in ihrem Element. Sie war mit einem Lehrauftrag für Musik an unsere Schule berufen worden und gründete sofort einen Schulchor. Wenn einige der Jungen anfangs über eine alte Jungfer an der Schule gelacht und geglaubt hatten, leichtes Spiel mit ihr zu haben, so wurden sie bald eines besseren belehrt; nicht nur weil Fräulein Specht durchaus nicht mit sich fackeln ließ, sondern weil sie wider Willen zugeben mußten, daß die Singerei bei ihr Spaß machte. Respekt verschaffte sie sich weniger durch Strenge als durch Ironie und dadurch, daß sie den Störern bewußt machte, wie kindisch und lächerlich ihr Verhalten im Grunde war.

Niemand vermochte Fräulein Specht ihre christliche Gesinnung streitig zu machen. Die »Hohe Nacht der klaren Sterne« und den »Sonnwendmann« sowie alle anderen Lieder zur Wintersonnenwende verbannte sie weit nach hinten. Aber auch die betenden Engel am bürgerlichen Gabentisch und die Weihnachtsglöckchen hatten bei ihr keine Chance. Sie tat sie kurzerhand als kitschig ab. Dafür holte sie alte Weihnachtschöre hervor, die ich noch nie gehört hatte. Es war überwältigend, so, als stiegen sie aus dem unergründlichen Dunkel der Nächte auf und breiteten einen warmen Schein über die Welt. Ob wir nun von den Barockengeln sangen, die vor lauter Freude über die heilige Geburt aus dem Himmel kugeln, oder von den staunenden Hirten »Quem pastores laudavere« oder »Vom Himmel hoch, da komm ich her« und »Willkommen, süßer Bräutigam« in volltönenden Sätzen von Johann Sebastian Bach oder Heinrich Schütz, immer spürte ich die Kraft der Musik, den Zusammenklang der Stimmen in harmonischen Akkorden, und ich wurde von der Flut der Töne mitgerissen. Die Musik verlieh der Botschaft Glanz. Wieviel großartiger und begeisternder klangen diese Gesänge als die »Hohe Nacht«, und wieviel poetischer und bezwingender die biblischen Berichte von der Geburt des Herrn als die ganzen Kameradschaftsgeschichten der Jungmädel-Heimabende zur Wintersonnenwende!

Da Fräulein Specht von der Leistung des Schulchors angetan war, eröffnete sie uns, mit ihm die Jahresschlußfeier der Schule vor den Weihnachtsferien in der Aula öffentlich für die Eltern und Freunde gestalten zu wollen. Deklamierbegabte Schüler erhielten weihnachtliche Texte zum Vortragen, Fräulein Spechts Klavierschüler den Auftrag, ein geeignetes Stück auf dem Klavier zu spielen. Für mich hatte sie eine Weihnachtsmusik von Max Reger ausgesucht, und als sie sah, daß ich erstaunt und enttäuscht guckte, sagte sie schnell: »Nun komm du mir nicht schon wieder mit Mozart. Du mußt dich mal 'n bißchen von ihm lösen, sonst wird 'ne Manie draus.« Weil ich wußte, daß sie es gut meinte, gehorchte ich.

Der Abend wurde ein riesiger Erfolg. Wir begannen ihn mit den handfest fröhlichen Liedern aus Valentin Rathgebers »Ohrenvergnügendes und gemüthergötzendes Tafel-Confekt«, und ich schmetterte mit Lust und Überzeugung »Noch sind wir jung« in den Saal. Paganini spielte mit seinem Freund ein Stück für Geige und Klavier und ein Geigenduo mit dem Direktor. Regers »Weihnachtsglocken« leiteten den weihnachtlichen Teil ein, und dann entfalteten die Schüler die Pracht der weihnachtlichen Chormusik vor den andachtsvoll lauschenden Eltern. Ich bemerkte, wie Vaters Gesicht sich erhellte, als einer der älteren Schüler die Weihnachtsgeschichte aus dem Lukasevangelium in Latein vortrug: »... et claritas dei circumfulsit eos.« Am Schluß standen alle auf und sangen gemeinsam mit dem Chor »O du fröhliche«.

31

Nicht immer zeigte sich der Winter von seiner leuchtenden Seite. Es gab Zeiten, in denen das Licht sich sehr wenig Mühe machte, den Tag zu erhellen. Der träge, schwere Himmel ließ sich fast bis auf die Erde hängen und umgab sie mit grauer Eintönigkeit. Dennoch war es bitter kalt, und die eisverkrusteten Furchen der Felder waren so hart gefroren, daß es weh tat, wenn man stolperte. An solchen Tagen machte es keinen großen Spaß, Vater auf seinen Überlandfahrten zu begleiten. Aber gerade dann hatte er Begleitung nötig, dachte ich und fuhr mit ihm. Auf den Straßen war es öde und einsam. Unser Auto war das einzige Gefährt weit und breit. Vater mußte aufpassen, daß er auf vereisten Stellen nicht ins Schlittern geriet.

Unerwartet hielt er an, und ich meinte zuerst, die Straße wäre zu glatt zum Weiterfahren, und wir müßten umkehren. Doch Vater ließ den Wagen am Straßenrand stehen und legte die Hand auf mein Knie. Nach einer kleinen Weile, während wir beide ganz still dagesessen hatten, sagte Vater: »Weißt du, ich habe vor einiger Zeit auf meiner Fahrt nach Lemberg in dieser beinernen Kälte halb verhungerte, nur sehr unzureichend bekleidete Menschen gesehen, die offenbar zu irgendeiner Arbeit getrieben wurden. Es waren sogar Frauen darunter. Der Anblick war grauenvoll. Schreckliche Dinge gehen vor sich. Und ich habe gehört, daß Menschen hinter hohen Stacheldrahtzäunen schlimmer als Vieh gehalten werden.«

Ich lauschte Vaters Worten, und dabei erinnerte ich mich an Gespräche an unserem Abendbrottisch. Mit der Zeit war zwischen dem Lazarett und der Familie ein beinah vertrautes Verhältnis entstanden. Jedenfalls fanden sich die Stabsärzte, mit denen gemeinsam musiziert wurde, manchmal auch uneingeladen zu Gretes knusprigen Bratkartoffeln ein und sprachen in diesem intimen Kreis über Dinge, deren Bedeutung ich nicht erfassen konnte, die jedoch eine ähnliche Stimmung hervorriefen, wie sie jetzt zwischen Vater und mir herrschte: die heimliche Vertrautheit einer Verschwörung. Häufig ging es um strategische Probleme, wie das ständige Zurückweichen der Front. Bedenken über die Fähigkeit unserer Regierung wurden laut und die Besorgnis, ob sie in der Lage und willens sein würde, einen einigermaßen günstigen Moment zur Beendigung des Krieges und zum Abschluß eines erträglichen Friedensabkommens abzupassen. In den Gesprächen kamen Worte wie Härte, Zerrissenheit und Hoffnungslosigkeit vor, Begriffe, die mir eigentlich nur theoretisch bekannt waren. Sie weckten die Ahnung von einer Welt, die nebelhaft verschleiert war und die zu fern lag, um mich wirklich zu beunruhigen. Die Furcht davor aber, daß sie sich näher heranschieben und uns in ihrer düsteren Unerbittlichkeit alle zermalmen könne, streifte auch mich, so wie jetzt das Grauen vor dem Schicksal jener gefangenen Leute, um die sich niemand zu kümmern schien.

Vater fuhr fort: »Ich bin der festen Überzeugung, daß du über das, was ich dir mitzuteilen habe, Stillschweigen bewahren wirst. Sagen muß ich es dir, weil du ein Recht darauf hast, Bescheid zu wissen, denn es handelt sich um ein Wissen, das für dein Leben von elementarer Bedeutung sein wird. Du sollst nicht länger eine Lüge für die Wahrheit halten. Dies ist eine böse, gefährliche Zeit, in der das Böse scheinbar ungestraft umgeht. Du brauchst dich aber nicht zu ängstigen, es kann nicht von Dauer sein. Bislang ist das Böse noch immer zum Untergang verurteilt gewesen, und glaube mir, auch diesmal wird es so sein. Das Böse trägt, weil es zerstörerisch wirkt, den Keim der Selbstzerstörung in sich.«

Ich erkannte, wie viel Vater daran lag, mich aufzuklären. Vaters Worte beeindruckten mich sehr. »Versprich mir, daran zu denken, daß die persönliche Freiheit das höchste Gut der Menschen ist, hörst du? Vergiß das nie.« Herrn Greßlers Geschichtsunterricht fiel mir ein, und ich meinte, einige der Zusammenhänge zu durchschauen. Vater aber beschied: »Du kannst das jetzt noch nicht in seinem vollen Umfang und in seiner ganzen Tragweite erfassen, aber eines Tages wirst du es verstehen, und darauf möchte ich dich vorbereiten. Diejenigen, die diesen Krieg angezettelt haben, haben die Menschenrechte total mißachtet. Deswegen sind sie im Unrecht. Sie halten sich für Übermenschen, aber die anderen, die ihnen in Wahrheit oft überlegen sind, deklassieren sie als Untermenschen. Jedoch gibt es weder Über- noch Untermenschen. Vor Gott sind alle Menschen gleich. Darum darfst du nicht glauben, was über die Juden gesagt wird. Abgesehen davon, daß es eine schändliche Lüge ist, ist es auch menschenunwürdig, und wir müssen uns dafür schämen. Kein Volk hat das Recht, ein anderes herabzusetzen und Minderheiten zu diffamieren. Überdies sind unsere Juden auch Deutsche wie wir. Das ist durch ihren Beitrag zur deutschen Kultur und Geschichte klar erwiesen.«

Ohne recht erkennbaren Grund fiel mir die Sonntagsschule ein, und wie mich die Eltern einmal zum Abendgottesdienst mitgenommen hatten. Anfangs hatte ich es genossen, zwischen den Erwachsenen zu sitzen, aber nach einer Weile wurde mir das Ruhigsein langweilig, zumal ich von der Predigt kaum etwas begriff. Nur der Name Abraham hatte mich aufhorchen lassen. Doch ich hielt geduldig aus, und zur Belohnung wartete draußen ein prächtiger Nachthimmel auf mich. Die funkelnden Sterne schienen so nahe, daß mir war, als berührten sie tatsächlich meine Augen. Da erinnerte ich mich daran, was die Lehrerin in der Sonntagsschule von Abraham erzählt hatte, wie er vertrauensvoll zum Himmel aufgeblickt und die göttliche Botschaft empfangen hatte: »Daß ich deinen Samen segnen und mehren will wie die Sterne am Himmel und wie den Sand am Ufer des Meeres... und durch deinen Samen sollen alle Völker auf Erden gesegnet werden, darum daß du meiner Stimme gehorcht hast.« Das war so schön und würdevoll und von Ruhe und Harmonie bestimmt. Ich hatte die Hände der Eltern festgehalten und mich gefreut.

Hier saßen wir nun beide, Vater und ich, unter dem sternenlosen, tristen Himmel. Wo war Gott jetzt? Behütete er uns in dem Dunkel? Teilte er mir seine Gegenwart durch die Wärme von Vaters Hand mit? So schwerwiegend und ernst Vaters Worte auch gewesen waren, so bedrückten sie mich seltsamerweise kaum. Im Gegenteil, ich fühlte mich erleichtert, und als Vater den Motor anließ und weiterfuhr, war ich beinahe fröhlich. Etwas Störendes, das latent vorhanden gewesen war und mein Verhältnis zu den Eltern belastet hatte, war gewichen. Ich konnte die Eltern nun wieder fragen und wußte, sie würden mir ehrlich antworten.

Kurz darauf überraschte ich Vater im Gespräch mit meinem Soldaten und wunderte mich, daß Vater es wagte, auch mit ihm so offen zu sprechen wie mit mir; denn mein Soldat war vor seiner Einberufung Führer bei der HJ gewesen und von den guten Motiven dieser Jugendorganisation, die schließlich Tugenden wie Kameradschaft, Treue, Anstand, Mut und Selbstlosigkeit im Hinblick auf das Gemeinwohl forderte, eigentlich noch immer überzeugt. Vater belehrte ihn in ähnlicher Weise wie mich, und zwar so beschwörend und mit so zwingenden Argumenten, daß mein Soldat sehr still und nachdenklich wurde. »Mein Lieber«, sagte Vater, »ich schätze und achte Sie auch viel zu sehr, als daß ich Sie in diesem Irrglauben belassen könnte. Sie sind jung und werden hoffentlich, wenn dieser schreckliche Spuk vorüber ist, die Gelegenheit haben, ein menschenwürdiges Deutschland mitaufbauen zu helfen.« Bald nach diesem Gespräch wurde mein Soldat zur Front zurückkommandiert. Bevor er sich verabschiedete, bedankte er sich bei den Eltern für ihre Aufrichtigkeit. Mir klopfte er auf den Rücken und versprach, daß wir uns nach Kriegsende gewißlich wiedersehen würden, entweder bei uns in Danzig oder bei ihm zu Hause in Süddeutschland. Trotzdem war ich traurig, als er ging.

Mein Geburtstag rückte näher. Ich überlegte mir, wie ich ihn feiern und wen ich einladen sollte. Eigentlich war ein Geburtstag wie der andere, es gab kaum Überraschungen, und mit der Zeit verlor ich die Freude an ihnen. Gewiß, die Geschenke der Eltern waren schön und liebevoll ausgesucht. Wenn ich gleich am Morgen das Zimmer betrat, das für mich geschmückt war und in dem die Familie gespannt darauf wartete, wie ich die Gaben aufnehmen würde, übermannte mich die Rührung, und ich mußte einen Hustenanfall vortäuschen, um nicht die Beherrschung zu verlieren. Spätestens bei den Umarmungen und

Glückwünschen verlor ich sie doch und brach in Tränen aus. Doch das ganz und gar Ungewöhnliche, nie Dagewesene, Überwältigende geschah nie, und nach der Kaffeetafel am Nachmittag, nachdem die Freunde ihre Geschenke überreicht hatten, ging das Geburtstagskind im allgemeinen Trubel unter und verlor an Bedeutung.

Trotzdem war ich nicht begeistert, als Mutter mich fragte, ob es mir etwas ausmachen würde, in diesem Jahr auf eine Feier mit Freunden zu verzichten. Was bedeutete das nun?! Sollte mein Geburtstag ignoriert werden? Wahrscheinlich hatte Mutter meine Enttäuschung bemerkt; denn sie beruhigte mich mit den Worten: »Es könnte sein, daß du am Geburtstag nicht zu Hause bist, und das wiederum hängt mit einer Überraschung zusammen.« Ein Stein fiel mir vom Herzen. Aber was konnte das für eine Überraschung sein, die meine Abwesenheit nötig machte? Ich überlegte und überlegte, doch ich kam nicht darauf.

Am Geburtstagsmorgen war alles wie sonst, der Gabentisch, die Umarmungen, sogar mein obligater Kloß im Hals stellte sich pünktlich ein. Dennoch verlief bereits das Frühstück anders als sonst; denn Vater mahnte zur Eile. Wir kleideten uns an, verabschiedeten uns von meiner Schwester und Grete, Mutter überreichte Vater einen Koffer, und wir begaben uns zur Bahn.

Im Zug endlich klärten die Eltern mich auf. Vater machte sein berühmtes Pokergesicht, mit dem er ausdrücken wollte, daß alles völlig belanglos und uninteressant sei. Aber sein Gesichtsausdruck – dabei rollte er verzückt die Augen – strafte ihn Lügen. Also mußte er irgend etwas Fabelhaftes vorhaben, das war klar. Mutter sagte: »Wir fahren nach Thorn.«

Was in aller Welt sollten wir ausgerechnet in Thorn? In meiner Vorstellung existierte Thorn als eine Weihnachtsstadt. Von dort kamen die Thorner Katharinchen, die ich von allen Lebkuchen weitaus am liebsten mochte. Sie zergingen fast auf der Zunge, und wo andere Kuchen Ecken und Kanten hatten, waren sie rund und weich. Auf der Packung, in der sie lagen, war eine Stadt mit verschneiten Giebelhäusern abgebildet, die ähnlich aussahen wie unsere alten Häuser in Danzig. Nur wirkten sie wie aus einer Spielzeugschachtel. Großmutter hatte mir erzählt, die Thorner Katharinchen würden von Nonnen des Thorner Katharinenklosters gebacken, und ich stellte mir vor, wie es in den Klostergewölben, in denen die große Klosterküche lag, lecker duftete und geschäftig zuging, wie die Nonnen Teig kneteten, ihn ausrollten, mit den speziellen Förmchen die Rohmasse ausstachen und fromme Lieder dazu trällerten. Bestimmt waren sie heitere Geschöpfe, aber ich fragte mich, ob sie viel Zeit zum Beten übrig hatten. »Beten kann man überall«, hatte Großmutter befunden, »und je fröhlicher man ist, desto besser betet man.« Ich sah Großmutter in der schummerigen Vorweihnachtszeit im Danziger Kinderzimmer bei den Bratäpfeln am Ofen sitzen, die Füße auf ihrer Fußbank. Ob sie uns sehen konnte, wie wir nach Thorn fuhren? Zwar hatte ich immer noch keine Vorstellung davon, was wir in Thorn tun wollten, aber ich begann zu ahnen, daß an diesem Geburtstag das ersehnte Außergewöhnliche, das ganz und gar Phantastische passieren könnte, und geriet mehr und mehr in eine erwartungsfrohe, losgelöste Stimmung.

In Thorn stellten wir unseren Koffer im Hotel ab und begaben uns auf einen Stadtbummel. Wie aus der Erde gewachsen, stand plötzlich vor einer schönen, alten Kirche jener Herr vor uns, der seit eh und je meinen Gesundheitszustand bemäkelt und mit Liebesgaben aufgebessert hatte. Diesmal verzichtete er auf die obligate Untersuchung, nahm statt dessen meine Hand, betrachtete mich und zwinkerte mir zu. Dann teilte er mir mit, wie entzückt er sei, an einem für mich so außerordentlich erfreulichen und wichtigen Ereignis teilhaben zu dürfen. Der Herr führte die Eltern um die Kirche und hielt ihnen einen Vortrag über deren Geschichte und Baustil.

Da ich das langweilig fand, machte ich mich davon und betrat die Kirche durch eine leicht zu öffnende Seitentür. Kühle Stille umgab mich, in welcher sich der kleinste Laut zu einem Hall ausdehnte. Die hohen Bögen und Streben reckten sich starr ins Unermeßliche. Sie taten sich nicht freundlich zu einem schützenden Dach zusammen, sondern zu einer Art strengem, unbeugsamen Firmament. Angst beschlich mich, und als ich in einem der Seitengewölbe vor einem Altar einen Sarg mit einem schweren Tuch bedeckt erblickte, über dem eine dicke, sehr lange Kerze auf hohem Leuchter flackerndes Licht und hüpfende Schatten warf, packte mich Entsetzen, und ich rannte aus der Kirche.

Im Hotel lag auf dem Bett, in dem ich nachts schlafen sollte, ein neues Kleid mit einem passenden Samtband für meinen Mozartzopf. Mutter kleidete sich in eins ihrer aufsehenerregenden Gewänder, band Vater den kniffligen Knoten seiner Plastronkrawatte und ließ sich von ihm in den Speisesaal führen, in dem schon der Herr aus Danzig wartete. Bei unserem Eintritt erhob er sich und rückte zuerst Mutter, dann mir den Stuhl zurecht. Nun war ich heilfroh, daß Mutter auf meine Tischmanieren geachtet hatte; denn die Kellner standen auf der Lauer und beobachteten uns während der ganzen Mahlzeit mit Argusaugen. Sobald wir etwas benötigten, waren sie zur Stelle, aber ich vermutete, daß sie auch genau aufpaßten, ob ich nicht etwa kleckerte oder gar schmatzte.

Nach dem Essen stiegen wir in ein Auto, fuhren durch die dunkle Stadt und hielten vor dem Eingang eines Theaters. Das also war es, das unvorstellbare, wunderbare, ungewöhnliche Ereignis! An der Mauer hingen große Plakate, und auf ihnen stand in dicken schwarzen, unübersehbaren Buchstaben: »Die Hochzeit des Figaro, Oper in vier Akten von Wolfgang Amadeus Mozart«. Ich war sicher, die Eltern wußten genau, wie mir zumute war und daß ich vor Wonne hätte jauchzen können, ich brauchte es ihnen gar nicht zu sagen. Wir setzten uns auf die allerbesten Plätze, und ich hatte das Gefühl, daß alle Leute in der Oper mich wohlwollend betrachteten und sich mit mir freuten. Es wurde dunkel, und die Ouvertüre begann.

Nie zuvor hatte ich – außer von der Schallplatte oder aus dem Radio – ein Orchester gehört, das war nun wirklich eine Offenbarung für mich. Hier war jedes einzelne Instrument deutlich zu unterscheiden und vernehmbar: die Geigen, Bratschen, Celli und Kontrabässe. Über ihnen trillerten die Flöten, näselten seelenvoll die Oboen, und die Fagotte, Klarinetten und Hörner mischten ihre geheimnisvoll dunklen Töne hinein.

Als der Vorhang aufging, vergaß ich jedoch, darauf zu achten; denn nun agierten die Sänger in ihren prächtigen, spitzenübersäten Rokokoroben, und ihre Stimmen überstrahlten die Orchestermusik wie die Sonne die Wasseroberfläche der Ostsee. Manchmal gesellte sich ein Instrument im besonderen zu ihnen, um die frohe oder traurige oder ironische Stimmung zu unterstreichen.

So sehr ich Mozart immer geliebt hatte, hatte ich bisher doch nicht gewußt, wie wunderbar er tatsächlich war. Wie ein Zaubermantel umgab mich seine Musik und hüllte mich in Freude und Entzücken. Wie ein fliegender Teppich breitete sie sich unter meinen Füßen aus und trug mich in die Gefilde der Seligen. Zwar fiel ich ein wenig von der Höhe hinunter, als die Musik abbrach und der Dirigent und die Sänger sich verneigten, und war traurig, daß die Herrlichkeit zu Ende war. Aber das war nicht so schlimm, denn das Gehörte würde mir bleiben. Ich konnte mir die Musik immer von neuem ins Gedächtnis rufen, und außerdem wußte ich nun, daß es viele Opernhäuser gab, die den »Figaro« aufführten. Überall, wo ich hinkam, würde ich ihn finden können. Ich fiel den Eltern stürmisch um den Hals und bedankte mich mit einem Sprühregen von Küssen. Einer davon fiel auch für den Danziger Herrn ab, der mir zum Geburtstag wünschte, daß dieser Opernabend nur der Auftakt zu vielen unvergeßlichen Konzertereignissen in meinem Leben sein möge.

In der Schule war es langweiliger geworden, weil immer mehr männliche Lehrkräfte an die Front beordert und durch Frauen ersetzt worden waren. Auch der Herr Unteroffizier war kurzerhand und ohne Abschied verschwunden. Die Lehrerinnen benahmen sich meist wohlwollend und freundlich, aber ich fand, daß ihrem Unterricht der Pfeffer fehlte. Die Lateinstunde war zum Einschlafen langweilig, und ich wachte erst auf, als ich eine reichlich unerfreuliche Note im Zeugnis erhielt.

Viel interessanter hätte ich es in der Konditorei am Ende des Marktes gefunden, die einige Mädchen aus meiner Klasse, darunter Ingrid als Anführerin, zu besuchen begannen. Souverän zückten sie die Lebensmittelkarten und übergaben dem Kellner Geld und Marken, woraufhin er ihnen einen etwas zähen, pappigen Kuchen servierte, der mir aber mundete. Nicht der Kuchen an sich, sondern das ganze Drumherum: das gesellschaftliche Leben in der Konditorei, die Möglichkeit, wie ein Erwachsener am Tisch zu sitzen, die Beine übereinanderzuschlagen und sich bedienen zu lassen.

Einmal hatte mir jemand großzügigerweise Marken verehrt, und ich konnte am Con-Besuch teilnehmen. Es roch fast so, wie ich den italienischen Eissalon und die Cons meiner Kindheit in Erinnerung hatte. Zwar mangelte es hier an großstädtischer Eleganz, aber sie wurde dadurch wettgemacht, daß in dieser Con die Gattinnen der Gutsbesitzer verkehrten. Ihre Gespanne warteten draußen mit scharrenden Hufen auf sie, und manchmal saßen junge Offiziere mit blanken, schmalen Stiefeln neben ihnen. Auf der Heimfahrt schoben sie den Kutscher beiseite und nahmen selbst die Zügel in die Hand. Ihr Anblick ließ den Entschluß in mir reifen, daß als Ehemann für mich nur der Sohn eines Gutsbesitzers in Frage käme. Einige Male sah ich solche jungen Offiziere auch auf dem Bahnhof stehen und erkannte unter ihnen einige, mit denen mich eine vage Erinnerung verband. Nie wäre es mir in den Sinn gekommen, sie als Schulkameraden zu bezeichnen; denn sie hatten schon bei meinem Eintritt in die Schule hoch droben im Olymp gethront. Nun waren sie mir durch ihre Uniform, die Epauletten und ihre hageren, ernsten Gesichter, aus denen die Kindheit gänzlich gewichen war, erst recht entrückt.

Eines Tages erschien der Direktor und kündigte der Klasse einen neuen Lateinlehrer mit dem Hinweis an, daß wir uns höflich und gesittet zu benehmen hätten, da Herr Dr. Jungius bereits im Pensionsalter und im übrigen hochgebildet sei. Als Dr. Jungius die Klasse betrat, dachte ich, er könne einer jener alten Professoren aus Vaters Gymnasialzeit sein, deren kauzige Art Vater so gern schilderte.

Dr. Jungius trug einen Anzug von undefinierbarer Farbe, dessen voluminöser Zuschnitt für einen Clown gepaßt hätte. Er hob den Arm zum Hitlergruß, doch nicht eindeutig und gerade, sondern so, als wolle er eine verächtliche, wegwerfende Handbewegung machen. Dabei betrachtete er die Klasse, wie mir schien, mit einem hinterhältig forschenden Blick. Dann begann er eine kurze, trockene Rede, in der er mitteilte, daß er sich keinerlei Unbotmäßigkeiten bieten lassen werde und keine Vertraulichkeiten von seiten der Schüler wünsche, da sie in Zudringlichkeiten ausarten könnten, die ihm äußerst zuwider seien. Der Abstand müsse gewahrt bleiben. Es konnte kein Zweifel darüber bestehen, daß dieser seltsame alte Herr Kindern nicht zugetan war, und ich sah den Lateinstunden mit Bangen entgegen.

Doch der Unterricht entwickelte sich ähnlich positiv wie seinerzeit bei dem Unteroffizier Benedikt. Dr. Jungius verstand es, Logik und Klarheit der Sprache deutlich zu machen. Für ihre Unregelmäßigkeiten hatte er sehr witzige und einprägsame Lehrsätze entwickelt, die wir auswendig lernen und zu Beginn der Stunde herunterschnurren mußten. Die Regeln für die verschiedenen Deklinationen ließ er nach der Melodie »Jung Siegfried war ein stolzer Knab'« singen. Sehr bald hatte ich all diese drollig formulierten, gereimten Regeln so fest im Kopf, daß ich sie, sobald ich mir einer Sache nicht sicher war, Revue passieren lassen und mir schnell das Richtige herauspicken konnte.

Dank Vaters Aufklärung war ich wachsamer geworden und fragte mich, was Dr. Jungius' eigenartig zerstreuter, fast unwillig wirkender Hitlergruß zu bedeuten habe. Mir war aufgefallen, daß er eine falsche Antwort mit der gleichen, ungeduldig abfälligen Geste abwehrte. Paganini und einige andere Schüler hatten es ebenfalls bemerkt, und das beunruhigte mich. Bislang hatte ich es richtig gefunden, daß diejenigen, die den Führer verrieten, bestraft wurden. Nun glaubte ich es nicht mehr, und besorgt fragte ich mich, wie Ingrid, die es ja für ihre Lebensaufgabe hielt, die Interessen des Führers zu vertreten, sich dazu verhalten würde.

Ingrid hatte im Unterricht nie geglänzt, doch nun waren zu ihren dienstlichen Verpflichtungen noch die Besuche in der Konditorei gekommen und hatten die Zeit für die Hausaufgaben weiter eingeschränkt. Im Lateinunterricht machte sich das Versäumnis in immer schlechteren Zensuren bemerkbar, aber Dr. Jungius ließ nicht mit sich spaßen und erklärte ungerührt und sachlich, er sehe keine Veranlassung zur Rücksichtnahme bei einer Schülerin, die weder die intellektuellen noch die charakterlichen Vorbedingungen für die Aneignung einer höheren Bildung erfülle. Ahnte er nicht, in welche Gefahr er sich mit dieser kühnen Äußerung begab?

Es überraschte mich also nicht, als Ingrid in der Pause vor die Klasse trat. Hochaufgereckt, schmal und gefährlich schillernd wie eine Kobra, die bereit ist zuzubeißen, stand sie da und verkündete, daß Dr. Jungius ein Volksfeind und sie entschlossen sei, ihn wegen Verächtlichmachung des Deutschen Grußes anzuzeigen. Die Klassenkameraden blickten bei dieser Mitteilung erschrocken drein. Daß ein Schüler es wagte, das Anssehen eines Lehrers zu untergraben, hatte noch niemand erlebt.

In diesem spannungsgeladenen Moment trat Elsabe, eine Pastorentochter, vor und legte den Arm um Ingrid. Elsabe war mit Abstand die Beste in der Klasse, und alle wußten, daß sie diesen Vorsprung nicht einer unangenehmen Streberei, sondern einer natürlichen, überlegenen Intelligenz verdankte, die ihren besonnenen Worten Wirkung verlieh. Sie riet Ingrid, erst mal die großen Ferien abzuwarten. Bis dahin könne Ingrid ihre Zensuren ja durchaus noch verbessern. Mit einer Anzeige könnten wir uns selber schaden; denn schließlich wüßten wir über Dr. Jungius nicht genug, um gegen ihn anzutreten. Mir schien es ein trügerischer Frieden zu sein, obgleich Ingrid sich überreden ließ und Ruhe gab.

32

Mit siegesgewisser Selbstverständlichkeit war der Frühsommer eingezogen und summte in der Mittagshitze träge vor sich hin, als wäre alles wie immer. In der Speisekammer zappelten dicke Brummer in der zum Säuern aufgestellten Milch, die obenauf schon eine dicke Sahneschicht gebildet hatte. Das Wasser im See war so lau, daß selbst nach längerem Schwimmen die Haut glatt und warm blieb. Die Sonne trocknete sie im Handumdrehen, und ihre Liebkosungen hinterließen auf ihr einen goldbraunen Schimmer. Als ich das Geräusch zum ersten Mal hörte, glaubte ich, es sei das Grollen eines Gewitters. Seine Drohung mußte von weither kommen; denn der Himmel über uns blieb heiter und blau. Mit der Zeit begriff ich, daß das Geräusch in keinem Zusammenhang mit dem Wetter stand, sondern seinen eigenen Ursprung hatte. Willkürlich und eigenmächtig setzte es einen düsteren Kontrapunkt zu der Sorglosigkeit des von der Sonnenhitze betäubten Himmels.

In diesen Frühsommertagen fühlte ich mich so, als stünde ich bereit zum Absprung in ein unbekanntes Element. Noch umgab mich das Vertraute, und vielleicht brauchte ich es gar nicht zu verlassen; aber etwas Neues war hinzugekommen, das spürte ich. Von dieser Erwartung schien das ganze Leben leise zu beben. Zugleich erfaßte mich Gleichgültigkeit gegenüber den Dingen des Alltags. Ich ging durch die Tage, wie ich es gewohnt war, doch ohne innere Beteiligung. Die Sommerwärme begünstigte die Teilnahmslosigkeit. In der Schule mußten die Vorhänge vor den Fenstern zugezogen werden, und wir saßen im sanften Schummerlicht, in das nur ab und zu ein Sonnenstrahl fiel. Der Direktor las aus »Wie es euch gefällt« von Shakespeare vor. Seine Stimme verwandelte die Schulstube in den verwunschenen Wald, in dem die Sonne durch das Gezweig blinzelte und dem Orlando das Bild der reizenden Rosalinde vorgaukelte. Ich sah die jungen Leute in den Zauberkreis von Phantasie und Liebe gebannt, der sie gefangen hielt und sie doch aus der Enge der Gewohnheit und Langeweile erlöste und sie aus der Banalität von Haß und Neid befreite. Hatte ich eine Chance, daß es auch mir je so ergehen könnte?

Die meisten Lehrer zeigten sich großzügig und erließen der Hitze wegen einen Teil der Hausaufgaben. Eines Tages betrat der Direktor die Klasse mit der von uns begrüßten Ankündigung, daß die Aufgaben für ein paar Tage grundsätzlich zugunsten des Birkenblättersammelns gestrichen würden. Birkenblätter dienten einem guten Zweck, ob nun als Tee oder Heilmittel oder als wohlriechende Beigabe zum Füllen von Strohsäcken. Eins stand jedoch fest: Die Schule, die am eifrigsten gesammelt hatte, würde einen Preis gewinnen.

Ich besorgte Kornsäcke von Vaters Speicher und fuhr mit Paganini und einigen anderen Klassenkameraden in den Wald. Die Räder auf den mit Wurzeln verästelten, holperigen Sandwegen vorwärtszubringen, erwies sich als anstrengend. Also lehnten wir sie kurzerhand an die Bäume und drangen zu Fuß weiter vor. Wie das Gefieder eines riesigen Vogels umgab uns der Wald. Über uns rauschte es wie am Meer oder wie wenn man eine große Muschel ans Ohr hält. Es war der Wind in den Wipfeln. Ansonsten war es ganz still. Vom Rand der Stille, dort, wo der Zauberkreis von Phantasie und Wirklichkeit geschlagen war, rief der Kuckuck. Wie der Nöck im Wasserfall schien er sich an seinen Tönen zu berauschen und wollte nicht aufhören. Mit dem süßen, unwiderstehlichen Klang einer zauberkräftigen Glocke lockte er uns tiefer und tiefer in den Wald hinein. Er selbst blieb immer gleich weit entfernt an den kühlen, tauigen Rändern des Sommers verborgen, dort, wo, wie ich mir vorstellte, die Kräuter mit den geheimnisvoll duftigen Namen wie Salbei, Minze und Melisse wuchsen, die man sich unter das Kopfkissen legen sollte, damit einem die hellen, glückbringenden Geister der Johannisnacht erscheinen. Nach einer Weile sahen die Zweige, von denen ich die Blätter abgestreift hatte, wie Lianen oder wie Luftwurzeln aus. Gewiß hatte ich einen Frevel begangen, den die Natur ahnden würde. Als ich aber ein Stück weiterging, schlug das Laub hinter mir zusammen. Die nackten Zweige verloren sich in all dem Grün, es war so viel davon vorhanden.

Plötzlich hörte ich ganz von ferne, aber schwer und dumpf, jenes seltsame Grollen wieder. Als sich kurz darauf ein ähnliches hineinmischte, dachte ich, mich geirrt zu haben; denn dies war eindeutig der Vorbote eines Gewitters. Es kam näher und näher heran, und bald hatte es uns umstellt. Die ersten Blitze fielen vom Himmel hernieder, und einige dicke Tropfen fielen. Paganini entdeckte eine Mulde unter einem Baum mit tiefhängenden Zweigen. Wir rannten zu ihr hin und hockten uns nieder.

Über uns war die wilde Jagd losgebrochen. Die Blitze verfolgten einander über den Himmel hinweg, der Donner kullerte mit gewaltigem Getöse hinter ihnen drein, und die Wolken wälzten sich wie graue Lava ihnen nach. Es ging Hieb und Stich und Blitz und Schlag. Ich hatte den Kopf eingezogen und wagte nicht, ihn zu heben. Zuerst hatte das üppige Laubwerk den Regen abgehalten, nun rauschten wahre Sturzbäche herab, die auch das dichteste Geäst nicht aufzuhalten vermochte. Am Stamm, an den wir uns gelehnt hatten, flossen breite Rinnsale herunter, und an meinem Rücken ebenfalls. Ich fühlte, wie Wasser in meine Unterhose drang und zu den Beinen wieder hinauslief. Anfangs hatte ich den Unterschlupf in dieser Hexenkuhle aufregend gefunden, doch mit der Zeit wurde er mir unbequem und ungemütlich, und ich begann zu frieren. Auch aus meinen Haaren troff Wasser. Ich mußte an Orlando und Rosalinde denken, ob es in ihrem märchenhaften Zauberwald auch regnen konnte?

Irgendwann hörte es auf zu gießen. Der Baum schüttelte lediglich die Tropfen ab, die noch auf den Blättern saßen. Draußen waren die Wolken bereits fortgezogen. Die Sonne stand erfrischt da und hatte am Himmel ein leuchtendes Farbenspiel erzeugt, keinen richtigen Regenbogen; denn die bunten Streifen waren lange, bevor sie den Horizont erreichen konnten, in der Luft zergangen. Wir wrangen unsere klitschnassen Kleider aus und schwangen uns auf die Räder. Ein wundervoller Duft schlug uns entgegen, so, als hätte die Erde ein aromatisches Kräuterbad genommen und ergötzte sich nun an ihrer Frische und Schönheit. Vom Gewitter war keine Spur mehr geblieben. Da wummerte es wieder, kaum vernehmbar, aber schwer und dumpf. Diesmal hörte ich es deutlich, das Grollen kam nicht von oben, nicht aus den Elementen, es war etwas, das die Menschen selber erzeugten und von dem die Erde vibrierte.

Zu Hause empfingen Mutter und Grete mich trotz meines langen Ausbleibens freundlich. Grete hatte ein heißes Bad für mich bereitet, wusch meine nassen Haare und rubbelte sie trocken. Wie gewöhnlich schimpfte sie auf den Quatsch, den wir machten: »Im Wald rumkrauchen und den Bäumen die Blätter abreißen! Ich möcht bloß wissen, wozu das nu wieder gut sein soll. Aus Birkenblättern kann man nuscht als höchstens Haarwasser machen. Das werdt' ihr natürlich herstellen, damit unsere Soldaten sich den Kopp einreiben können und keinen Haarausfall kriegen – klar, wo der Stahlhelm doch so drückt. So helft ihr mal wieder den Krieg gewinnen.«

Egal, was Grete davon hielt, ich mußte wieder los und meine nasse Fracht auf dem Schulboden ausbreiten. Jeden Tag wurden die Blätter gewendet, und es kamen laufend mehr dazu. Der Schulboden roch anfangs nach frischer Birke, später nach Heu und endlich nur noch nach Staub, doch weiter geschah nichts.

Mit der Hitze hatte sich Stille über die Erde gebreitet, und mir war, als verliefe das Leben gedämpfter als sonst. Selbst die HJ machte weniger Getöse, so daß es mir leichter fiel denn je, die Heimabende zu vergessen und Vater aufs Land zu begleiten. Wieder einmal fuhren wir zu der Dame mit dem Lamettahaar, ohne Cello diesmal. Mutter begleitete uns in einem seidenen Kleid, das für den hellen Sommertag zu förmlich aussah. Die große, kühle Halle empfing uns. Frische Erdbeeren wurden serviert, leicht mit Zucker bestäubt. Ich setzte mich mit meinem Buch auf die Terrasse und las, und es war mir lieb, daß mich niemand beachtete, bis zum Abendessen gerufen wurde.

In diesem Haus war es niemals unbeschwert lärmend zugegangen, sondern stets leise und vornehm. Nun aber schien mir das Haus völlig in sich versunken. Wie um nicht bemerkt zu werden, gab es keinen Laut von sich. Beim Essen wurde gerade das Nötigste gesagt, und der Bedienung wurden die Wünsche zugeraunt. Nach dem Essen begaben sich alle auf die Terrasse und verloren sich an die Aussicht auf den Park mit den hohen Bäumen. Der Mond war vom Grund des Himmels aufgetaucht.

Die Dame mit den Lamettafäden im Haar saß neben ihrer ebenso schönen und dunkelhaarigen Tochter, der Herr Rittmeister zwischen den Eltern. Wieder wurde nur leise gesprochen, und es kam mir so vor, als wählten die Eltern ihre Worte sehr mit Bedacht. Im Park flötete eine Amsel. Ich entdeckte sie auf einem weitausladenden Holunderstrauch. Seine vielen weißen Dolden faszinierten mich. Sie sahen aus, als hätten lauter winzige Sterne sich zu einer gefiederten Blüte zusammengetan. Behutsam stieg ich die Treppe zum Park hinunter, um sie mir aus der Nähe zu betrachten. Ohne daß ich es eigentlich wollte, pflückte ich zwei besonders große und schöne Dolden ab und setzte sie den beiden schwarzhaarigen Damen auf ihren Scheitel. Die erzielten dort die gleiche Wirkung wie das Mondlicht auf den dunklen Baumkronen. Es sah sehr romantisch aus und verwandelte die beiden Damen in zwei blumengekrönte Titanias der Mittsommernacht. Zu meiner großen Verwunderung schlang die Dame mit dem Lamettahaar ihren Arm um mich, drückte mich fest an sich und gab mir einen Kuß.

Auf der Heimfahrt lobte Mutter mich. »Du hast dich lieb und diskret verhalten, das war sehr gut.« Und sie fügte hinzu: »Der Sohn ist vor einigen Wochen in Rußland gefallen.« Was? Der arrogante Olympionike war tot? Ich konnte es kaum fassen, aber Trauer empfand ich nicht, ich hatte ihn ja kaum gekannt.

33

Daß ich zum ersten Mal in meinem Leben die großen Ferien ohne Vater verbringen sollte, machte mich viel trauriger. Was für eine Dienstverpflichtung es war, um derentwillen er Strasburg nicht verlassen durfte, war mir gleichgültig. Jedenfalls reiste Mutter mit meiner Schwester und mir nach Zoppot und entließ Grete zu ihrer Familie. Vater tat mir leid, wie ich ihn nach dem Abschied allein auf dem Bahnsteig zurückbleiben sah. Grete rief noch: »Mein je, Herrchen, soll ich nicht doch lieber dableiben?« Es nützte nichts mehr, der Zug hatte sich schon in Bewegung gesetzt.

In dem Moment, da ich in Zoppot aus dem rumpeligen Vorortszug stieg, der noch genauso hölzern war wie einst, empfing mich die vertraute Brise, wehte die Erinnerung an Strasburg fort und ließ sie über dem Meer zerflattern. Ich war zu Hause. Alles war wie immer, nichts war geschehen und hatte sich verändert.

Die einzige Abweichung vom Gewohnten bestand darin, daß wir zum ersten Mal nicht in dem Haus mit dem Elfenbild einzogen. Mutter hatte sich mit meiner Schwester bei Freunden in der Seestraße einquartiert. Sie waren so vornehm, daß sich selbst ihr Dienstmädchen höchst würdevoll und zurückhaltend verhielt. Ich war froh, daß ich nicht dort zu bleiben brauchte, sondern mit Sack und Pack bei Mutter Gretchen abgegeben wurde. Noch nie hatte ich mich längere Zeit dort aufgehalten und schon gar nicht die Nacht dort verbracht. Wie würde es sein, in dem Haus mit den vielen durcheinandergehenden Uhren, die die Zeit verwirrten, zu schlafen, ja, wie schlief es sich überhaupt in dem verwunschenen Haus?

Tante Dora begrüßte mich aber so, als gäbe es keinen Einwand gegen meinen Aufenthalt. Wie eh und je saß sie von blauem Rauch umgeben da. Allerdings ließ sie nicht unerwähnt, wieviel Geschick sie heutzutage aufbringen müsse, um an Tabak zu kommen, den sie mit Hilfe einer kleinen Maschine und hauchdünnen Papierchen zu Zigaretten drehte. Waren sie fertig, schichtete sie sie säuberlich in eine Blechschachtel, auf welcher braunhäutige Herren mit rotem Fez und weißem Turban und glutäugige, halbverschleierten Damen abgebildet waren. Früher hatten darin die platten Orientzigaretten mit dem goldenen Mundstück gelegen.

»Ach, man hat schon seine Last mit dem Laster«, seufzte sie. »Am besten, du gewöhnst dir von vornherein keins an.« Ihre Augen lachten, während sie das sagte, in ähnlicher Weise wie die des sonnenhaften Cousins, dessen Foto in einem Silberrahmen neben einem leuchtenden Strauß aus Dahlien und bunten Sommerastern auf der Kommode stand. Es konnte demnach so schlimm nicht sein.

Ich ging, um den Cousin zu betrachten, und fand, daß er so sieghaft und fröhlich aussah, wie ich ihn in Erinnerung hatte. Seine selbstverständliche, natürliche Anziehungskraft wirkte sogar über das Foto. Während ich wie gebannt auf das Bild guckte, erinnerte ich mich deutlich an jenen Augenblick, in dem der Cousin mich in der Danziger Stube gepackt und herumgewirbelt hatte und wie mich der rauhe Stoff seiner Uniformjacke an der Wange kratzte. Es war ein Augenblick der Schwerelosigkeit und des Glücks gewesen. Da legte Tante Dora den Arm um meine Schultern, und ich hörte, wie sie nahe an meinem Ohr sprach: »Komm, wir wollen nicht traurig sein. Fritz war so lebendig, er ist irgendwo, wo wir ihn nicht erblikken können, aber tot ist er auf keinen Fall.« Also war er doch tot! Tot und verloren. »Er ist in Rußland gefallen«, sagte Tante Dora. Es hatte ihn also erwischt. Nie mehr würde ich ihm begegnen. Ich wollte schluchzen oder schreien, aber dann sah ich Tante Dora, wie sie freundlich lächelte, und war still. Sie setzte sich mit mir an den Tisch, und als sie sich eine neue Zigarette angezündet hatte, blickte sie dem Rauch nach und sagte: »Fritz war ein Geschenk vom lieben Gott an mich, und, weißt du Kind, Gott nimmt kein Geschenk wieder zurück. Der Fritz ist bei mir, nur eben auf eine andere Art.«

In Mutter Gretchens Bücherschrank entdeckte ich Schillers Dramen und nahm sie mit an den Strand. Zufällig schlug ich als erstes »Don Carlos« auf. Ich las das ganze Drama und berauschte mich an der Freundschaft der beiden Männer. Meine Bewunderung galt dem Marquis Posa, und ich beneidete Don Carlos um diese Freundschaft. Was waren dagegen die verliebten Frauen! Es wäre schön, wenn ich der ganzen kleinlichen Welt entsagen und etwas Großes, Edles tun und erleben könnte, und ich wünschte mir, es würde sich eine Gelegenheit dazu bieten. Manchmal war ich, wenn ich in der Ostsee schwamm, noch eine Nixe, aber seltener als früher. Immer öfter war ich ich selbst und freute mich an meiner Kraft und Gewandtheit. Keine Ingrid war hier mein Konkurrent, und alles, was mich hätte bedrängen können, war sehr weit fort. Die Ostsee gehörte mir. Wenn ich am Strand entlangging, reckte ich mich hoch auf und ließ meine langen Haare zum Trocknen im Wind wehen.

Entweder hatte ich es einmal zu lange getan, oder der Wind war zu stark oder zu kalt gewesen, jedenfalls fühlte ich mich miserabel, als ich mich auf den Heimweg zu Mutter Gretchen begab. Der Hohlweg kam mir düster und feucht vor und so bedrohlich, als lauerte hinter seinen dichten, grünen Laubwänden etwas Scheußliches auf mich, und mir schlotterten die Knie. Beim Abendbrot mußte ich mich zwingen, eine Schnitte Brot hinunterzuwürgen, und war erleichtert, als ich mich danach hinlegen konnte.

Mitten in der Nacht wußte ich auf einmal nicht mehr, wo ich mich befand. Es war vollkommen still und finster um mich herum. Bevor ich jedoch in Panik geraten konnte, stand Mutter Gretchen in einem langen weißen Nachthemd, das nicht einmal ihre Füße sehen ließ, und mit einer Lampe in der Hand vor meinem Bett. Zum ersten Mal sah ich ihren grauweißen Zopf lose über ihre Schulter baumeln. Sie führte mich zu ihrem eigenen Bett im Alkoven und forderte mich auf, mich hineinzulegen. Tante Dora erschien mit einer Schüssel und vielen Tüchern. Dann spürte ich etwas angenehm Kühles an meiner Stirn und an meinen Waden, Dunkelheit und Pfefferminzduft hüllten mich ein, und ich versank darin.

Als ich aufwachte, saß Mutter Gretchen in einem der langen, grauen, mit Spitzen eingefaßten Kleider vor mir, die sie im Sommer zu tragen pflegte. Aus der Nachtlade hatte sie Pfefferminzplätzchen genommen und schob sie mir in den Mund. Sie füllten ihn mit frischer Kühle. Es war gemütlich in dem riesigen Alkovenbett. Die Vorhänge waren gerade so weit aufgezogen, daß ein wenig Licht zu mir drang, ohne mich zu belästigen. Mutter Gretchen lächelte so freundlich und beruhigend, daß ich mich froh und zufrieden fühlte und einschlief.

Diesmal wachte ich auf, als Tante Dora mir einen Teelöffel mit Vanilleeis an die Lippen hielt. Eis war gewiß nicht weniger schwer zu ergattern als Tabak, und sie trug eine ganze Schüssel voll in der Hand. Wie sie es besorgt hatte, verriet sie mir nicht, sie lächelte nur verschmitzt. Nachdem sie mir aufmunternd die Kissen in den Rücken gestopft hatte, befahl sie mir, soviel davon zu essen, wie ich mochte, wobei sie mir versicherte, daß Vanilleeis sehr heilsam sei.

Nun entfaltete sich eine zärtliche Besorgnis um mich, die ich von zu Hause nicht gewohnt war. Immerfort wurden mir kleine Leckereien gereicht, wurde ich gestreichelt und nach meinem Befinden befragt. Sogar die Uhren waren angehalten worden, damit mich ihr Geräusch nicht stören konnte, was jene absolute Stille erklärte, die mich in der Nacht erschreckt hatte. Mutter würde das sicher nicht gutheißen, dachte ich, und als sie erschien, schalt sie tatsächlich über den Aufwand, der mit mir getrieben wurde. Aber Mutter Gretchen und Tante Dora ließen sich nicht beirren. »Solange sie bei uns ist, ist sie unser Kind, und es macht uns Freude, sie ein bißchen zu verwöhnen«, beteuerten sie, zogen die Vorhänge am Alkovenbett zu und rieten mir zu schlafen, während sie sich mit Mutter unterhielten.

Ich kümmerte mich nicht um das Gespräch hinter dem Vorhang, doch dann fiel mir auf, daß es aufgeregt und hastig, aber sehr leise geführt wurde. Ich schnappte Worte auf wie: »Wolfsschanze – Führerhauptquartier – Attentat – wieder ist der Führer auf wunderbare Weise davongekommen – welche Übermacht mag ihn bloß beschützen? – eine Chance ist vertan – die armen Offiziere, wie wird man sich an ihnen rächen?« Irgend etwas Außergewöhnliches mußte passiert sein. Doch ich war viel zu müde, um mich zu konzentrieren.

Erst nach den Ferien hörte ich etwas mehr über den Putsch der Offiziere. Viel wurde nicht darüber gesprochen, denn der Abscheu über ihren Verrat am eigenen Vaterland war zu groß. Ingrid begriff gar nicht, wie so etwas möglich sein konnte.

Menschen, die das wahnsinnige Glück hatten, dem Führer nahe sein zu dürfen, hatten ihn beseitigen wollen! Noch dazu konnte man sie nicht zu den Untermenschen zählen wie die Juden, und zu den Feinden eigentlich auch nicht. Die ganze Angelegenheit war unfaßlich und peinlich.

Zu Hause belehrten die Eltern mich, so gut es ging, über die Herkunft und die Motive der Widerständler. Zweifellos kamen sie aus guten, untadeligen deutschen Familien. Ihre Beweggründe waren selbstlos, sie hatten ihr Leben dafür eingesetzt und es auf grausame Weise verloren. Ich bewunderte sie uneingeschränkt, aber ich hielt den Mund; denn ich war feige. Nie würde ich imstande sein, Folter, Schmerz und Tod auszuhalten um der Wahrheit oder meiner Überzeugung willen. Diese Erkenntnis fiel mir schwer aufs Herz.

34

Die Schule war geschrumpft. Aus der Abiturklasse waren alle, nachdem sie eine Art Not-Reifeprüfung abgelegt hatte, zum Kriegsdienst einberufen worden, die Jungen an die Front, die Mädchen zum Arbeitsdienst oder als Helferinnen bei kriegsnotwendigen Einsätzen. Die übrigen Klassen wurden in den Räumen des Internats unterrichtet. Verwundete Soldaten lagen nun in unseren ehemaligen Unterrichtsräumen, vielleicht sogar auf den vertrockneten Birkenblättern; denn die Schule war in ein Feldlazarett umgewandelt worden. Grete prophezeite, daß uns die Front immer dichter auf die Fersen rücken würde, denn ein Feldlazarett bedeute Frontnähe.

Nur der Schulunterricht und unser Leben zu Hause spielten sich noch ziemlich geordnet und fast in der gleichen Weise ab wie früher. Alles übrige war von etwas Unerklärlichem beeinflußt, und das machte sich immer stärker bemerkbar. Die Nähe der Front beeindruckte mich nicht übermäßig. Ich konnte mir nicht vorstellen, daß Deutschland tatsächlich in Gefahr sein sollte. Deutschland bedeutete für mich etwas Feststehendes, etwas, das ebensosehr mit dem täglichen Leben, den Gedanken, den Gefühlen und der selbstverständlichen Zuneigung zu tun hatte wie meine Familie. Wollte man es vernichten, hätte man nicht nur seine Landschaften, sondern auch seine Sprache und seine Musik, ja, seine ganze Art auslöschen müssen, und das ging ja nicht. Ich würde in Deutschland ebenso sicher und geborgen sein wie in meiner Familie. Aber dennoch, etwas Bedrohliches war zu spüren, ein böser, trauriger, beunruhigender Einfluß. Zeitweilig vergaß ich ihn fast, und manchmal vergaß ich ihn ganz. In der Schule war er nur wenig und draußen auf dem Lande bei Janek war er gar nicht zu spüren. Dort war alles wie immer.

Eines Abends, als ich mit dem Rad von dort zurückkehrte und das Wohnzimmer betrat, erhielt die unerklärliche Bedrohung einen Laut. Aus dem Radio tönte ein gleichmäßiges Klopfen, das sich wie das verabredete Zeichen eines Geheimbundes anhörte; und wie eine Verschwörerclique saßen die Eltern mit Grete vor dem Lautsprecher und lauschten gespannt.

Was jetzt aus dem Radio klang widerlegte alles, was sonst daraus zu vernehmen war. Eine Stimme informierte gefühl- und mitleidlos über den Rückzug der deutschen Truppen an allen Fronten und erklärte anschließend, warum der Zusammenbruch des Deutschen Reiches unvermeidbar sei und unmittelbar bevorstehe. Die Sendung schloß mit den Worten: »Hier spricht die BBC, London.« Danach ertönte wieder das schauerliche Klopfen.

Nun bekam ich es doch mit der Angst. Die Stimme aus dem Radio hatte nicht freundlich geklungen. Vater beruhigte mich aber, indem er mir auseinandersetzte, daß, je eher der Krieg beendet würde, desto mehr von Deutschland gerettet werden könne. Je länger er dauerte, desto mehr Menschen würden sterben müssen, nicht nur an der Front, sondern auch bei der Zerstörung der Städte durch die Bombardierungen. Nun gut, das leuchtete mir ein. Ich merkte, daß Vater sich nach Danzig zurücksehnte, und er sagte dann auch: »Ich möchte nach Hause in das alte Danzig, so wie es früher war und bevor es vielleicht auch der allgemeinen Vernichtung anheimfällt. Es war doch wunderschön dort, meinst du nicht auch?« Ich liebte Danzig ebenfalls, aber schöner fand ich es eigentlich hier. Hier gab es mehr Freiheit, man war so schnell draußen auf dem Lande, und in der Schule war es unvergleichlich viel netter. Doch um Vater nicht zu bekümmern, antwortete ich mit »Ja«.

Mit der Zeit gewöhnte ich mich an die Klopfzeichen der BBC. Auf das Abhören eines feindlichen Senders stand die Todesstrafe, das war bekannt. Dennoch beunruhigte mich die Tatsache, daß wir gegen dies strenge Gebot verstießen, nicht sonderlich. Die Eltern waren vorsichtig, und außerdem hatte ich einmal spät am Abend, als es im Haus bereits ganz still war, dieselben Klopfzeichen aus der Wohnung über uns vernommen. Schließlich träumte ich, daß die Klopfzeichen von überall auf mich eindrängen, leise, aber unüberhörbar, als die Stimme der Ungewißheit. Sie erweckte aber nicht nur Angst, sondern auch Abenteuerlust in mir, den Wunsch, das Ungewisse zu ergründen, mich ihm zu stellen. Vielleicht barg es ja auch Gutes in sich, etwas, mit dem ich mich befreunden konnte oder das mir neue Bereiche und Möglichkeiten erschließen würde.

Der Herbst erschien mit Früchten beladen: dickfleischigen Pflaumen und Äpfeln, aus denen der Saft spritzte. Auch unser Garten an der Drewenz war voll davon. Paganini half beim Pflücken. Wir brauchten nur eine kurze Leiter, um den glatten Stamm zu bewältigen, dann kletterten wir auf den dicken Ästen so weit nach oben, wie es ging. Am gewandtesten benahm sich meine Schwester. Sie erreichte fast die Spitze. Im Baum war es wundervoll. Von dort, wo die Rinde abgeschabt und das feuchte, silberfaserige, zartgrüne Holz zu sehen war, roch es scharf und prickelnd, und der Geruch mischte sich mit dem süßfrischen der reifen Früchte, bevor er sich in der körperlos gewordenen Luft verlor. Die Stimmen hingegen klangen viel länger in ihr nach als sonst, mit einem gläsernen Hall. Ich hatte keine Lust, den Baum zu verlassen, es war so angenehm, über der Erde zu thronen. Mutter und Grete standen im Gras und fingen die Äpfel in ihren Schürzen auf. In der Küche wurden sie sortiert, und die schönsten und knackigsten verwahrte Mutter in den großen unteren Schubladen des gewaltigen Bücherschranks. Schon nach ein paar Tagen hatte sich ihr Duft der ganzen Wohnung mitgeteilt.

Der Abend kam nun wieder früh und zog den schwarzen Vorhang vor den Himmel, in dessen Falten sich die Sterne verborgen hielten, bis ihr Auftritt gekommen war. Die Welt wurde dunkel, und auch in Vaters Büro hatte sich das Dunkel eingenistet. Der Grund dafür war die Anwesenheit eines neuen Mannes. Als ich ihm zum ersten Mal gegenüberstand, beschlich mich ein Gefühl von eisiger Kälte, und ich mußte an die Beauftragten der Inquisition denken, jene asketisch glühenden Mönche und bleichen, unbarmherzigen Kardinäle, von denen ich in der Schule gehört und bei Schiller gelesen hatte. Dieser Mann war noch jung, aber er sah blaß und abgezehrt aus, und ich bemerkte, daß er sich ab und an tief atmend auf seinen Stock stützte, so, als ob er Schmerzen litte. Er begrüßte mich mit »Heil Hitler« und straff erhobenem Arm, aber ich war mir sicher, daß er es nur ganz mechanisch tat.

Während er so schwarz und unpersönlich-frostig in seiner SS-Uniform vor mir stand, durchzuckte mich der Gedanke, daß die schwarze Soutane des Großinquisitors eine ähnlich einschüchternde und schreckenerregende Wirkung ausgeübt haben müßte wie die Uniform der SS. Beide Kleidungsstücke waren das äußere Zeichen eines machtvollen, furchterregenden Ordens. Ich vernahm, wie der SS-Mann davon sprach, daß man in diesen sorglos geführten, von polnischer Schlamperei infizierten Betrieb erst einmal Ordnung bringen müsse, damit man Übersicht gewinnen könne, und ich gewahrte, wie die polnischen Angestellten sich duckten.

Früher war ich mit dem polnischen Lagerverwalter gut Freund gewesen. Er hatte mich über die Gefährlichkeit des Alkohols aufgeklärt, der bei uns zu Hause höchstens zum Backen benutzt, aber nie getrunken wurde. Er hatte ein Auge zugekniffen und »Juppheidi, juppheida, Schnaps ist gut für die Cholera« gesungen. Dann hatte er hinzugefügt: »Für was andres ist der auch noch gut. Der Schnaps, der macht, daß man red'.

Dein Vater weiß so manches, Frolleinchen, aber das schad' ihm nich', im Gegenteil, es macht, daß er helfen kann solchen, den' sonst keiner hilft. Dein Vater ist'n guter Mensch, einer der noch'n Herz hat.«

Es hatte mich sehr gefreut, das zu hören, aber nun kam es mir so vor, als wäre Vater eingekreist und seiner Selbständigkeit beraubt. Mit der Hilfe für die, denen sonst keiner half, war es nun ganz gewiß vorbei. Ingrid war beeindruckt, daß ein SS-Mann bei uns arbeitete, und das wirkte sich positiv auf ihr Verhältnis zu mir aus. Vater hingegen mochte über den neuen Mann nicht sprechen, das begriff ich schnell. Auf meine Frage antwortete er nur kurz, daß er gezwungen worden sei, den schwerverwundeten SS-Offizier bei sich als eine Art Teilhaber aufzunehmen. Auch Vater war dem allgemeinen Trübsinn im Büro anheimgefallen, und wenn er sich zu Hause aufhielt, flüchtete er in die Musik.

35

Der Schulunterricht im Internat verlief in sehr intimer Atmosphäre. Unsere Klasse war nie groß gewesen, und nun saßen wir dicht beieinander in den Räumen, die früher von den Internen bewohnt worden waren. Man hatte sie jetzt in Kammern unter dem Dach oder in Privatquartieren untergebracht. Die Enge erwies sich als angenehm, es wurde nämlich nicht nur draußen immer kälter, sondern auch drinnen. Rationiert waren Kohlen schon seit langem, nun aber gab es kaum noch welche zu kaufen. Seitdem der totale Krieg ausgerufen worden war, gebührte dem Krieg in allem das Vorrecht. Selbst die Zivilisten mußten ihm zu Diensten sein. Meine schönen, großen Cousinen hatten ihm das ungebundene Studentenleben geopfert und arbeiteten in der Rüstungsfabrik. Auch zu Hause waren wir gezwungen, auf die Kohlenknappheit Rücksicht zu nehmen, ungeachtet dessen, daß Mutter allein der Gedanke ans Frieren eine Gänsehaut bescherte. Alles schien einzuschrumpfen. Trotzdem gelang es nicht, die Schüler aller Klassen zugleich im Internat unterzubringen. Darum wurde Schichtunterricht abgehalten. Meine Schwester ging zur Schule, wenn ich nach Hause kam, und umgekehrt. Die Zeit geriet durcheinander. Ich erinnerte mich an Mutter Gretchens verwirrende Uhren. Ließ sie sie absichtlich durcheinandergehen, weil sie die Wesenlosigkeit der Zeit und ihre Täuschungen durchschaut hatte? Draußen war es kaum noch hell, so daß auch Tag und Nacht der Verwirrung anheimfielen.

Drinnen verhielten wir uns genau wie immer. Dr. Jungius ließ aus dem »Gallischen Krieg« übersetzen, der Direktor las Schillers »Jungfrau von Orléans« vor, und wir wurden weiterhin in die Grundbegriffe der Chemie eingeführt, obwohl keine Experimentierräume mehr zur Verfügung standen, in denen der praktische Beweis für die Richtigkeit der Theorien erbracht werden konnte.

Der Chemielehrer überraschte mich mit dem Bekenntnis, daß auf seinem Gebiet alles wandelbar sei und man eigentlich von einer Regel nie behaupten könne, daß sie ewig Gültigkeit besitze. »Gewiß existiert eine feststehende Grundlage«, erklärte er, »unsere Schlüsse ergeben sich jedoch aus dem Stand unserer jeweiligen Erkenntnis und sind daher wandelbar. Immerhin muß ich verlangen, daß ihr die im Augenblick geltenden Gesetze als verbindlich betrachtet und sie euch einprägt; denn danach werde ich euch benoten.«

So etwas hatte ich noch nie aus dem Mund eines Lehrers vernommen. Die Erwachsenen gingen für gewöhnlich davon aus, daß die Dinge waren, wie sie sind. Kaum jemals stellten sie sie in Frage. Wenn es nun etwas gäbe, das alle unsere Erkenntnisse über den Haufen werfen und uns dazu bringen könnte zuzugeben: Ich weiß, daß ich nichts weiß. Mein eigener Glaube an die Möglichkeit von Wundern hatte sich mit der Zeit verflüchtigt.

Um so mehr erstaunte es mich, daß immer öfter von einer Wunderwaffe gemunkelt wurde, welche der Führer in petto habe und mit der er im allerletzten Moment die Wende zugunsten des Endsieges herbeiführen würde. Sogar Vater vermutete, daß an den Gerüchten etwas Wahres daran sein könne. Wann der Führer den Augenblick für gekommen halten würde, blieb ebenso im Dunkel des Geheimnisses verborgen wie die Waffe selbst. Ich hatte den Eindruck, daß das ganze Leben sich mehr und mehr in Dunkel hüllte. Die Vorweihnachtszeit begann, aber auch sie verhielt sich, als wollte sie nicht bemerkt werden. Fräulein Specht hatte die Schule wieder verlassen. Chorsingen und Musik waren vom Lehrplan gestrichen worden.

Als ich in meinem Zimmer saß und in die Schneeflocken starrte, die auf mein Fenster loswirbelten, klingelte es an der Wohnungstür. Ein Bote überbrachte mir die Aufforderung der HJ, mich noch am selben Abend, warm bekleidet, am Bahnhof einzufinden, um bei der Abfertigung von Verwundetentransporten zu helfen. Nie wäre ich auf den Gedanken verfallen, mich zur Nachtzeit allein auf die Straße zu begeben, und unter keinen Umständen hätten die Eltern es je erlaubt. Nun blieb ihnen keine Wahl. Immerhin begleitete Vater mich, um festzustellen, ob alles seine Richtigkeit habe.

Auf dem Bahnhof herrschte eine eigentümliche Stimmung. Keine Reisenden warteten auf dem Bahnsteig, sondern Soldaten, die hin und her eilten, als bereiteten sie einen Empfang vor. Hinter der Sperre standen graue Transportwagen mit rotem Kreuz auf weißem Grund. Unter den Soldaten gewahrte ich Klassenkameraden, die ebenso aufgeschreckt und unbeachtet herumgingen wie ich, und ich entdeckte auch einige der Stabsärzte, die ich vom Musizieren her kannte.

In die erwartungsvolle Stille ertönte plötzlich von sehr weit her der Pfiff einer Lokomotive. Ich hatte mir immer vorgestellt, daß die Töne in einer weiten Ebene frei ausklingen können, weil sie auf kein Hindernis stoßen und durch keinen Aufprall abgeschwächt werden. Dieser Pfiff aber klang, als käme er von jenseits meiner Vorstellung und so durchdringend und schaurig, daß mir angst und bange wurde. Er war ein verzweifelter Appell, der nirgendwo Halt und Gehör fand. Jemand drückte mir eine Liste in die Hand und befahl mir, die Namen der Verwundeten des Transports anzukreuzen und die der Toten auszustreichen. Bevor ich mir über den Auftrag richtig klarwerden konnte, rollte der Zug ein. Überhitzt und abgekämpft keuchte die Lokomotive heran, eine graue Wagenkolonne hinter sich herschleppend, deren Flanken zerbeult waren. Der ganze Zug sah aus, als käme er aus einer jammervollen Unterwelt.

Zuerst stiegen die Offiziere aus. Ihre Mäntel waren ihnen zu groß geworden, und ihre Gesichter sahen erschöpft aus. Sie blickten angespannt und wachsam um sich, aber ich fand, daß ihre Augen nur das Notwendigste aufnahmen, selbst jedoch nichts preisgaben. Unter ihrem Kommando entfaltete sich ein hastiges, aber präzises Treiben. Soldaten luden eine Bahre nach der anderen aus dem Zug und setzten sie auf dem Bahnsteig nieder. Es sah aus, als müßten sie ihre Tätigkeit heimlich und in aller Eile verrichten. Der vereiste Bahnhof in der starren Winternacht stellte keine rettende Zuflucht, sondern nur eine kurze Unterbrechung auf dem mühsamen Weg dar. Ich hörte die Offiziere und die Stabsärzte in knappen Sätzen miteinander verhandeln, ohne zu verstehen, was sie sagten; dann ertönte wieder der abscheuliche Pfiff und die Soldaten sprangen auf den Zug. Unter Aufbietung all ihrer Kräfte ruckte die Lokomotive an und zog die Wagenkette fort.

Allein gelassen begab ich mich mit meiner Liste von Bahre zu Bahre, fragte die Verwundeten nach ihrem Namen, verglich ihn mit denen auf der Liste und kreuzte an, wenn ich ihn fand. Auf einer der Bahren antwortete der Angesprochene nicht. Ich glaubte, er sei eingeschlafen, und berührte ihn vorsichtig am Arm. Doch er reagierte nicht. Als ich mich umblickte, erschien ein Sanitäter, sah sich den Verwundeten an und trug mir auf, den Namen auszustreichen, den er auf den Begleitpapieren gefunden hatte. »Wenn du wieder einem Toten begegnest, ruf mich«, befahl er mir. Wie zu sich selbst fügte er hinzu: »Dies ist keine Arbeit für Kinder, verdammt noch mal«, und klopfte mir dabei auf den Rücken. Ich empfand es als Trost; denn mir war elend zumute, elend und traurig.

Schließlich standen so viele Bahren mit Toten herum, daß sie in einem Teil des Bahnhofs zusammengestellt werden mußten. Dort warteten sie in der klirrenden Kälte, und ich verbot mir, darüber nachzudenken, was mit ihnen geschehen würde. Nur wenige Bahren wurden in die Transportwagen mit dem roten Kreuz verladen und zum Lazarett gebracht.

Der Himmel hatte sich von der Erde zurückgezogen, er sah so kalt und unnahbar aus, als hätte er ihr endgültig den Rükken gekehrt und sie im Stich gelassen. Und dennoch war in dem Augenblick, als der Zug auf dem Bahnsteig gestanden hatte, etwas Seltsames geschehen. Wie aus der Trauer über das gemeinsame Verlorensein hatte sich Zärtlichkeit über die Stätte gebreitet, ein Gefühl der Zusammengehörigkeit. Ich hatte es ganz deutlich gespürt, und es hüllte mich noch lange ein.

Am nächsten Morgen brauchte ich erst zur zweiten Stunde zum Unterricht zu erscheinen. Ich sollte mich ausschlafen. Anfangs hoben die Lehrer bei den Entschuldigungen der Schüler, sie hätten Einsatz auf dem Bahnhof gehabt, noch forschend den Kopf. Schließlich schenkten sie dem keine Beachtung mehr. Kurz vor den Weihnachtsferien eröffnete uns der Direktor, daß er die Schule schließen müsse, weil der Kohlevorrat endgültig aufgebraucht sei. Und aus dem gleichen Grund sah er sich außerstande, den Termin für die Wiederaufnahme des Unterrichts im neuen Jahr zu benennen.

Weihnachten ging ohne Glanz vorüber. Gedrückt saß die Familie beisammen, hörte Radio oder spielte Gesellschaftsspiele. Aber selbst »Mensch, ärgere dich nicht« hatte seinen Pfeffer eingebüßt und verlief beinahe lahm.

Die Ferien zogen sich entsetzlich in die Länge. Ich saß herum und langweilte mich. Die Schule fehlte mir. Manchmal traf ich draußen Klassenkameraden, die ebenso lustlos herumschlichen wie ich. Jeder schien auf etwas zu warten, und als es eintraf, wirkte es beinahe wie eine Erlösung. Mütter mit Kindern wurden aufgefordert, sich mit Handgepäck zum Bahnhof zu begeben, um sich vorübergehend ins Reich evakuieren zu lassen. Alle dienstfähigen Leute hatten am Ort zu verharren und auf Befehle für ihre Verwendung zu warten. Ich hatte nicht geglaubt, daß ich mich so ruhig von Vater und Grete verabschieden könnte. Es war Vater, der seine Ruhe auf mich übertrug. Er versicherte uns, wir würden uns bei Verwandten im pommerschen Schulhaus wiederfinden. Dorthin war die Tante aus Berlin der Bomben wegen bereits evakuiert worden. In Pommern würden wir das Kriegsende abwarten und dann in unser altes Haus zu Temere und Timide und der im Luftzug segelnden Kogge zurückkehren.

Ich war mir über meine Gefühle nicht im klaren. Sollte ich unglücklich sein, oder sollte ich mich freuen; dies war nur der Absprung ins Ungewisse, auf den ich so lange hingelebt hatte. Trotz der Beschwichtigungen der Eltern, daß wir bald wieder in Danzig sein und endlich befreit vom Nationalsozialismus unser altes Leben wieder aufnehmen würden, hegte ich Zweifel. Eine Stimme in meinem Innern sprach dagegen. Ich beschloß, komme, was wolle, das Abenteuer anzunehmen. Auf dem Weg zum Bahnhof begegnete ich einigen meiner Klassenkameraden. Aber sie waren mir bereits entrückt. Ich winkte ihnen zu, doch ich hatte sie schon fast vergessen.

36

Wie immer, wenn ich in Danzig ankam, sah ich zur Marienkirche auf, um sie zu begrüßen und mich zurückzumelden, und wie gewöhnlich bildete ich mir ein, daß sie meinen Gruß entgegennahm und mir signalisierte: Ich bin froh, daß du wieder da bist.

Auf dem Bahnhof herrschte ein fürchterliches Durcheinander von Personen, die gewiß nicht alle nach Danzig gehörten. Unter ihnen erkannte ich den Unteroffizier Benedikt in Gesellschaft einer etwas älteren und zweier ganz junger Damen. Ich wollte ihm zurufen, aber er sah so betont von mir fort, daß ich mich nicht traute. Ohnehin wurde ich vom Strom der Leute mitgerissen und mußte aufpassen, daß ich Mutter und meine

Schwester und den Zug nach Rügenwalde nicht aus den Augen verlor.

So hektisch es auf dem Danziger Bahnhof zugegangen war, so still und menschenleer lag der Rügenwalder im Schnee. Am Ausgang wartete der Onkel mit dem Pferdefuhrwerk eines Bauern auf uns. Er war zum Ausheben von Schützengräben beordert worden und aus diesem Grunde von Berlin nach Pommern gekommen. Bedrückt und schweigend fuhren wir aus der Stadt heraus auf das Dorfschulhaus zu, in dem die Tante und der Onkel einquartiert waren. Es war nicht jenes wundersame meiner Kindheit, von dem ich den Glockenturm in himmlischen Flammen hatte brennen sehen, doch stand es nicht weit von Tante Mühles Mühle entfernt, unterhalb des Hügels, gewissermaßen zu ihren Füßen. Tante Mühle aber hatte vor kurzem ihr Anwesen verlassen und sich zu Verwandten nach Mecklenburg begeben.

Der Schnee und die Wolken hüllten das Land in eintöniges Grau, wie entseelt lag es da. Die Ostsee konnte ich nicht sehen, doch stellte ich sie mir zu Stein geronnen wie den Engel auf dem Friedhof vor, der, in Trauer versunken, die Hände vors Gesicht schlägt. Dies war kein vielversprechender Beginn für ein Abenteuer.

Im Schulhaus spürte ich die Entmutigung noch stärker, und die Befürchtungen, die ständig angstvoll geäußert wurden, vertrieben auch noch das letzte bißchen Gemütlichkeit aus den beiden notdürftig möblierten Stuben. Wenigstens waren sie erträglich warm; denn der Onkel hatte Reisig gesammelt und die Holzvorräte in der Scheune angebrochen. Zwar klapperte die Mühle nicht mehr, aber es standen noch Kornsäcke in den Speicherräumen, und die Tante hatte im Sommer und Herbst für Eingemachtes gesorgt. Zu verhungern brauchten wir nicht, wenngleich die Portionen knapp zugeteilt wurden, so daß sie den Hunger, statt ihn zu stillen, eher wachhielten.

Mutter schreckte bei jedem Geräusch von draußen hoch, in der Hoffnung, es sei Vater. Das tatenlose Warten lähmte und zermürbte sogar meine Schwester und mich, bis wir in einem der großen, eiskalten Klassenräume die Schulbibliothek fanden. Wir machten uns über die Bücher her, und solange wir lasen, war die Welt verwandelt. Sie erwachte wieder zum Leben. Mitten in unsere Lektüre hinein ertönte plötzlich ein Hupsignal. Wir rannten nach draußen und fielen Vater und Grete in die Arme. Mutter schluchzte vor Erleichterung.

Das Schulhaus war auf einer kleinen Anhöhe, ein wenig abseits von den Gehöften des Dorfes, erbaut worden, vielleicht um klarzumachen, daß es eine Stätte der Bildung sei, die die Kinder mit Respekt zu betreten hätten. Der Wind pfiff rund ums Haus und verwehte jedes Geräusch. Niemand brauchte drinnen zu befürchten, daß seine Worte in unbefugte Ohren gelangten, und so sprachen die Erwachsenen offen über unsere Lage. Rosig war sie auf keinen Fall, das ging aus den Gesprächen hervor, doch alles übrige, die Diskussionen über Strategie und Taktik, den Rückzug der Fronten, den Kessel, den die Russen erfolgreich vorangetrieben hatten, hörte sich so unverständlich an, daß ich nicht folgen konnte.

Über dem Chaos strahlte wie ein Stern die Hoffnung auf die Wunderwaffe des Führers, und der Onkel hielt gläubig daran fest. Eine Tatsache konnte nicht mehr weggeleugnet werden: Die Rote Armee befand sich auf deutschem Boden. Auch ich begriff das, und ich merkte, daß in allen Gesprächen die Angst mitschwang. Wer waren diese Russen, von denen ich ein so widersprüchliches Bild hatte? Der Onkel war fest davon überzeugt, daß uns Grauenvolles bevorstünde, wenn wir den Bolschewiki in die Hände fielen. Vater antwortete ihm, die Russen seien schließlich Menschen und keineswegs Ungeheuer, als welche die nationalsozialistische Propaganda sie hinzustellen beliebte. Überdies verteidigte Vater seine Überzeugung, daß der Sonderstatus der Danziger von den Alliierten anerkannt werden würde und wir in absehbarer Zeit nach Hause zurückkehren könnten. Wir brauchten nur in Ruhe abzuwarten.

Sobald es Abend wurde, produzierte sich am Himmel ein seltsames Phänomen. Der dunkle Horizont rötete sich und ließ flackernde Glut aufleuchten. Dieser Anblick war gespenstisch und flößte mir Unbehagen ein.

Mittlerweile hatte auch der Tag ein neues Gesicht bekommen. Die Chaussee hatte sich belebt. Ununterbrochen zog eine endlose Kolonne von Planwagen auf ihr vorüber. Ich kannte die schönen, feurigen Trakehner Reit- und Kutschpferde sehr gut von meinen Besuchen auf den Gütern her und war entsetzt, wie mager und glanzlos sie nun aussahen. Ihren tänzelnden, ungebärdigen Schritt hatten sie aufgegeben, aber sie gingen immer noch zuverlässig und unermüdlich in den Gespannen. Meist wurden die Zügel von Frauen gehalten, manchmal saß aber auch ein Mann auf dem Bock. Diese Männer hatten eine komische, zugleich auch spritzige Aussprache. Die Tante erklärte, daß es französische Kriegsgefangene seien. Selbst diese Leute, Verbündete der Russen, zogen es vor, mit den Familien, auf deren Gütern und Höfen sie während ihrer Gefangenschaft hatten arbeiten müssen, gen Westen zu ziehen. Trauten sie ihren eigenen Waffenbrüdern nicht?

Nach und nach mischten sich unter die ostpreußischen Gespanne auch solche aus Westpreußen. Es konnte gut sein, daß sich in dem endlosen Strom der Flüchtlinge auch ehemalige Schulkameraden, vor allem die Gutskinder befanden, die ich immer so sehr beneidet hatte.

Die Flüchtenden sprachen nicht viel, sie waren zu sehr mit sich und ihrem Fortkommen beschäftigt. Dennoch erfuhren wir von dem Elend, das sie bereits durchlebt hatten. Viele, besonders alte Leute und kleine Kinder, waren in der Eiseskälte erfroren, manche verhungert oder vor Erschöpfung gestorben. Am entsetzlichsten fand ich die Sache mit den Wagen, die beim Überqueren der ostpreußischen Seen auf dem Eis eingebrochen und mitsamt ihren Pferden darin versunken waren. Auch auf der Ostsee waren ganze Schiffe, randvoll mit Flüchtlingen beladen, untergegangen, weil sie auf eine Unterwassermine gestoßen waren.

Die Hektik und die Angst, mit denen die Menschen vor den Russen flüchteten, machten nun auch Vater nachdenklich. Trotzdem gab er zu bedenken, daß es noch schlimmer wäre, wenn wir uns in das Elend der Flüchtlinge auf den Straßen, den Hunger und die Kälte, an denen sie zugrunde gingen, einreihten. Im Schulhaus hingegen säßen wir zumindest einigermaßen warm, und wo sollten wir auch hin? Der Westen Deutschlands war uns fremd, wir kannten dort niemanden, und schließlich hatten wir doch unser Auto. Damit war es uns möglich, auch im letzten Moment noch fortzukommen.

Fast unbemerkt war eines Tages das Band der Wagenkolonnen auf der Chaussee abgerissen. Es war nun auf einmal gespenstisch still und öde um uns herum. Sogar aus dem Radio war nur noch ein unverständliches Gekrächze zu vernehmen. Da flog mitten in der Nacht die Tür auf, und drei Soldaten stürmten ins Zimmer. Sie waren entgeistert, als sie uns erblickten, und fast schrien sie, als sie uns aufforderten, uns in unser Auto zu werfen und loszufahren, koste es, was es wolle, wenn wir noch eine kleine Chance haben wollten, den Bolschewiki zu entkommen. Einer von ihnen faßte Vater bei den Armen, schüttelte ihn und zischte dicht vor Vaters Gesicht: »Mensch, bist du wahnsinnig, du hast Frauen und Mädchen bei dir, bist du tatsächlich so ahnungslos, daß du nicht weißt, was ihnen passiert, wenn sie den Russen in die Hände fallen?«

Einer der Soldaten nahm meine Schwester und mich in seine Arme und drückte uns so fest, daß mir fast die Luft wegblieb. Mir war, als wollte er uns auf diese Weise vor bösem Zugriff schützen. Und wieder, ganz ähnlich wie in jener Nacht auf dem Bahnhof, als die abgehetzte Lokomotive aus der Unendlichkeit der Nacht bei uns aufgetaucht war, nahm ich deutlich das Gefühl verzweifelter Liebe angesichts der gemeinsamen Hilflosigkeit wahr. Was danach noch gesprochen wurde, hörte ich nicht mehr; denn meine Mutter beorderte meine Schwester und mich ins Nebenzimmer, wo wir uns auf das Bett legen und noch ein wenig schlafen sollten, während sie das Nötigste zusammenraffte.

Meine Schwester schlief sofort ein. Ich lag neben ihr auf dem Bett und fragte mich, wohin wir fliehen würden. Daß Danzig nicht mehr zu erreichen war, hatte ich von den Soldaten gehört. Pommern war nach Osten hin von der Roten Armee längst abgeschnitten. Geographie hatte mich nie sonderlich interessiert. Es war immer nur theoretisch von Orten die Rede, die fern lagen und mir fremd waren. Ich wollte nach Hause, in die Obhut der Marienkirche. Die Angst lähmte mich, ich wollte weinen, aber die Tränen lösten sich nicht. Sie waren ebenso erstarrt wie ich.

Im Nebenzimmer wurde es still, und ich mußte auch eingeschlafen sein; denn ich war überrascht, als Mutter mich aufforderte, aufzustehen. Wir stiegen jedoch nicht in unser Auto, sondern verließen das Schulhaus zu Fuß. Mutter erklärte, der Motor habe in der Nacht bei dem Versuch, ihn zu starten, den Geist aufgegeben. Alle Bemühungen, ihn wieder in Gang zu bringen, waren vergeblich. Wir mußten jedoch unbedingt aus der Nähe der Chaussee wegkommen, und so stiegen wir gemeinsam den Hügel zu Tante Mühles Mühle hinan.

Als ich mich umschaute, sah ich auf der Chaussee eine graue Formation heranrücken. Grete flüsterte: »Das sind die Russen«, und dann sauste etwas Scharfes, Pfeifendes dicht an meinem Kopf vorbei. Ich fühlte, wie Grete mich mit sich auf den Boden zog und mir mit einer unvertrauten, heiseren Stimme befahl, auf der Erde weiterzukriechen, bis wir hinter der Mühle seien. Noch einmal vernahm ich das sausende Pfeifen, das viel beängstigender war als die hochaufragenden Mühlenflügel, unter denen hindurch ich nun zum Haus robbte. Als wir dort angekommen waren, brachen Mutter, Grete und die Tante in ein keuchendes Schluchzen aus, ganz trocken und ohne Tränen. Sobald sie sich gefaßt hatten, rannten wir gemeinsam zur Scheune, krochen ins Heu und versteckten uns darin. Grete flüsterte meiner Schwester und mir zu: »Verhaltet euch mucksmäuschenstill, rührt euch nicht, atmet leise, hustet nicht, was immer auch passiert.«

Es dauerte nicht lange, da hörte ich schwere Stiefel auf dem Holz der Tenne und unverständliche gutturale Laute, die mir wie die vielkehlige Stimme eines entsetzlichen, unberechenbaren Ungeheuers vorkamen. Die des Menschenfressers aus dem Märchen, der mit dem knurrenden »Ich rieche, rieche Menschenfleisch« im Hause herumgeschnüffelt hatte, war nur eins davon, und hier gab es keine schlaue, zauberkundige

Großmutter, die ihn beschwichtigte. Das Ungeheuer tapste umher und stöberte. Mit grauenvoller Klarheit wurde mir bewußt, daß das Menschenfleisch, nach dem er suchte, diesmal ich selber war. Mir blieb das Herz stehen, ich wollte nicht, daß sein Klopfen mich verriet. Zum ersten Mal in meinem Leben wünschte ich allen Ernstes, ich wäre tot, in Abrahams Schoß, bei Großmutter in den Falten ihrer Röcke, weit, weit fort von hier! Die Schritte entfernten sich, ich war gerettet, aber Angst und Schrecken sollten mich von nun an nicht mehr verlassen.

Sobald es dunkel wurde und von draußen kein Laut mehr zu hören war, schlichen die Erwachsenen sich vorsichtig in Tante Mühles Haus, und da sie es menschenleer und verlassen vorfanden, nahmen sie es in Besitz. Tante Mühles Gerätschaften waren zum größten Teil noch vorhanden, sie gehörten nicht zu den Dingen, für die sich die plündernden Soldaten interessierten.

Die Eltern und die Verwandten beschlossen, sich so unauffällig wie möglich im Haus einzurichten und den Gang der Ereignisse abzuwarten. Je unsichtbarer man sich machte, desto größere Chancen hatte man zu überleben. In den unterirdischen Kellergewölben mußten sie Eßbares entdeckt haben; denn Mutter brachte Brot und sogar Wurst in die Scheune.

Die Zeit verlief zu einer formlosen Eintönigkeit, in der nur die Angst Höhepunkte schuf, scharfe Akzente setzte und den unregelmäßigen, verzerrten Rhythmus bestimmte. Einzig die Schreie, die wir manchmal hörten, belehrten uns, daß es außer uns noch Menschen geben mußte. Das wunderte mich, denn sonst war alles wie ausgestorben, und nur die entsetzlichen gutturalen Laute zerrissen die Stille. Jedesmal, wenn Grete, meine Schwester und ich sie draußen vernahmen, krochen wir tiefer ins Heu. Mutter und die Tante hatten sich ihre Gesichter mit Ruß und Asche aus dem Herd beschmutzt und unansehnlich gemacht. Sie bewegten sich in Tante Mühles abgelegten Kleidern so vorsichtig wie Indianer auf dem Kriegspfad. Sobald sich ein russischer Soldat von weitem zeigte, begannen sie wie uralte Weiber zu humpeln und stießen krächzende Laute aus. Die Täuschung war ihnen gelungen, denn sie blieben verschont.

Vater fiel ein, daß im Schulhaus möglicherweise noch das Cello meiner Cousine stehen könnte, und er zog los, es zu suchen. Normalerweise hätten wir alle Tränen gelacht über seine Schilderung, wie er mit dem Instrument unter dem Arm schutzsuchend von Baum zu Baum und von Erdhügel zu Erdhügel gehüpft war, um nicht bemerkt zu werden. Jetzt waren wir lediglich wegen seiner erfolgreichen Rückkehr erleichtert. Das Cello war weder besonders gut noch besonders wertvoll, aber Vater klemmte es, wenn Russen den Mühlenhof betraten, zwischen seine Knie und spielte den Soldaten ihre Volkslieder vor, vom Mütterchen im roten Sarafan, von Sonja mit den schwarzen Augen und Kalinka. Vor Entzücken vergaßen die Soldaten, weswegen sie gekommen waren. Zum Plündern war ohnehin nichts mehr vorhanden, und es war sinnlos, jemanden zu erschießen oder totzuschlagen, um seine Uhr oder seinen goldenen Ring zu ergattern. Da sie unter den Anwesenden keine Mädchen entdeckten, zogen sie ab. War die Gefahr vorüber, ließ Mutter ein verabredetes Signal ertönen, damit Grete, meine Schwester und ich die Scheune verlassen, uns die Beine vertreten und etwas Heißes trinken oder sogar essen konnten.

Einmal hatte Mutter sich verschätzt. Vater war fortgegangen, weil er Hilfeschreie gehört hatte und versuchen wollte, den bedrängten Frauen zu helfen. Die Soldaten, von denen Mutter gemeint hatte, sie wären schon längst über alle Berge, hatten hinter der Mühle gelungert und stürzten hervor, als sie unser ansichtig wurden. Meiner Schwester und Grete gelang es noch, zu entwischen, mich griffen die Soldaten, zerrten mich ins Haus und fielen über mich her. Drei gegen einen bedeutete eine zu große Übermacht. Die Soldaten warfen mich zu Boden, und während der eine mir die Kehle zudrückte und der andere eine Waffe an meine Schläfe hielt, tat der dritte etwas Grauenvolles. Ich krümmte mich zusammen und versuchte, das Ekelhafte, Fremde, das in meinen Körper eingedrungen war, herauszupressen. Es gelang mir nicht. Ich schrie fürchterlich, daß Gott mir helfen sollte. Eigentlich war es unmöglich, daß er es überhören konnte. Da meine Kehle aber zugehalten wurde, gelangte der Schrei nicht nach außen, aber mein Inneres vibrierte so stark davon, daß ich glaubte, ich müsse zerbersten. Doch ich wurde nicht einmal ohnmächtig. Da beschloß ich, mir selbst zu helfen und zu sterben.

Ich nahm noch wahr, daß auch die anderen beiden Soldaten sich auf mich warfen und das gleiche mit mir taten wie der erste, doch ich erlebte es nicht mehr, und als die Soldaten das Haus verließen, war ich tot. Ich hatte keine Vergangenheit mehr und auch keine Zukunft. Es gab nichts zu vergessen, weil nie etwas gewesen war. Nichts hatte jemals stattgefunden. Die Körper der Verstorbenen waren tot, aber sie selbst existierten irgendwo, wo man sie nicht sehen konnte. Mein Körper lebte, aber meine Seele war gestorben.

Wie ein Automat tat ich von nun an alles mechanisch, ohne Gedanken und ohne innere Beteiligung. Wohl war ich wachsam und beobachtete meine Umwelt genau, jedoch ohne ein Echo der Liebe von ihr zu erwarten. Das mochte der Grund dafür sein, daß ich sie auch nicht erhielt. Mutter tat das Naheliegende an mir. Sie säuberte mich. Aber sie hätte mich auf ihren Schoß nehmen und mir sagen sollen, daß ich ihr kleines Mädchen, ihr Kind sei, daß ich nie von ihr getrennt wurde und wir beide so allein auf der Welt seien wie an jenem Tage, als sie mich zum ersten Mal in ihren Armen hielt. Vielleicht hätte sie mich damit wieder zum Leben erweckt. Sie tat es nicht. So glaubte ich, daß ich auch für sie zerstört und gestorben und die Verbindung zwischen uns zerrissen sei. Nur die Angst, gefangen zu werden, und eisiger Haß diktierten von nun an meine Handlungen.

37

Tot und gedankenlos erlebte ich mit, wie alle Leute, die in den verschiedenen Dörfern übriggeblieben waren, eines Tages zusammen- und fortgetrieben wurden. Ich wunderte mich, daß in der entvölkerten Öde noch so viele Menschen gehaust hatten. Es seien jene, die ihre Heimat zu sehr liebten, um sie verlassen zu können, sagte Mutter.

Auf den Weiden lagen Tiere, meist Kühe, manchmal auch Pferde mit ungeheuer aufgequollenen Bäuchen, die einen widerwärtigen Gestank verbreiteten. Der Frühling war gekommen, ohne daß ich es wahrgenommen hatte. Auch das war mir gleichgültig. Ich stellte es hauptsächlich daran fest, daß ich beim Gehen schwitzte und daß in der Wärme die Läuse auf meinem Kopf und an meinem Körper munterer wurden und sich stärker bemerkbar machten. Wo ich sie mir geholt hatte, kümmerte mich nicht. Das einzige, worauf ich achtgab, war, mich immer mit mehreren Leuten aufzuhalten, möglichst auch mit den Eltern, damit ich den Soldaten, denen wir auf der Chaussee begegneten, nicht auffiel.

Auf dem Marsch machten wilde Spekulationen die Runde. Es hieß, die Russen befürchteten eine Rückkehr der Deutschen über die Ostsee und wollten deshalb die Reste der Bevölkerung aus der Nähe des Meeres forthaben. Konnte es sein, daß der Führer endlich die Wunderwaffe einsetzen würde oder aber daß die Amerikaner nun doch lieber gegen die Russen und nicht länger gegen die Deutschen kämpfen wollten? Jedes Flugzeug am Himmel wurde hoffnungsvoll begrüßt und einer genauen Prüfung unterzogen; doch immer entpuppte es sich als eine russische Maschine. Schließlich resignierten die Leute, ließen die Hoffnung fahren, ergaben sich in ihr Schicksal und rechneten mit nichts mehr, außer mit dem Schlimmsten.

Die Russen hatten uns ein Stück landeinwärts gescheucht und aufgepaßt, daß niemand sich heimlich davonmachte, nicht anders als es die Bauern früher mit den Gänsen zu tun pflegten. Nun hausten wir wieder in einem Schulgebäude, diesmal jedoch eng zusammengepfercht mit vielen unbekannten Menschen in einem einzigen Raum. Wir schliefen auf Stroh, so daß es tatsächlich eher wie in einem Gänsestall zuging, nur weniger sauber und behaglich.

War die Zeit stehengeblieben oder ging sie voran? Ich wußte

es nicht. Ein seelenloser Tag folgte dem anderen. Meine Schwester hatte sich der Situation am besten angepaßt. Sie war sehr dünn geworden und sah deshalb auch besonders zart und kindlich und unantastbar aus. So konnte sie unbehelligt mit anderen kleinen Kindern in den Wiesen spielen.

Offenbar war bekannt geworden, daß im Schulhaus Fälle von Flecktyphus aufgetreten und einige Leute bereits gestorben waren, jedenfalls blieben uns streunende Soldaten vom Hals. Auch in unserem Zimmer hatte es einen Toten gegeben. Er wurde, ohne Aufsehen zu erregen, unweit vom Schulhaus begraben.

Vater hatte unter den verstreut herumliegenden Schulbüchern die Partitur der ersten Sinfonie von Johannes Brahms gefunden, und er zeigte mir, wie das schöne Thema des vierten Satzes, das so sehnsuchtsvoll nach Herbst klingt, in Noten geschrieben steht. Ich guckte mir die Noten an und hörte zu, wie Vater die Melodie pfiff, während er mit dem Zeigefinger an den Notenlinien entlangglitt. Was aber sollte ich nun damit anfangen, was sollte es mir nützen? Alles, was mit der Musik zusammenhing, war doch untergegangen. Musik verlangte ein aufnahmebereites Herz und einen lebendigen Geist, und ich besaß beides nicht mehr.

Dann flog eines Tages wieder die Tür auf, und jemand trat ein, der anders aussah als die Soldaten, entschlossener, gewichtiger und auch gefährlicher, so wie eine befugte Amtsperson. Ihm folgten einige der Frauen, die mit uns im Schulhaus lebten. Sie gehörten zu den Flüchtlingen aus dem masurischen Grenzgebiet. Niemand wußte genau, warum sie in Pommern geblieben waren. Bislang hatten sie deutsch gesprochen, nun sprachen sie erstaunlicherweise plötzlich russisch und deuteten auf einzelne Personen, die auf den Strohhütten saßen, darunter auch auf mich. »Ihr seid alle Nazis«, schrien die Ankläger nun wieder auf deutsch, und die befugte Amtsperson bedeutete uns, hinauszugehen und einen Lastwagen zu besteigen, der draußen wartete. »Ihr kommt alle nach Sibirien, nach Sibirien kommt ihr, ihr Schweine!« hörte ich sie geifern. Ich sah die Eltern hilflos dastehen, sie rührten sich nicht einmal, als der Wagen losfuhr.

Vor Entmutigung war mein Kopf so leer, daß er keine Bilder mehr aufnahm. Wie die Stadt hieß, in der wir vor einem Gebäude ausgeladen wurden, das sich Kommandantur nannte, wußte ich daher nicht. Es war mir auch völlig einerlei, da mein Leben nun, wo ich auch meine Eltern verloren hatte, endgültig zu Ende war.

Nach einer langen Weile des Wartens auf einem Flur wurde ich in einen Raum gestoßen, in dem eine Frau in genau der gleichen Uniform, die auch die Männer trugen, an einem Schreibtisch saß. Das erstaunte mich, denn ich hatte noch nie ein weibliches Wesen in einer Soldatenuniform gesehen. Die Frau sprach tief aus dem Halse und ziemlich hart und abgehackt, aber es war deutsch, und ich konnte sie verstehen. Nachdem sie mich gemustert hatte, fragte sie mich, ob ich im BDM gewesen sei. Wahrheitsgetreu antwortete ich ihr mit »Ja«. Daraufhin musterte sie mich erneut und erkundigte sich nach meinem Geburtsdatum. Als ich es ihr nannte, ging etwas über ihr Gesicht, das mich entfernt an Freundlichkeit erinnerte, und sie sagte: »Dann du warst Jungmädel, für den BDM du warst nicht alt genug. Du kannst gehen.«

Ich begriff nicht und zögerte, denn während ich mit den anderen gewartet hatte, waren wir zu der Überzeugung gelangt, daß wir tatsächlich in ein Arbeitslager nach Sibirien verschleppt würden. Im ganzen Haus hatten Gerüchte darüber wie von einem angriffslustigen Schwarm böser Insekten nur so gesummt. Aber die uniformierte Frau drängte: »Nun geh schon, geh, hörst du? Lauf weg, schnell!« Zu laufen wagte ich nicht, das hätte mich vielleicht verdächtig gemacht. Soviel hatte ich schon gelernt. Langsamen Schritts verließ ich das Haus.

Doch wohin sollte ich gehen? Überall patrouillierten Russen, und sie konnten mir jederzeit ihr schreckliches lähmendes »Stoi« entgegenschreien, und dann hätte gewiß alles von vorn begonnen. Vorsichtig wie eine Katze schlich ich an den Hauswänden entlang, immer auf dem Sprung, mich in ein Haus zu flüchten, wenn ich eine russische Uniform erspähte, bis endlich die Stadt zu Ende war und ich mich auf freiem Feld befand. Es war sehr heiß, und der Schweiß lief mir übers Gesicht. Das war gut so, denn dadurch klebte der Staub, den ich mir ins Gesicht rieb, auf der Haut fest und bildete eine erdfarbene Maske. Bald fand ich einen Ast, den ich zu einem Stock brechen und auf den ich mich stützen konnte. Wann immer ein menschliches Wesen in meinem Gesichtsfeld auftauchte, beugte ich mich tief auf den Stock nieder und begann zu humpeln. Ein alter Mann erschien mir vertrauenswürdig genug, um ihn nach dem Weg zu fragen. Er musterte mich wie vorhin die Soldatenfrau, schüttelte den Kopf und seufzte in dem hellen Singsang seines pommerschen Platts: »Ach, Kindchen, lauf man. Es ist noch weit, aber du wirst es schon schaffen. Lauf man zu.«

Unversehens mußte ich an das Lied vom Maikäfer denken und an die kleine Gräfin Rantzau, wie sie mit ihrem halbverhungerten Hund im bloßen Hemd durch Pommern geirrt war. Wie lange war das her! Jetzt irrte ich durch Pommerland. Und es war nicht nur der Krieg darübergegangen und hatte es abgebrannt. Nun war das Ende der Welt gekommen, und ich war allein und besaß noch nicht einmal einen Hund, der mich begleitete. Die Nächte waren nun wieder hell und kurz, aber ich lief auch, wenn es dunkel wurde.

Die Umgebung kam mir bekannt vor. Ja, es mußte das Dorf sein, aus dem ich verschleppt worden war. Von weitem sah ich zwei Menschen auf mich zukommen. Schon wollte ich mich zusammenkrümmen und im Kornfeld verstecken, da fiel mir an der Art, wie sie sich bewegten, etwas Vertrautes auf; und als ich näher heranging, erkannte ich die Eltern. Mutter sah mich sehr aufmerksam und fest an. Sie sagte aber nur: »Ich wußte, daß du nicht verloren sein konntest.« Meine Kehle war wie zugeschnürt, es war mir unmöglich zu sprechen. Auch meine Tränen waren versiegt. So legte ich nur meinen Kopf auf ihre Schulter.

Wieder erschien eines Tages die amtlich aussehende Person, ließ uns durch jene Leute, vor denen wir nun auf der Hut waren, weil wir sie für Spitzel hielten, zu verstehen geben, daß wegen der sich häufenden Todesfälle und der möglichen Ausbreitung der Seuche und Ansteckungsgefahr für die Rote Armee das provisorische Lager geschlossen würde. Wir dürften es verlassen und uns in unsere Dörfer zurückbegeben. Diese Erlaubnis überzeugte fast alle Leute davon, daß mit einer Befreiung von den Russen, wie auch immer, nicht mehr zu rechnen war. Ein ältliches Fräulein verschwand auf diese Mitteilung hin prompt aus dem Schulhaus. Es wurde nicht viel später im Dorfteich gefunden. Da er sehr flach war, konnte die Frau unmöglich darin ertrunken sein. Sie mußte ihren Kopf so lange unter Wasser gehalten haben, bis sie tot war. Ich bewunderte ihre Konsequenz. Nie würde ich zu einer so entschlossenen Tat fähig sein.

Die Familie wartete mit dem Aufbruch bis zur Nachtzeit, nicht zuletzt wegen jener undurchsichtigen Leute, die je nach Belieben und Umständen deutsch oder russisch sprachen und sich offensichtlich nur darauf spitzten, jemanden verpetzen zu können. Sie sollten nicht wissen, wohin wir gingen. Im Schutze der Dunkelheit begaben wir uns bis zu einem verlassenen Pferdestall und versteckten uns darin für den Rest der Nacht. Im Schlaf fühlte ich, wie Tiere auf mich sprangen, und beim Erwachen gewahrte ich im Mondlicht zwei dicke Ratten, die von mir weg ins Stroh liefen. Sie waren viel wohlgenährter als irgendeiner von uns.

Als wir das alte Dorf erreicht hatten, beschlossen wir, unser ursprüngliches Quartier im Schulhaus zu beziehen. Der erste Ansturm der Roten Armee war vorbei, und das Verbergen war im Schulhaus, wo es viele Winkel und Abseiten gab, sogar leichter zu bewerkstelligen als oben im Mühlenhof. Wir reinigten es gemeinsam und brachten die Möbel, so gut es ging, in Ordnung. Vater entdeckte das ideale Versteck: eine Bodenkammer, zu der eine Leiter führte, die man, wenn man oben angelangt war, nur einfach heraufzuziehen brauchte. Dann klappte man die Einstiegluke zu und befand sich in Sicherheit.

Sobald alles einigermaßen hergerichtet war, holten Mutter und die Tante die großen Kessel heran und erhitzten Wasser auf dem Herd. Da Grete in einer verborgenen Abseite die Koffer mit unseren Kleidern unversehrt und zwischen der Wäsche auch noch einige Stücke Seife vorfand, machte der Onkel ein Feuer hinter dem Haus, so daß es nicht leicht bemerkt werden konnte, und verbrannte darin unsere schmutzstarrenden, verlausten Sachen. Vater und Grete gossen das heiße Wasser in einen großen Waschzuber, und dann erhielt jeder ein Bad.

Es stellte sich heraus, daß Vater und Grete an Flecktyphus erkrankt waren. Geschwächt, wie sie waren, bestand kaum noch Hoffnung auf Genesung. Entsetzen hätte mich erfassen sollen, aber ich war bereits so versteinert, daß ich nicht einmal mehr genügend Phantasie besaß, um mir Vaters und Gretes Tod vorstellen zu können. Es gab ja schon seit Ewigkeiten keine Zukunft mehr. Heute lebte Vater, und was morgen sein würde, konnte ohnehin niemand wissen.

Ich schlief mit Vater im selben Zimmer. Mein Schlaf war sehr leicht und oberflächlich geworden. Auch mitten in der Nacht schreckte ich bei dem leisesten Geräusch hoch. Oft lag ich nur so da und döste gedankenlos vor mich hin.

Fast immer, wenn ich in der Morgendämmerung zu Vater hinüberspähte, gewahrte ich, daß er ein Buch in den Händen hielt, so, als wartete er ungeduldig auf das Tageslicht, um lesen zu können, und als kostete er die Befriedigung, die es ihm verschaffen würde, bereits vor. Elektrische Beleuchtung gab es seit dem Einmarsch der Roten Armee nicht mehr. Meist nickte ich wieder ein und erwachte erst, wenn die Sonne hell ins Zimmer schien. In der Helligkeit konnte ich nun deutlich wahrnehmen, wie Vater langsam Seite um Seite des Buches umwandte und wie vertieft er in seiner Lektüre war. Ab und an blätterte er zurück, wohl um das Gelesene noch einmal zu überdenken.

Wieso ging es mir jetzt erst auf? Das Buch, welches Vater so andächtig in den Händen hielt, war dasselbe, auf dem ich damals in Danzig vor dem Flügel gesessen hatte, als die SS-Leute zur Hausdurchsuchung bei uns eingedrungen waren. Danach war es spurlos verschwunden, aber die Eltern müssen es aufbewahrt und sogar nach Strasburg mitgenommen haben. Nun, im nachhinein, wurde mir klar, daß sie oft darin gelesen hatten, wahrscheinlich nachts im Bett, wenn niemand sie dabei stören konnte.

Auch die Sonntagsschule kam mir wieder in den Sinn. Als ich sie besuchte, war ich noch zu klein, um zu verstehen, was das Buch aussagte. Aber seine Lehren waren mir in vereinfachter Form doch beigebracht worden und hatten sich mir eingeprägt, wenn die Ereignisse sie auch eine ganze Zeit lang verdrängt hatten. Nur, wie stimmten die Lehren mit der Situation überein, in der wir uns hier befanden? Sie hatte mit Harmonie und Vollkommenheit nicht das geringste zu tun.

Ich wartete ab, bis Vater beim Lesen eine Pause machte, und dann fragte ich ihn nach dem Buch. So, als hätte er nur auf die Gelegenheit gewartet, erklärte er mir bereitwillig, welche Schlüsse er aus dem Gelesenen gezogen hatte. »Disharmonie und Schrecken können das Gute manchmal für eine gewisse Zeit verdunkeln«, gab er zu. Aber er beteuerte: »Es ist jedoch unmöglich, daß sie es auslöschen. In dem Maße, wie wir uns mit den Kräften des Guten und den Gesetzen, die seine Wirksamkeit garantieren, vertraut machen, in dem Maße erleben wir es und geraten in seinen Schutz.« Diese Gedanken nachzuvollziehen gelang mir nicht, aber ich empfand zum ersten Mal, seitdem das Grauen sich meiner bemächtigt hatte, eine Bereitschaft, mich dem Guten zuzuwenden. Stand mir tatsächlich Liebe zu, und existierte wirklich eine gütige, positive Macht, die sich meiner bewußt war und sich sogar meiner annahm? Es fiel mir sehr schwer, daran zu glauben.

Immerhin war ich nicht erstaunt, als Vater eines Morgens aufstand und erklärte, daß er gesund sei. Es sah so aus, als wäre ein Wunder geschehen und als wäre das Gute – wenngleich unsichtbar – dennoch vorhanden und sogar hier bei uns gegenwärtig. Kurz nach Vaters Genesung verließ auch Grete das Bett, und das, obwohl sie – wie sie mit dem dramatischen Unterton in der Stimme, den sie für Vorfälle parat hatte, die mit dem Gruselgebiet zusammenhingen – verkündete, daß sie bereits das Läuten der Totenglocke vernommen habe.

Beinahe an jedem Morgen schien die Sonne hell in die Stube, und der Wind blies den Duft von frisch gemähter Wiese herein. Mehr geschah nicht. Wir verdösten die Zeit. Daß der Krieg zu Ende war, hatten die Erwachsenen schon vermutet, als wir die Erlaubnis erhielten, das verlauste Lager zu verlassen. Die Vermutung wurde zur Gewißheit durch das wilde Spektakel, das kurz nach unserer Rückkehr vom Ende des Dorfes bis zu uns tönte. Die ganze Nacht über war dröhnende Musik zu hören, dazwischen hatten Schüsse geknallt, und manchmal waren auch laute und erregte Stimmen beängstigend nahe gekommen. Vorsichtshalber hatte uns der Onkel alle miteinander in dem absolut sicheren Versteck untergebracht, hatte eilends die Leiter hochgezogen, und dort warteten wir ab, bis der Tumult sich legte und es ruhig geworden war. Danach hatte die Zeit wieder stillgestanden, und es schien, als hätte jemand uns eine Tarnkappe übergestülpt, so daß wir nun unsichtbar und vergessen waren.

Vater las jeden Morgen etwas aus dem kostbaren Buch vor und sprach mit mir darüber. Wenn er danach aufstand, wurde er beinahe ausgelassen, reckte sich, guckte in die Sonne und sang: »Ich möchte erwachen im Sonnenschein, und alles müßte wie früher sein. Die Butter kostet 'ne Mark und dreißig, und auf das andre pfeif' ich.« Er sang es so, daß klarwar, statt »pfeif ich« meinte er »scheiß' ich«. Ich war gern bereit, auf alles zu pfeifen, zu scheißen, egal, was auch immer. Man hätte so ziemlich alles von mir verlangen können, wenn mir ein solches Erwachen im Sonnenschein garantiert würde. Als ich Vater fragte, ob er daran glaube, wurde er ernst und antwortete: »Ja, denn es muß so sein.« Die Gewißheit, die aus seinen Worten klang, machte mir Eindruck.

Dank der Morgengespräche leuchtete mir ein, warum die Eltern fähig waren, sowohl gegenüber den Vertretern der NSDAP als auch gegenüber den russischen Besatzern Mut zu beweisen. Ihr Mut war viel überzeugender als der kriegerische des Onkels, der sich hier in brenzligen Situationen eher als ängstlich und hilflos erwiesen hatte. Vater interessierte das Militär nicht sonderlich, er war ein überzeugter Pazifist, aber nun erlebte ich, daß Mut nicht unbedingt etwas mit kriegerischer Auseinandersetzung zu tun haben muß und Sanftmut nichts mit Unterwerfung. Jetzt gelang es mir, ein wenig hinter die Beweggründe zu blicken, die Jesus damals zu der Bemerkung veranlaßt hatten, man solle dem Angreifer auch die andere Wange darbieten. Nicht Feigheit hatte ihm diese Worte diktiert, sondern ganz im Gegenteil die Gewißheit von der Überlegenheit der Liebe und der Kräfte des Geistes, über welche er selbst in verschwenderischem Maße verfügte. Würde es mir je gelingen, der Kraft des Guten zu vertrauen? Ich hatte große Zweifel. So sehr mir die Lehren auch gefielen, ich mußte einräumen, daß bei mir eine riesige Lücke zwischen Theorie und Praxis klaffte und daß ich mir nicht vorstellen konnte, wie ich sie je überwinden sollte. Vater beteuerte, daß es gehe. »Hast du einmal damit begonnen, dich dem Guten als einer überlegenen Macht zuzuwenden, dann fließen dir seine Kräfte zu und leiten dich, so daß du immer sicherer wirst.«

38

Mitten hinein in die väterlichen Belehrungen klopfte es eines Morgens an die Tür. Ich hatte keine Zeit mehr, in das absolut sichere Versteck zu entkommen. Vater befahl mir, mich im Bett flach auf den Bauch zu legen und mich nicht zu rühren. Er warf schnell unsere Bettdecken über mich und flüsterte mir zu: »Hab keine Angst, es wird dir nichts geschehen. Ich bin bei dir.« Dann öffnete Vater die Tür. Durch das Loch, das ich mir zum Luftholen in der Decke geformt hatte, konnte ich beobachten, wie zwei russische Soldaten die Stube betraten. Der eine setzte sich so, daß es einfach war, ihn im Auge zu behalten. Eigentlich sah er nicht übel aus. Hätte er nicht diese schrekkeneinflößende Uniform getragen, hätte ich ihn sogar sympathisch finden können. Seine Haare waren zwar ziemlich kurz geschoren, aber wo sie der Schere entwischt waren, ringelten sich blonde Locken auf seinem Kopf, und seine hellen Augen guckten eher amüsiert als böse, obgleich sein Blick beunruhigend oft in die Richtung des Bettes mit den vielen Decken ging. Wie Vater allerdings verstehen konnte, was er sagen wollte, war mir schleierhaft, denn der Blonde kauderwelschte ein fürchterliches Deutsch, aus dem sich nach vielen Wiederholungen die Worte: Heu – Arbeiten – Essen – und auch das Wort »Mädchen« herausschälten. Bei dem Wort »Mädchen« machte Vater allerdings eine energisch verneinende Geste. »Hier gibt es keine Mädchen, mein Lieber«, erklärte Vater so nachdrücklich, daß ich mich wunderte, wie der Soldat mit, wie mir schien, überlegenem Grinsen auf seiner Forderung bestehen konnte: »Du deine Mädchen schicken Arbeit, du verstehst?!« Und zur Bekräftigung des Befehls stieß er mit dem Stuhl, von dem er sich erhoben hatte, auf den Boden, was wohl ein akustisches Ausrufezeichen zu seinen Worten darstellen sollte. Dann verließ er mit seinem Begleiter das Haus.

Ich war heilfroh, mich aus den stickigen Decken herausschälen zu können. Die Eltern berieten miteinander und gelangten zu dem Schluß, daß es besser wäre, dem Aufruf zur Arbeit Folge zu leisten. Vater wollte schon das Seine tun, daß uns nichts geschah. Auf dem Weg zum Treffpunkt sollten Grete und ich einen möglichst großen Haken schlagen, damit nicht herauskommen konnte, wo wir wohnten.

Meine Gefühle schwankten zwischen Angst und Neugierde, als ich mit Grete am nächsten Morgen losmarschierte. Es war beruhigend, am Sammelpunkt etliche mit Heurechen ausgerüstete Frauen zu erblicken. In ihren schwarzen Kleidern, den Kattunschürzen und Kopftüchern sahen sie aus, wie ich sie von den Ferien her in Erinnerung hatte, und einen Augenblick bildete ich mir ein, es wäre wieder ein Ferienlager und alles andere hätte ich nur geträumt. Aber da erschienen unter der Aufsicht ihres blondgelockten Wortführers sechs russische

Soldaten mit geschultertem Gewehr, trennten die Gruppe in zwei Hälften und zogen zu je drei und drei mit den ihren davon. Leider mußte Grete in die entgegengesetzte Richtung gehen.

Die Soldaten führten meine Gruppe zu einer Wiese, auf der das Gras bereits gemäht war. Anfangs schauten die Landfrauen sich noch ängstlich um, doch als sie merkten, daß ihnen nichts geschah, benahmen sie sich gelöster. Sie waren in ihrem Element, handhabten die Rechen flink und geschickt und wirkten, als wären sie erleichtert, wieder etwas tun zu dürfen, was normalerweise ihr Leben bestimmt hatte. Ich quälte mich sehr unbeholfen mit meinem Rechen ab, obgleich ich die Frauen beobachtete und mich bemühte, ihnen nachzueifern. So leicht, wie es aussah, ging es nicht; ich zottelte hoffnungslos hinter den anderen her.

War es eine Täuschung, oder hatte tatsächlich eine männliche Stimme meinen Namen gerufen? Meine Knie zitterten. Außer den drei Soldaten gab es keinen Mann weit und breit, also mußte es einer von ihnen sein. Aber es war doch unmöglich, daß sie meinen Namen kannten. Wieder hörte ich meinen Namen von derselben Stimme gerufen und erstarrte vor Schreck. Diesmal hatten die Frauen den Ruf ebenfalls vernommen, denn sie bedeuteten mir, nicht darauf zu achten und mich in ihre Mitte zu begeben. Sie harkten nun so, daß sie einen Halbkreis um mich bildeten. Niemand sprach mehr, wir setzten unsere Arbeit schweigend fort, aber auch der Ruf ertönte nicht wieder.

Am späten Nachmittag führten uns die Soldaten zum Treffpunkt zurück, und zu unserer freudigen Überraschung erhielten wir unseren Arbeitslohn in Lebensmitteln. Auch Grete hatte ihren Anteil eingesteckt und kehrte beruhigt zurück. Niemand hatte sie belästigt. Trotzdem versteckten wir uns immer wieder, machten Umwege, liefen im Zickzack, um unbemerkt das Schulhaus zu erreichen.

Der nächste Tag verlief ähnlich wie der vorige. Während die Frauen arbeiteten, saßen die Soldaten meist gegen einen der Heuschober gelehnt und paßten auf. Aus den Augenwinkeln konnte ich beobachten, wie der Blondgelockte mit dem fürchterlichen Deutsch ihnen aus der Zeitung vorlas. Offensichtlich war er nicht nur intelligenter als die beiden anderen, sondern schien ihnen auch übergeordnet zu sein. Von mir nahm niemand Notiz. Ich stolperte mit meinem Rechen auf der Wiese herum und pustete auf die schmerzenden Blasen an meinen Händen, aber ich begann, mich ein wenig sicherer zu fühlen. Den Frauen erging es wohl ähnlich, denn sie hatten es sich angewöhnt, bei der Arbeit zu schwatzen. Manchmal lachten sie sogar und amüsierten sich heimlich über die Soldaten. Ihre Wortführerin, eine junge Frau mit dickem, blondem Zopf, der ihr unter dem Kopftuch den Rücken herunterhing, fand, daß unsere Bewacher eigentlich einen ganz manierlichen Eindruck machten. Schlimm wäre es allerdings, daß sie offenbar weder vom Lesen noch vom Schreiben eine Ahnung hätten und wohl auch sonst wenig mit den Gütern der Zivilisation gesegnet seien.

Die Wortführerin schnitt eine Grimasse und erzählte, sie habe gesehen, wie ein Soldat Wasser aus einem Klosettbecken trank. Kaum fertig mit seiner ekligen Erfrischung, hatte er sie angebrüllt: »Du Deutsches, du Schwein, du nix Kultura!« Und während die anderen Frauen noch hämisch kicherten, fügte die Wortführerin hinzu: »Das Wort Kultura liegt denen locker auf der Zunge. Na, was man nicht hat, davon muß man reden.«

Nun gaben auch die übrigen Frauen ähnliche Erlebnisse zum besten. Ich lauschte und lachte mit ihnen, aber ich spürte hinter dem Lachen sehr genau ihre Verbitterung und ihre Traurigkeit.

Im Schulgarten waren die Kirschen reif geworden. Verlockend glänzten sie hellrot zwischen dem dunklen Laub. Gerade als ich mich an das Besteigen des Baumes machen wollte, hörte ich Stimmen auf der Chaussee, und zu meinem blanken Entsetzen waren es eindeutig russische Laute. Ins Haus laufen hatte keinen Sinn mehr, es würde mich nur endgültig verraten. So schnell und so heimlich es ging, kletterte ich in das Geäst. Ich konnte nur hoffen, daß das Laub dicht genug war, um mich zu verbergen. Als meine Füße in einer Gabelung Halt gefunden hatten, lehnte ich meinen Rücken gegen den Stamm und wartete, bis meine Beine das Zittern einstellten. Dann äugte ich vorsichtig in die Runde. Auf der Chaussee war kein Mensch mehr zu sehen, alles war wieder einsam und menschenleer. Ich hatte Glück gehabt. Die Kirschen hingen in verschwenderischer Fülle im Baum. Wenn ich den Kopf hob, sah es aus, als regnete es bunte Kugeln aus einem grüngoldenen Himmel. Ich hatte keine Eile mit dem Pflücken, im Gegenteil, es war schön, ganz still hier zu sitzen, die Vorfreude auszukosten und nachzudenken. Der Sommer umfing mich, er blies mir seinen Duft ins Gesicht, und ich überließ mich seiner Liebkosung. Mehr und mehr versank ich dabei in meine Gedanken, und unversehens überkamen mich die Erinnerungen, und ich vergaß, wo ich mich befand.

Gerade als ich, noch gar nicht wieder richtig in die Gegenwart zurückgekehrt, meine Hand nach einer Kirsche ausstrekken wollte, die fast vor meiner Nase baumelte, tönte von unten die Stimme, die ich so noch nie gehört hatte, die mir aber auf eine unerklärliche Weise bekannt vorkam: »Na, schmecken die Kirschen? Sind sie reif genug und süß?« Selbstvergessen antwortete ich: »Ich weiß es nicht, ich hab' sie ja noch nicht probiert.« Die Stimme drängte ermunternd: »Dann tu's doch! Wenn man was Gutes geboten bekommt, soll man es sich nicht entgehen lassen. Also, guten Appetit!«

Hingegeben an die Stimme, saß ich bewegungslos da und lauschte. Sie klang verwirrend, leicht ironisch, doch freundlich und auf eine angenehm beunruhigende Weise zärtlich. Es tat mir wohl, mich ihr zu überlassen, und es paßte zu ihrem Tonfall, als sie fortfuhr: »Iß dich satt. Du brauchst keine Angst zu haben, es wird dich keiner dabei stören. Niemand, der nicht schon vorher wußte, daß du da oben bist, kann dich sehen, und außer mir weiß es ja kein Mensch. Du kannst übrigens auch des Nachts beruhigt schlafen. Ich passe auf dich auf.« Es raschelte unten, dann war es still. Die Stimme war verklungen. Schade.

Ich sann ihr nach. An wen erinnerte sie mich, wem gehörte

sie, wer hatte zu mir gesprochen? Ich kannte eine Erzählung von Anton Tschechow. Darin hatte ein junger Mann einem Mädchen, während der Schlitten, auf dem sie saßen, in rasender Fahrt den Abhang hinunterglitt und die Luft ihnen um die Ohren pfiff, »Nadjenka, ich liebe Sie« zugeflüstert, aber so, daß das Mädchen glauben sollte, der Wind habe es getan. Warum fiel mir diese Erzählung jetzt ein? Der Wind war es hier gewiß nicht gewesen. Wer aber dann? Als ich von meinem Hochsitz in die Runde spähte, sah ich den Blonden auf der Chaussee gehen. Außer ihm war niemand in Sicht. Aber es war unmöglich, daß er ein so einwandfreies Deutsch gesprochen haben sollte. Und doch! Die Stimme hatte nicht fremd geklungen. Irgend etwas an ihr paßte zu dem Blonden, eine gewisse neckende Ironie, die mir schon aufgefallen war, als er damals Vaters energische Ablehnung mit »Du schicken deine Mädchen Arbeit« beantwortet hatte. Aber warum schwang in ihr so viel Wärme? Viel zu verwirrt, um irgend etwas unternehmen zu können, lehnte ich mich wieder fester an den Stamm, brachte meine Beine in eine bequeme Position und verfiel erneut ins Nachdenken.

Erst als es unter dem Baum von neuem raschelte, schreckte ich auf. Diesmal war es Mutter, die sich wegen meines langen Ausbleibens Sorgen gemacht hatte, besonders, nachdem ihr der Soldat auf der Chaussee aufgefallen war. Hatte er nun etwa doch herausgefunden, daß es im Schulhaus Mädchen gab? Ich erzählte Mutter nichts von dem seltsamen Vorfall, versicherte ihr nur, daß kein Grund zur Beunruhigung bestünde. Die Luft sei rein, und sie könne unbesorgt auch meine Schwester in den Kirschbaum schicken. Die hatte nur auf die Erlaubnis gewartet. Sie preschte heran, erklomm den Stamm und hangelte sich von Ast zu Ast bis zu mir nach oben. Dann machten wir uns gemeinsam über die Kirschen her.

Am nächsten Morgen auf dem Feld beobachtete ich unauffällig die Soldatengruppe. Sie verhielt sich wie gewöhnlich. Wie immer gab der Blonde seine klaren Anweisungen in äußerst holprigem Deutsch. Doch in der Mittagspause, als auch die Frauen sich in den Schatten der Heuschober gelagert hatten, hörte ich jemanden vom Rand der Wiese, ein Stück von den anderen entfernt, meinen Namen rufen. Ohne Zweifel, es war die Stimme von gestern, und diesmal fürchtete ich mich nicht. Ich ging wie bezaubert, unwiderstehlich hingezogen, auf die Stimme zu. Mein Herz pochte schneller, aber nicht mehr von Angst getrieben, sondern von etwas anderem, neuem, das ein schwebendes Gefühl verlieh. Der Blonde saß mit aufgeknöpfter Bluse in der Sonne, ohne Kopfbedeckung und unbewaffnet. Er rückte ein Stückchen beiseite und bedeutete mir, mich auf den Platz neben ihm hinzusetzen, und sagte: »Nun setz dich schon, ich freß' dich nicht.« Sonnenklar, dies war die Stimme von gestern, und in leicht ironischem Tonfall fuhr er fort: »Ich glaube, du solltest mit dem Heumachen aufhören, du stellst dich so bewundernswert ungeschickt dabei an, daß man gleich weiß, es gehört nicht zu deinen Begabungen. Ich wollte dir das neulich schon sagen, aber da bist du ja nicht gekommen.« Plötzlich war alles so schön um mich her. Zum ersten Mal fiel mir auf, wie fröhlich sich die Wiesen in der Sonne räkelten und wie sie in der Mittagshitze ihr kräftiges Aroma aus Erde, Gras und Blumen verdampften. Es war alles so lieblich, so traumhaft, daß, wenn je etwas Böses geschehen sein sollte, es eine Täuschung gewesen sein mußte.

»Erzähl mir was von dir, von der Schule zum Beispiel«, sagte die freundliche Stimme. Ich antwortete wie mechanisch: »Aber es gibt keine Schule mehr.« Ich traute meinen Ohren nicht, als zur Antwort kam: »Natürlich wird es wieder eine geben. Der Krieg ist doch vorbei. Du wirst dein Abi machen, studieren, so wie ich, und dann heiraten und Kinder haben, so wie ich.« »Haben Sie denn Kinder?« »Nur eins, es ist zwei Jahre alt, aber durch den Krieg habe ich es kaum gesehen. Als es geboren wurde, war ich gerade ein Jahr lang als Lehrer tätig. Ich unterrichtete Deutsch und Englisch an einer höheren Schule.« Aha, dachte ich, daher sein fließendes Deutsch, daher sein Interesse an mir. Aber, du meine Güte, konnte so ein Lehrer aussehen, jung und anziehend – und benahm sich so ein Feind, ein Mitglied der entsetzlichen, vielkehligen Meute?! Nein, niemals, er konnte unmöglich ein Feind gewesen sein!

In meinem Kopf überstürzten sich die Gedanken. Es gelang mir nicht, ihrer Herr zu werden. Alles war so vieldeutig, so widersprüchlich, so schwer zu begreifen! Nun hörte ich, wie der Feind vorschlug, ihn Grischa zu nennen, dann verlor ich die Fassung. Wildes Schluchzen schüttelte mich. Ich spürte, wie Grischa mich in die Arme nahm, etwas Russisches murmelte, begütigend meinen Rücken klopfte und wie sein Hemd auf der Brust von meinen Tränen klitschnaß wurde. Wie auf einer lauen Ostseewelle schwamm ich auf meinen Tränen, und wie früher an dem sonnenwarmen Strand fühlte ich mich glücklich und geborgen. Aus Grischas geöffnetem Hemd stieg der anziehende Geruch luftdurchtränkter Haut, ein Schwaden von verläßlicher, pulsierender Nähe und Wärme. Am liebsten wäre ich in seinen Armen geblieben, aber dann hätte ich nie wieder fortgekonnt. Also riß ich mich los und rannte zu den Frauen. Sie sahen mich besorgt an, aber ich gab ihnen zu verstehen, daß alles in Ordnung sei. Nur allein wollte ich sein. Weil sie befürchteten, daß ich vielleicht einen Sonnenstich und Kopfweh hatte, betteten sie mich auf einen Heuhaufen. Ich wollte nachdenken, aber das Weinen hatte meine Kräfte aufgezehrt. Das starke Parfum des Heus benebelte meine Gedanken und lullte mich ein. Ich fiel in Schlaf.

Auf dem Heimweg sah ich mich nun nicht mehr vor und schlug auch keine Haken. Grischa durfte ruhig wissen, wo wir wohnen, er wußte es ja ohnehin. Die Eltern wollten wegen meines Leichtsinns ungehalten werden, aber nun klärte ich sie auf, wer Grischa war, und erzählte, daß er auf uns achtgeben wolle und den Eltern sagen lasse, sie möchten bitte auch meine kleine Schwester mit aufs Feld schicken, damit auch sie unter seiner Obhut sei. Als ich geendet hatte, sah ich, wie die Eltern einander anblickten, und dann weinte Mutter.

Von da an war es fast wie in den Sommerferien oder besser, wie in einem verwunschenen Land, vielleicht wie in dem Zauberwald von »Wie es euch gefällt«. Grischa kannte das Stück besser als ich, und ich erzählte ihm, wie wir mit der Klasse die Birkenblätter gesammelt hatten und wie mir Orlando und Rosalinde dabei in den Sinn gekommen waren. Außerhalb lagerte die Zeit und durchbrach nicht den magischen Kreis der Stille, in welchem wir hausten. Den Bauernfrauen war es recht, daß ich nicht mehr bei der Feldarbeit half. Ich hatte sie sowieso mehr behindert, als die Arbeit vorangebracht. Meist saß ich mit meiner Schwester in Grischas Nähe. Sie hatte ihn bereits in ihre sämtlichen Schulstreiche eingeweiht. Er zeigte uns sogar, wie man einen russischen Volkstanz aufführt. Meine Schwester verstand es bald so gut, daß sie die Soldaten in Begeisterung versetzte, so daß sie mit ihr mittanzten und dazu sangen.

Doch nicht immer gab sich Grischa mit uns ab. Er las auch weiterhin den Soldaten die Zeitung vor und unterhielt sich mit ihnen. Offenbar war denen das ständige Herumsitzen langweilig geworden, jedenfalls griffen sie zu den Geräten und packten bei der Feldarbeit mit an. Als die Soldaten zu Arbeitskameraden geworden waren, wurden auch die Frauen zutraulicher und fingen sogar an, Späße mit ihnen zu treiben.

Manchmal hörte ich am späten Abend vom Ende des Dorfes her Hamonikaklänge und Gesang. Es waren die gleichen Lieder, die auch die Russen von den Drewenzwiesen gesungen hatten, als sie mit ihren Panjewagen über die Brücke gezogen waren. Sie klangen fremd und wie von weit her, oft traurig, manchmal stampfend und wild, aber wohltönend und auch schön. Nie begaben wir uns an die Stelle, wo die Soldaten ihr Lager aufgeschlagen hatten. Grischa sagte, es sei vernünftiger, nicht in ihre Nähe zu kommen, wenn sie nach Feierabend alle beieinander saßen. So blieben die Lieder im Geheimnisvollen verwurzelt.

Auch Grischa tauchte aus dem Nirgendwo auf, wenn er abends seinen Patrouillengang durch das Dorf absolvierte, wie er das nannte. Da die Schule abseits und als letztes Haus an der Chaussee lag, beendete er ihn bei uns, setzte sich ins Gras und wartete. Verspätete er sich, kletterte ich auf den Kirschbaum und hielt nach ihm Ausschau. Es hätte mich traurig gemacht, wenn er nicht gekommen wäre, denn dann hätte der Abend vergeblich geglänzt. Die Nächte waren noch hell, und die Abenddämmerung dämpfte mit ihrem blauen Licht die Farben nur, ohne sie auszulöschen, beruhigte die glitzernde Luft und kühlte die sonnenheiße Oberfläche der Wiesen. Schwalben flitzten knapp und schwungvoll an uns vorbei.

Grischa sagte: »Bei uns in Leningrad sind die Nächte noch viel heller als hier. In der Sonnwendzeit wird es fast überhaupt nicht dunkel.« Nach einer Weile fuhr er fort: »Weißt du, was ich unvergleichlich schön finde?« Und er begann zu zitieren:

»Es war, als hätt der Himmel
Die Erde still geküßt,
Daß sie im Blütenschimmer
Von ihm nur träumen müßt.
Die Luft ging durch die Felder,
Die Ähren wogten sacht,
Es rauschten leis die Wälder,
So sternklar war die Nacht.

Ist das nicht wunderbar ausgedrückt? Man spürt die ganze Atmosphäre der Sommernacht mit all ihren Düften«, und leise fügte er hinzu: »Es ist sehr deutsch, so wie man sich das romantische Deutschland vorstellt, zart und lieblich.«

Grischa legte den Arm um meine Schultern, drehte mit der Hand mein Gesicht zu sich hin und sah mich an, als er sagte: »Ich hätte das romantische Deutschland gern einmal gesehen, den Rhein und die Mosel, die schönen alten Städte und die Weinberge drum herum, aber ich glaube nicht, daß es mir vergönnt sein wird. Nun, vielleicht doch, man kann ja nie wissen. Aber du, du wirst es einmal sehen – und dann denkst du an mich, versprochen?«

O ja, ich wollte überall gern an Grischa denken, nur nicht am Rhein, der war so weit fort und interessierte mich auch nicht sehr. Lieber wollte ich meine Gedanken nach Leningrad schikken, dorthin, wo Grischa zu Hause war. Nie war mir in den Sinn gekommen, daß Leningrad, ähnlich wie Danzig, an der Ostsee lag. Es war seltsam, sich das vorzustellen. Die Russen schienen von so weit hergekommen zu sein, aus einer ganz anderen, fremden, furchterregenden Welt, und nun erwies es sich, daß wir beide, Grischa und ich, Kinder der Ostsee waren.

Vielleicht hatten wir zur gleichen Zeit in ihr gebadet! Ich erzählte Grischa von Zoppot, aber mein Nixendasein verschwieg ich ihm. Es war beendet.

Eines Abends klopfte es an die Tür des Schulhauses, und wieder trat Grischa mit einem Soldaten herein. Der andere Soldat war mir unbekannt. Einige Minuten lang saßen wir alle miteinander wortlos da, bis Grischa sagte: »Ihr müßt hier fort. Pommern wird an Polen fallen. Wir werden demnächst abgezogen. Was dann geschieht, weiß ich nicht. Ihr müßt euch unbedingt auf den Weg nach Westen machen. Nach Danzig könnt ihr nicht zurück, es ist ebenfalls an Polen gefallen.«

Nein, bitte, das durfte nicht wahr sein. Ich mußte den Zauberkreis verlassen und würde Grischa nie wiedersehen. Grischa kümmerte sich überhaupt nicht um mich, er sah nur Vater fest in die Augen und wiederholte, daß wir fort müßten, und zwar so schnell wie möglich. Dann drehte er sich um und verließ das Haus. Als die Soldaten gegangen waren, legte Vater den Arm um Mutter und murmelte: »Also auch das wird uns noch abverlangt. Wir haben nun kein Zuhause mehr, keine Heimat, nichts.«

In der Nacht versuchte ich, mir über unsere Lage klarzuwerden. Wir würden nun endgültig in das Unbekannte aufbrechen. Vater hatte etwas von Hamburg verlauten lassen, weil es eine Kaufmannsstadt nahe am Meer war. Doch wo befand sich Hamburg? Es war in einer so trüben Ferne verborgen, daß ich mir nicht auszumalen vermochte, was ich dort vorfinden würde. Nur eines wußte ich: Hamburg war sehr groß, man konnte sich darin verlieren, und wir kannten dort keinen Menschen. Ich hatte nicht die geringste Lust, fortzugehen; aber aus der Entschlossenheit der Eltern und aus Grischas Gesichtsausdruck hatte ich entnommen, daß es keine andere Lösung gab.

Am Morgen auf dem Felde zog Grischa mich so weit beiseite, daß niemand uns belauschen konnte. Er faßte meine beiden Hände, sah mich an und sagte: »Sei nicht traurig. Denk daran, von nun an beginnt für dich das wirkliche Leben. Es ist oftmals hart, so wie zum Beispiel in diesem Augenblick, aber glaub mir, es ist auch schön. Du wirst dich zurechtfinden, wenn es anfangs auch schwer sein wird. Ich gehöre noch zu deinem Traumbereich und bin da, um dir den ermutigenden Schubs zu geben. Sieh dir die Welt an mit deinen grünen Nixenaugen – und behalte das Gute.«

Ich wollte schluchzen: »Grischa, ich möchte bei dir bleiben«, aber das ging ja nicht, und so fragte ich, ohne zu überlegen, aus dem Gefühl des Augenblicks heraus: »Grischa, kennst du Mozart?« Aber statt zu lächeln oder eine Frage zu stellen, antwortete er: »Ja.« Zum erstenmal hängte er an meinen Namen die russische Koseform, als er mich an sich zog und sagte: »Und ich liebe ihn auch.«

Unsere Sachen waren schnell gepackt. Wir besaßen mittlerweile tatsächlich kaum noch etwas zum Mitnehmen. Der Aufbruch wurde uns daher leicht, im wahrsten Sinne des Wortes. Am Abend vor dem Tag, an welchem wir uns auf den Weg machen wollten, kam Grischa und teilte uns nur kurz mit: »Ich bringe euch mit einem Fuhrwerk zur Bahn, besser ist besser.« Dann war er verschwunden.

Am nächsten Morgen hielt Grischa mit einem Pferdefuhrwerk vor dem Schulhaus. Niemand von uns durfte neben ihm auf dem Bock Platz nehmen. Die Eltern und Grete kauerten sich auf den Boden des Kastenwagens, meine Schwester und ich setzten uns nach hinten und ließen die Beine baumeln. Ich starrte auf die Chaussee und konzentrierte mich darauf, zuzugucken, wie sie sich unter meinen Füßen entrollte, immer weiter und weiter, wie ein endlos langes graues Band. Niemand sprach ein Wort. Am Bahnhof angekommen, ließ Grischa uns absteigen. Er verabschiedete sich nicht, sondern benahm sich, als habe er lediglich einen Transportauftrag ausgeführt.

Es dauerte lange, bis der Zug einlief und noch viel länger, bis er sich endlich in Bewegung setzte. An einer größeren Station hielt er an. Wir stiegen aus und warteten von neuem. Jemand bedeutete uns, die eine Treppe hinunter, die andere wieder hinauf auf die gegenüberliegende Seite der Gleise zu gehen. Plötzlich erinnerte ich mich: Dies war die Station, an welcher Vater und ich auf unsere Ferienreise nach Pommern haltgemacht und die mollige Tante besucht hatten. Das war noch gar nicht so lange her. Doch gab es keine Beziehung mehr zu dem Augenblick, da die Tante uns hier lachend in die Arme geschlossen hatte. Stadt und Bahnhof wirkten öde und wie ausgestorben, und wie zum Zeichen, daß es sich tatsächlich so verhielt, lagen auf dem Bahndamm tote Menschen. Es sah aus, als drückten die toten Kinder sich eng an ihre Mütter und Großmütter. Grete meinte, es sei sehr fraglich, daß sie im Leben zusammengehört hatten.

Wieder rollte nach langem Warten ein Zug heran, wieder setzten wir uns auf die harten Holzbänke, wieder dauerte es eine Ewigkeit, bis der Zug anruckte. Er fuhr nicht schnell. Ich beobachtete, wie die Landschaft sich draußen in der Dämmerung verflüchtigte, bis sie fast unsichtbar wurde. Mir war, als ob mit ihr mein ganzes bisheriges Leben entschwand. Wir fuhren etwas völlig Unbekanntem entgegen. Aber, hatte Vater gesagt, dort wo wir hinkämen, würden wir in Freiheit leben, und er hatte uns auseinandergesetzt, wie wichtig die persönliche Freiheit für die Entfaltung des Menschen und für ehrliches, aufrechtes Handeln wäre. Das hatte sehr schön, wenngleich ein wenig theoretisch geklungen. Ich fragte mich, auf welche Weise ich mich entfalten würde, ja, ob es mir gelingen könnte, herauszufinden, welche Bedeutung es hatte, daß ich auf der Welt war. Draußen war es inzwischen dunkel geworden, nur der Horizont leuchtete so seltsam hell, daß es aussah, als stürze die Erde in eine Lichtflut hinein. Doch dieser Sturz geschah friedvoll und gemächlich. »Alles hat seine Zeit«, pflegte Grete zu sagen. Der Schrecken hatte seine Zeit gehabt, vielleicht begann nun wirklich etwas viel Besseres. Ach, dachte ich, irgendwie wird es sich schon ergeben.

Maria Gräfin von Maltzan

Schlage die Trommel und fürchte dich nicht

Erinnerungen
224 Seiten, 24 Abbildungen, gebunden

»Es gibt zwei legitime Motive, seine Memoiren vorzulegen: Ein Leben empfindet sich als exemplarisch, d. h. als repräsentativ für eine Generation, für eine Gesellschaftsschicht. Oder ein Leben ist derartig exzeptionell, exzentrisch, ein Leben ist in einem solchen Maße bewegend, daß von daher geradezu die Notwendigkeit gegeben ist, Memoiren zu schreiben.
Im Falle von Maria Gräfin von Maltzan ist beides gegeben.« *Peter Wapnewski*

Ullstein

Lola Landau

Vor dem Vergessen

Meine drei Leben
336 Seiten, gebunden

Die Autobiographie der vergessenen jüdisch-deutschen Dichterin Lola Landau – das Schicksal einer Frau, die unser Jahrhundert bewußt erlebte und beschrieb und schließlich in Jerusalem ihre endgültige Heimat fand.

Verlag Ullstein GmbH Berlin · Frankfurt/M.

Printed in Germany 1987
ISBN 3 550 06131 5
Satz: Fotosatz Otto Gutfreund, Darmstadt
Druck und Binden: Ebner Ulm